겨레의 스승
안창호

An Chang-ho
The Teacher Our Times Long For

1878－1938

겨레의 스승 안창호

Publishing Date: November 19, 2012
Published by The KIATS Press, Seoul, Korea
Publishing Director: Kim Jae-hyun
Translator: Kent Wells & Yang Sunghyun
English Editors: Deberniere J. Torrey & Kim Myungjun
Korean-Language Editing: Lee Hyo-won, Kang Eun-hye, Choi Hyo-won
Book Design: Park Song-hwa
ISBN: 978-89-93447-53-8

Printed and bound in Korea

발행일: 2012년 11월 19일
발행처: 한국고등신학연구원(KIATS)
발행인: 김재현
영어 번역: 켄트 웰스, 양성현
영어 편집: 드버니아 토레이, 김명준
한글편집: 이효원, 강은혜, 최효원
디자인: 박송화
ISBN: 978-89-93447-53-8

한국기독교지도자작품선집 012

Korean Christian Leaders Series 012

한글 | English

겨레의 스승 안창호

An Chang-ho

The Teacher Our Times Long For

Contents | 차례

간행사

한국 기독교는 2,000년 세계 기독교 역사에 유례가 없을 정도로 짧은 시간 동안 박해와 고난이 있었고, 열정과 헌신을 통해 교회 성장과 함께 세계 여러 나라에 선교 활동과 같은 다양한 역할을 하기에 이르렀다. 이러한 경험은 조선 유학자와 초기 가톨릭 교우들 사이의 논쟁, 박해와 순교를 내세와 참된 신앙에 대한 묵상으로 승화시켜 설교와 글과 시 등을 통해 고스란히 표출되고 있다. 하지만 현재를 사는 우리는 이를 가다듬지도, 그 진정한 가치를 온전히 인식하지도 못하고, 늘 서구 기독교만 동경하며 그 문화를 받아들이기에 급급했던 것이 사실이다.

최근 들어 지금까지 소홀했던 한국 기독교 믿음의 유산을 발굴하여 현재의 삶과 신앙을 반성하려는 신앙인들이 늘고 있는 것은 매우 고무적인 일이다. 그런 맥락에서 KIATS(한국고등신학연구원)는 '한국기독교 지도자 작품 선집' 시리즈를 통해 한국 기독교의 유산을 집대성하고자 한다.

이 시리즈는 기독교 유래 초기부터 오늘에 이르기까지 한국 기독교의 특징을 잘 드러내 주는 신앙적 혹은 학문적 가치를 갖는 1차 문헌을 선별하여 담아낼 것이다.

우리는 이를 통해 목회자, 신학자, 사회운동가, 정치가, 사상가, 문인, 예술인, 그 가운데서도 기독교적 정체성을 갖고 한국 기독교에 공헌한 분들의 작품도 묶으려 한다. 원전을 정리하고 선별하는 것은 저자의 설교문과 논문, 수필, 단상, 시, 선언문, 단행본, 전집 등 활자화된 문헌을 우선으로 한다.

이 시리즈를 통해 독자들은 그동안 묻혀 있던 한국 기독교의 보석 같은 글을 다양하게 접하게 될 것이다. 이에 치열하게 믿음의 본을 보이며 살다 간 조상의 신앙을 되돌아보고 반추하며, 하나님께서 한국 기독교의 미래에 허락하실 원대한 계획에 동참했으면 한다. 그리고 외국 번역물이 우리나라 기독교인들의 독서를 주도하는 상황에서 우리네 정과 풋풋함, 구수한 토속적 신앙을 소중히 여기는 계기가 되었으면 한다.

가장 지역적인 것이 가장 세계적이라는 말이 있듯이, '한국기독교 지도자 작품 선집' 시리즈가 우리 것에 대한 진지한 성찰과 함께 세계적 차원에서 우리의 신앙을 발견하고 재정립하는 좋은 기회가 되길 소망한다.

2012년 11월

김재현, 한국고등신학연구원(KIATS) 원장

On the Publication of the Korean Christian Leaders Series

The Korean Christian Church, having experienced phenomenal church growth and a great passion for missions within its short history, is proud of its place as the leading representative of Christianity in Asia. During its brief history, the Korean Church has lived through a great variety of experiences marked by persecution and suffering, zeal and dedication, church growth and foreign missions—a breadth of experience unprecedented in 2000 years of Christianity. These experiences have been conveyed in written works that include debates between Confucian scholars and Catholic converts, as well as meditations, sermons, essays, and poems that elevated persecution and martyrdom to reflections on the next world and true faith.

Through the publication of the Korean Christian Leaders Series, the Korea Institute for Advanced Theological Studies (KIATS) seeks to organize the inheritance of the Korean Christian Church and to share it with Christians around the world. This project will first involve selecting and compiling a body of manuscripts of religious or literary value—manuscripts that clearly present the characteristics of Korean Christianity from its beginnings up to the present. Our primary subject matter includes the writings of church leaders (theologians as well as pastors), and works by social leaders, politicians, thinkers, literary persons, and artists who identified with and served the Korean Church. In organizing and selecting the original manuscripts, we will first work with each author's printed manuscripts, including sermon texts, theses, essays, poems, and written declarations.

The priceless writings of Korean Christian leaders—diverse works that have been buried until now—will become accessible through the publication of this series, which endeavors to re-illuminate the history of Christianity and discover in it the roots of our faith. Through this we will be able to appreciate again the lives and faith of our predecessors who lived and died with passion, as role models of faithful Christians. We will be able to reflect on our own age, and re-envision God's great plan for the future of the Korean Church. Furthermore, this series will allow an appreciation of the characteristic warmth and ingenuity of Korean Christians, and a taste indigenous to Korean faith.

November 2012

Kim Jae-hyun

Director, The Korea Institute for Advanced Theological Studies

Section 1

[한글본 Korean]

제2부 동포에게 고함 • 51

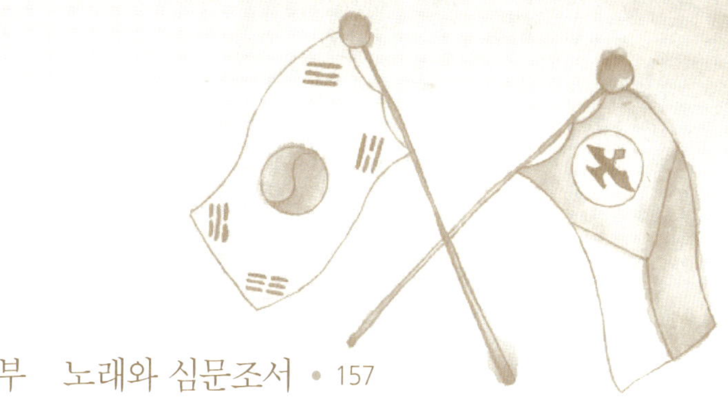

제4부 노래와 심문조서 • 157

거국행

찬애국가

희망가希望歌

점진漸進학교 교가

단심가

격검가

한반도

야구단가

항해가

혈성대

학도가

심문조서

제5부 안창호 일화 • 193

愛己愛他

島山

제 1 부

사랑과 회개

"저는 민족의 죄인이올시다.
이 민족이 저를 이렇게 위해 주는데
저는 민족을 위해 아무것도 한 일이 없습니다.
저는 죄인이올시다."

기독교인의 갈 길

1936. 평양

1936년 10월 4일 평양에 있는 남산현교회에서 평양 감리교회 연합예배를 드릴 때 도산 안창호의 말을 초록한 것이다. 남산현교회는 평양 최초의 감리교회로 '한국의 바울'이라 불리는 김창식金昌植 목사가 개척한 교회이며, 평양 복음화에 중요한 역할을 했다.

우리 기독교인이 민중의 선각자가 되어서
먼저 실천적 사랑의 생활을 하므로 모든 방면에 나아가고,
또한 새로워져서 이 강산에 천국을 세우도록 용진해 나아갑시다.

이번 집회에 와 달라고 보내신 청첩 중에 "말씀은 못하더라도 한번 와서 얼굴만이라도 보여주면 교우들은 감사해 마지않겠습니다."라는 구절을 읽고, '참으로 평양에서 부족한 이 사람을 성심으로 보기 원하는구나.' 하고 도리어 황송하기 짝이 없었습니다.

오늘 저녁 여러분께 간단히 말한다면,

"나의 경애하는 동포들아, 나아가자. 너도나도 나아가자. 오늘도 내일도 모레도 나아가자. 나아가지 않으면 죽는 것이요, 나아가면 산다."

"너희는 왜 슬퍼하느냐? 나아가자, 나아가지 않으면 죽는다."

이 같은 소리가 내 귀에 똑똑히 들리는 듯합니다.

"떨지 말고 나아가자. 나아가면 된다는 믿음으로 머뭇거리지 말고 나아가자. 우리의 처지를 생각하면 꼭 나아가야 한다."

'나아간다'는 말은 곧 옛 발자국에서 떠나 새 발자국을 내딛는 것입니다. 우리 조선 사람들이여, 옛 발자국에서 떠나 두려워 말

고 새 발자국을 디디며 나아갑시다. 옛사람을 벗어버리고 새 사람을 옷 입듯 하여 옛날 앙화殃禍(재난)받던 그 자리에서 떠나 나아갑시다. 우리는 스스로 자기를 혁신해야 합니다.

기독교인이 나아갈 목적지는 천국입니다. 그러면 어떠한 길로 나아가야만 합니까? 예수께서 말씀하시기를 "영생의 길은 좁고 험하다."마 7:13고 했습니다. 다시 말하면, 기독인이 할 일이 무엇입니까? 기독교인은 거룩한 생활을 해야 할 것이요, 그 포부가 위대해야 할 것입니다. 기독교인이 된 자는 마땅히 이 죄악으로 찬 세상을 구원하기 위하여 예수를 대장으로 삼고 용감하게 나서야 하겠습니다.

기독교인은 먼저 자기를 검토하여 양심의 안심을 얻지 않으면 안 됩니다. 심령의 안심, 즉 구원의 자각을 얻은 다음에 다시 타인을 구하려는 생각을 해야 하겠습니다. 이런 용기를 얻어 '내가 세상을 구원하리라.' 하는 위대한 포부가 있어야 한다는 말입니다. 이러한 생각이 없으면, 과연 기독교인이라고 할 수 없습니다.

우리는 죄악에서 지성으로 나아가야 합니다. 만 가지 고생은 죄악에서 나왔으니, 우리는 먼저 죄악에서 벗어나 지성으로 나아가야 합니다. 이것을 자기 가정으로부터 동리, 동리로부터 사회에까지 실행해야 할 것입니다. 죄악이 무엇입니까? 간음, 도적질, 시기, 원망, 비방이 모두 죄악입니다. 그러나 이 모든 죄악의 원골자原骨子는 불애不愛입니다. 만 가지 죄악은 사랑하지 않는 데서 생깁니다. 그러면 지성의 골자는 무엇입니까? 바로 사랑입니다. 예수께서 가라사대 "내가 너희에게 새 계명을 주노니, 너희는 서로 사랑하라. 내가 너희를 사랑하듯 너희도 서로 사랑할 지니라."요 13:34 하셨거니와, 신약 처음부터 묵시록(요한계시록) 마지막 장까지 전권의 골자는 곧 사랑입니다. 죄를 회개하라 함도 사랑하지 않는 데서 사랑으로 옮겨 나오라는 말입니다.

요새 들리는 말에 정통正統, 비정통非正統, 영적靈的, 비영적非靈的이라고 하여 각기 자기의 뜻대로 성경 주석을 내어 자기의 주석과 같지 않으면 다른 사람의 주석을 비정통이라 하고, 다른 사람의 행동이 자기의 행동과 다르면 그 사람은 비정통이라고 합니다. 모해謀害하기 위해 서로 이단이라 합니다. 여러분은 무엇으로 정통과 비정통을 판단하시겠습니까? 제 생각에는 사랑으로 하려는 자는 곧 정통이요, 그렇지 않은 자는 제아무리 신구약 주석을 수천 권 냈다고 해도 곧 비정통이요, 이단입니다.

동리 사람들이 내게 와서, "요나가 고래 뱃속에 들어가서 사흘 동안이나 있다가 살아 나왔다고 하는데, 이것이 정말입니까?" 하고 묻기에, 나는 "그런 사실은 묻지 마십시오. 남을 내 몸같이 사랑하라, 사랑은 모든 율법을 폐한다고 했으니 사랑이면 전부요, 이것이 하나님 앞에서 진리요, 정통입니다. 성경 문구를 가지고 말하면서 이단이니 뭐니 할 것이 아니라 사랑하고 안 하는 것으로 판단할 것입니다."라고 대답했습니다.

또 영적, 비영적은 무엇입니까? 어떤 목사가 설교하는 것을 듣고 한 부인이 말하기를, "그 목사는 설교할 때 목소리를 떠는 것이 참으로 신령해요."라고 말합니다. 이런 것은 다 망상입니다. 하나님의 뜻대로 사는 것이 신령한 것입니다. 하나님의 뜻은 곧 사랑입니다. 하나님께서 예수님을 이 세상에 보내신 것도 우리의 인생을 불애不愛에서 애愛로 옮기기 위하여 하신 것이요, 예수의 33년 생활도 인류를 죄에서 사랑으로 옮기려는 것이 목적이었습니다. '사랑에 화한 세계愛化世界'를 만들려고 하는 것이 하나님의 목적이요, 우리의 목적입니다.

마음에도, 얼굴에도, 행동에도 사랑을 표현하고 가정에서 식구를 대할 때나, 동리에서 이웃을 대할 때나, 선한 사람이나 악한 사람이나 어떤 사람을 대하든지 사랑으로 하여야 우리의 목적이 이루어질 것입니다. 세상에 나를 사랑하는 사람이 하나도 없고, 내가 사랑할 만한 사람도 없다면 이 얼마나 쓸쓸한 생활이겠습니까? 불애의 세계를 보면 슬프나, 애의 세계를 보면 기쁩니다. 우리를 통하여 구원받아야 할 세상이 도리어 우리의 추태를 보고 웃음거리로 삼는 경우가 한둘이 아니니, 기가 막힐 일입니다. 이는 곧 사랑이 없기 때문입니다.

예수께서 바리새교인을 위선자라고 책망한 것도 곧 사랑이 없음을 말한 것입니다. 말이나 행동에서 실천적 사랑이 없음을 보시고 예수께서 심히 책망하신 것입니다. "보이는 사람을 사랑하지 않고 보이지 않는 하나님을 어떻게 사랑할 것인가?"요일 4:20 하는 것도 실천적 사랑을 말한 것이며, "너희 믿음이 산을 옮길 만하더라도 사랑이 없으면 무슨 소용이 있느냐."고전 13:2 하신 것도 사랑의 절대성을 말한 것입니다. 예수께서 세상에 다시 와서 하실 일을 비유로 말씀하실 때, "내가 나그네 되었을 때나 감옥에 갇혔을 때나 병들었을 때 나를 대접한 자는 영생을 유업으로 얻을 것이나, 그렇지 않은 자는 벌을 받으리라."고 하신 이 말씀에 사람이 "주여 어느 때에 그같이 병들고, 감옥에 갇히고, 나

그네 되었을 때가 있었습니까?" 하고 물었습니다. 이때 예수께서 대답하시기를, "작은 자를 대접함이 곧 나를 대접함이라."마 25:35-40고 하였습니다. 이는 곧 실천적 사랑을 말함입니다.

예수 믿는 사람이 유치원이나 학교를 경영하면, 이는 하나님의 일이 아니라고 하여 웃는 이가 많은 모양이나, 이는 큰 잘못입니다. 어떤 곳에서든지 하나님의 사랑을 실천할 수 있는 것이 아닙니까? 교회에서 삼남三南(충청도, 전라도, 경상도) 지방 수재에 구제 하니 그것이 하나님의 일이 아니라고 하여 웃는 자가 있었다고 합니다. 이는 큰 잘못입니다. 우리의 살 길은 오직 이 사랑을 목표로 하고 나아가는 데 있습니다. 옛 자리에서 새 자리로, 옛 사람에서 새 사람으로 자기를 혁신해 나아가야 합니다. 대개 역사를 통해 보면, 새로 흥하는 나라들은 모두 이전의 잘못을 통회하고 분발하며 나아갔습니다.

나는 가끔 농촌의 젊은 사람들에게 "마당도 깨끗이 쓸고, 방도 깨끗이 치워라."라고 말합니다. 조선 사람이 모두 이같이 하면 우리 살림이 얼마나 깨끗할까요? 여러분 모두 선봉대가 되어 나아가야겠습니다. '남이 벌써 수십 보를 앞섰는데, 내가 어떻게 따라갈 수 있을까' 낙심하지 말고 나아갑시다. 어떤 이들은 예배당에 나가기 싫을 때, 공연히 목사와 전도사가 보기 싫어서 안 나간다는 핑계로 거룩한 생활을 안 하려 합니다. 아무리 성인聖人이라도 자기가 말한 도덕을 다 실행치는 못하는 것입니다. 실행 못했다고 낙심할 것도 없습니다. 인도하는 사람 가운데도 결함이 있습니다. 그러나 그들 가운데 사랑을 가진 자도 있다는 것을 생각하고 기뻐하며 나아가야 합니다.

일찍이 독일이 영국과 프랑스의 압박을 몹시 받을 때가 있었습니다. 독일은 그들보다 수천 보나 뒤떨어졌었습니다. 그러나 낙심하지 않고 그냥 나아갔으므로 오늘날 독일은 강국이 되었습니다. 예전에 백인은 일본을 몹시 천시했습니다. 그러나 메이지 유신明治維新 후로 힘써 나아갔으므로, 오늘날에는 세계에서 강한 나라가 되지 않았습니까? 인류는 진보합니다. 우리도 사람이니 진보 안 될 것이 무엇입니까? 진보가 빠른 민족도 있고, 더딘 민족도 있습니다. 덥거나 추운 지방에 사는 민족은 그 진보가 더디니 남양군도 같은 곳은 그 진보가 더디나, 온대지방은 진보가 빠르니 삼천리 반도는 진보가 빠를 것입니다.

내가 본국에 돌아와 보니, 첫째로 놀라운 것은 향학열이 성해서 봄이면 곳곳마다 입학난이요, 그리고 길거리에 씩씩하게 걸어 다니는 청년들도 많고, 공장에서 일하는 소리가 몹시 요란한 것입니다. 찬양대의 노래와 맵시가 삼십 년 전보다 훨씬 낫고, 대동강에서는 여름이면 모래찜, 겨울에는 스케이팅을 하니 이것은 곧 보건운동입니다. 아침이면 일찍 일어나 달음박질하는 것도 눈에 띄는 큰 자랑이요, 우리 마라톤 선수 손기정 군이 올림픽에서 우승한 것은 더욱 큰 자랑이 아닙니까?

우리 기독교인이 민중의 선각자가 되어서 먼저 실천적 사랑의 생활을 하므로 모든 방면에 나아가고, 또한 새로워져서 이 강산에 천국을 세우도록 용진해 나아갑시다.

〈새사람〉1937. 1.

오늘은 우리가 일할 때다

(제1차 북경로예배당 연설)

1919, 상해

교민 친목회 주최로 상해에 온 안창호를 맞이하는 환영회가 1919년 5월 26일 북경로예배당에서 열렸는데, 그 석상에서 그가 행한 연설의 요지이다.

오직 너도 일하고 나도 일합시다.
온 대한 사람이 다 거꾸러지더라도
나는 홀로 서 나아가겠다고 맹세하십시오.

오늘은 우리가 일할 때입니다. 너도 하고 나도 일하고, 대한 사람은 남녀노소 남김없이 함께 일합시다. 오늘날은 일만 위하여 일할 때입니다. 나의 명예를 위하여 나의 몸을 위하여 하지 말고, 다만 나라를 위하여 일합시다. 영국 사람은 영국을 위하여 일하고, 미국 사람은 미국을 위하여 일하고, 독일 사람은 독일을 위하여 일하듯이 대한 사람도 응당 대한을 위하여 일해야겠습니다.

영국인은 영국을 위하여 일하므로 제 받을 것을 받고, 미국인은 미국을 위하여 일하므로 제 얻을 것을 얻었으나, 대한 사람은 대한을 위하여 일하지 않으므로 도리어 있던 것을 잃어버렸습니다. 아무 철모르는 계집아이들이 포학한 왜놈의 손에 죽을 때 뭐라고 하며 죽었습니까? "내가 이렇게 죽으면, 저 외국에 있는 동포들이 나를 위하여 내 자유를 찾아 주리라." 하고 부르짖으며 죽었습니다.

대한민족은 독립할 자격이 있습니까? 오늘날 우리의 약함은 다만 우리의 교화가 늦게 됨에 있고, 우리 민족이 열등한 데 있지 않습니다. 미국에 있는 한인들은 어느 학교에서든지 우등한 성적을 얻습니다. 오늘 유치원 아이를 보고 대학 졸업생보다 덜 똑똑한 놈이라고 할 수 있습니까?

대한민족은 남에게 지고 살려고는 하지 않는 민족입니다. 그러므로 대한민족은 독립해야만 살 민족입니다. 또 일본인이 다른 민족을 통치할 자격이 없음은 사실입니다. 어떤 이는 대한이 강박强迫한 일본에 합병당한 것을 한탄하나, 나는 오히려 이것을 다행으로 압니다.

3월 이후(1919년 3월 만세운동)로 우리는 갱생하였습니다. 우리는 갈 곳으로 갈 수밖에 없습니다. 이제까지 정탐을 하던 놈도 오늘부터는 나라를 위하여 몸을 바친다면 우리가 기쁘게 맞을 것입니다. 어떤 사람은 이곳에 대한 사람으로 왜놈의 돈을 먹고 자객노릇을 하는 자가 있다고 하나, 나는 거짓말로 압니다. 대한민족이 되고는 이 안창호를 죽일 놈은 하나도 없다고 확신합니다.

우리는 이제부터 외교를 잘하여야 하겠습니다. 우리의 뜨거운 피를 흘려야만 하겠습니다. 옥에 갇힌 유족도 건져야 하겠습니다. 재정 문제도 급합니다. 여러 가지 급한 것이 많지만, 무엇보다도 통일이 되어야 하겠습니다. 대한민족 전체가 단합하여야 하겠습니다. 세계가 지금은 우리를 주목하여 멕시코나 중국보다 얼마나 게으른가 보려고 합니다. 그러므로 우리가 무엇을 희생하더라도, 여기 이 정부를 영광스럽게 만들어야 하겠습니다. 세상의 조소를 받지 않도록 해야 합니다.

나는 여러분의 머리가 되려고 하지 않습니다. 여러분을 섬기러 왔습니다. 마지막에 말씀할 것은, 우리가 항상 하나님 앞에서 은밀히 우리의 잘못된 것을 고쳐야 한다는 것입니다. 망국민 자격에서 벗어나 독립 국민 자격이 되어야 합니다. 오늘날에 이르러, 우리 동포가 그만치 피를 흘렸는데 주저하고 머뭇거리는 것은 죄악입니다. 오직 너도 일하고 나도 일하고, 온 대한 사람이 다 거꾸러지더라도 나는 홀로 서 나아가겠다고 맹세하십시오.

만세, 만세, 만세!

〈신한민보〉1919. 7. 17

간도 동포 구제

1919. 상해

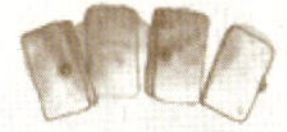

슬프다, 대한의 피를 가진 나의 형제와 자매여.

나의 동포는 내가 구원할 것이라.

대한의 독립군을 소탕할 계획으로 왜놈들이 중국 정부의 항의를 돌아보지 아니하고, 다수의 군병을 혼춘琿春에 출병시켜 독립군과의 여러 차례 접전하여 왜놈들이 전패하였다 함이 각 신문에 기재되었다. 왜놈들이 패전함을 분하게 여겨 앙갚음할 마음으로 북간도 일대에 거류하는 우리 동포에게 대학살을 행했다는 우리 임시정부 통신원의 보도가 왔다. 그런고로 상해에 있는 한인 구제회에서 협의한 결과 이달 21일 일요일에 상해 법계 강령리 한인예배당에서 대중에게 연설하고 구제책을 연구하기로 결의한바, 이날 저녁 저녁 6시 반에 일반 교인들이 회동하여 먼저 규례대로 1시간 광복기도회를 마치고, 7시 30분 정각에 북간도 동포 구제연설회를 열었다.

우선 김순애, 김태연 두 명이 합창하는 슬픈 노래가 있었고, 이어 안창호 씨가 등단하여 참담한 얼굴에 비참한 어조로 통신원의 보도를 설명했다.

“우리가 혼춘사건에 대하여 대한의 남녀 누구를 막론하고 모두 절통하여 차마 말할 수도 없고, 여러 말을 할 것도 없습니다. 나는 다만 통신원이 한곳에서만 자기의 힘닿는 대로 살펴 보고 한 것을 말하려 합니다.

이달 초 2일과 3일 두 날에 일본인들은 우리 동포에게 대학살을 행하였는데, 우리의 예배당과 학교를 불사른 것이 31개요, 촌락을 불사른 것이 21동리입니다. 우리 동포를 총살한 것이 590인이며, 부녀들을 강간한 일도 많이 있었습니다. 용정서 40리 거리에 있는 한인촌에서는 한 동리 전부가 왜놈의 총에 학살되었는데, 학살한 후에는 중국 사람과 한국 사람을 억지로 부려 장작을 모아 쌓고 시체를 옮겨다가 그 위에 쌓아서 불에 태운 후에, 또 그 남은 재까지 쓸어 담아 강에 던지게 했습니다. 촌락에 불을 질러 가옥이 불구덩이가 되자 우리 동포도 발가벗겨 수족을 결박하여 불 속에 던지는데, 한 집에 두 사람이 있는 것을 둘 다 결박하여 불에 던지니 늙은 아버지가 너무 기가 막혀서 같이 불 속으로 뛰어들어가 부자 3인이 일시에 모두 죽었습니다.

늙은이가 자식 잃고 통곡하는 소리와 아이들이 부모 잃고 어미 찾는 소리와 연약한 부녀들의 남편 죽고 능욕을 당하며 부르짖는 울음에 천지가 진동했습니다. 혹 가옥에는 불을 놓지 않더라도 의복과 양식을 몰수하여 불사르고, 사람을 내어 몰아 우마牛馬같이 때려서 계견鷄犬처럼 쫓으니 갈 곳이 어디며 머물 곳이 어디 있겠습니까? 비를 무릅쓰고 중국인의 집으로 형님같이 믿고 가나, 겁 많은 중국인은 도리어 문을 굳게 닫고 얼굴조차 보여주지 않았습니다.

칼같이 불어오는 시베리아 찬바람은 부드러운 갓난아이의 살을 점점이 저며내고, 산같이 쌓여 있는 만주 들판의 깊은 눈은 말라 가는 늙은이의 뼈를 꺾을 듯한데, 서로 붙들고 안고 무리무리 모여 앉아 얼어 죽고 굶어 죽는 비참한 형상은 실로 통신원이 세상에 난 후 처음으로 가슴이 너무 아파서 차마 볼 수 없고, 차마 견딜 수 없는 일이라 했습니다.

우리가 이러한 비보를 듣고 참으로 구제의 방책을 생각지 않는다면, 우리는 너무나 원초적인 인물이 아닙니까. 우리 상해에 있는 일반 동포들 역시 상당한 생활도 없고 경제 곤란으로 비상非常한 고통에 빠진 자도 적지 않을 줄 아나, 저 북만주 동포들처럼 갈래야 갈 곳이 없고, 한집안 식구가 전부 참살을 당함보다는 오히려 나은 것입니다.

슬픕니다. 대한의 피를 가진 나의 형제와 자매여. 나의 동포는 내가 구원할 것입니다. 누구든지 이 의무를 긴급히 깨닫고 일 원 이상으로 헌금하려는 이는 일어서 주십시오."

회중이 모두 이백오십여 명가량이나 되는데, 일어서는 사람이 전부가 되었다. 혹은 외투를, 혹은 내복을, 혹은 시계를, 혹은 모자를 닥치는 대로 헌금할 때, 장병설 지사의 백 원 연보에 어린아이의 엽전 칠 푼까지 총계 육백여 원을 연보하여 북만주 동포의 주린 창자를 만분의 일이나마 돕게 되었더라.

이 저녁에 합창한 노래는 다음과 같다.

1. 늦은 가을 밝은 달은 동창을 다 물들이고
나는 기러기 울어 있고 부는 바람 쓸쓸한데
북편으로 오는 소식 원수에게 학살 받아
설고 상한 나의 동포 호소하는 소리로다

2. 늙은 부모 자녀 잃고 애통하는 그의 정형情形
어린 아이 부모 잃고 울며 찾는 그의 형상
생각할수록 끝이 없고 뜻할수록 아득하다
흉악한 저 원수에게 구원할 자 그 뉘런가

3. 추운 하늘 쌓인 눈 속 집을 잃고 떠는 아이
주린 창자 움켜쥐고 원수 칼을 막는 부로俘虜(포로)
피와 눈물 뿌린 속서 구원할 자 그 뉘런가
오늘 모인 내 동포야 자지 말고 일어나라

<독립신문> 1920. 12. 18

사랑(1)

1919. 상해

창세기로부터 계시록까지 성서가 말하는 것이
혹 겸손, 혹 선함이니 하여 좀 다르다 하나 결국은 사랑입니다.
이처럼 예수교의 종지宗旨는 사랑이니,
이를 행하기를 절실히 하여야 하겠습니다.

만물이 그로 말미암아 지은 바 되었으니 지은 것이 하나도 그가 없이는 된 것이 없느니라 그 안에 생명이 있었으니 이 생명은 사람들의 빛이라 빛이 어둠에 비치되 어둠이 깨닫지 못하더라.(요한복음 1장 3절 이하를 낭독)

내가 이 자리에 나와 강도講道코자 함에 미안한 뜻이 많습니다. 강도라 하는 것은 하나님의 참뜻을 말하는 것입니다. 나는 일찍이 도덕이나 철학의 경험이 없고 또 교인다운 생활의 경력도 없습니다. 내가 지금 말할 것은 '우리는 사랑합시다.'입니다. 이 말은 성경 여러 절에 있습니다. 여러분이 이 말을 들을 때, 그 감정이 어떠하십니까? 알거나 모르거나 사랑을 구하는 정은 일반입니다. 교인이 된 이는 사랑을 구하기 힘쓰며 사랑을 말합니다. 그러나 비유하여 말하건대, 몽골의 사막 가운데서 '물'이란 말을 들을 때는 대단히 기쁩니다. 그러나 양자강 위에서 '물'이란 말을 들으면 그렇지 않습니다.

우리 민족의 사랑을 위하여 마음이 발한 때는 사막 위에서 '물'이라 하는 말을 들음과 같았습니다. 그러나 사랑을 부름이 점점 정성이 없고 의식이 없어져서 마치 양자강 위에서 '물'이라고 하는 소리와 같이 되었습니다. 그래서 우리는 사랑이 어떠한 것인지 묻습니다. 사랑이라는 것을 보는 이도 없습니다. 이처럼 한즉, 박애를 근본으로 삼은 예수교에 역적이 되는 이기주의에 타락하게 된 것입니다. 내 말은 처음 회개하는 이가 사랑하는 마음이 특별히 있다 함이 아니라, 교인 된 이의 속에 이기주의가 있는 것을 각성하기를 바란다는 것입니다.

하나님께서 사랑을 전파함

우리에게 어찌하여 이것을 중히 여기는지, 혹은 군국주의나 사회주의, 그 아래 정치나 상업, 그 아래 공부 혹은 무엇무엇 하는 것이 무엇을 위하여 그러느냐 물으면, 행복을 위함이라고 답할 것입니다. 사랑이라는 것은 인류 행복의 최고 원소입니다. 행복은 생존과 안락입니다. 생존과 안락이 인류의 행복이 되는데, 사람이 생존함에 무엇으로 합니까? 그것은 의식주衣食住입니다. 이에 가장 필요한 것은 금력金力입니다. 우리의 만반萬般 경영에 금력이 필요하니, 금력에는 천연 금력과 인조 금력이 있습니다. 어느 나라든지 삼림, 광산, 지력을 잘 이용하여야 금력이 많아집니다. 금력을 잘 만드는 것은 지력智力이 많아야만 잘할 수 있습니다. 그런즉 지력이 더 필요합니다. 그러므로 세상에서 소학교,

대학교 공부하는 것이 다 지력을 위하여 하는 것이요, 이런 지력은 사랑에서 나옵니다. 또 큰 정치가는 정치에 큰 재주가 있습니다. 이를 생각한즉, 큰 정치가는 사랑을 가진 사람입니다. 혹 사랑이 없이 지력만 있는 자가 있기는 하지만, 이런 사람은 세상을 이롭게 하지 못하고, 오히려 해롭게 합니다.

안락은 무엇을 말합니까? 누구든지 사랑이 있어야 안락이 있습니다. 내가 지금 누구에게든지 사랑을 주고받을 곳이 없으면, 안락이 없습니다. 내가 내지內地에 있을 때, 한 젊은 여자가 우물에 빠져 죽는 것을 보았습니다. 이 여자는 재물과 전토는 많지만 남편의 사랑이 없고, 또 시동생이나 부모의 사랑이 없어 항상 눈물을 흘리다가 빠져 죽었습니다.

남에게 사랑을 베푸는 것이 행복입니다. 이제 우리가 산을 사랑하고, 물을 사랑하고, 달을 사랑하지만, 그 물건이야 무슨 영향이 있습니까? 예수의 제자들은 사랑으로 참혹한 일을 당하였습니다. 그러나 부랑한 사람의 사랑은 이와 같지 않습니다. 고로 진정한 안락의 본本은 사랑입니다. 그런 고로 하나님이 사랑을 권하였습니다. 독생자 예수를 내려 보내 사랑으로써 피를 흘렸습니다.

사랑이란 말은 정지하고, 잠깐 다른 말을 하겠습니다. 신령한 교인, 신령한 장로, 신령한 목사라고들 하지만 '신령'은 눈으로 보지 못하고, 귀로 듣지 못하고, 손으로 만지지도 못합니다. 모 목사의 신령, 모 장로의 신령이란 말이 기독교에 있습니다. 기독교에서도 특히 한국 교인이 그러합니다. 비유하건대, 여러 가지 자루를 들고 무엇이냐고 물으면, 그 만든 물질로써 대답합니다.

베로 만들었으면 베자루, 무명이면 무명자루, 비단이면 비단자루라 합니다. 또 그 자루에 물건을 담아 물으면, 콩자루, 쌀자루, 겨자루라고 합니다. 같은 자루지만 쌀도 담고, 겨도 담습니다. 그러므로 오늘 신령치 못한 교인이 내일 신령하여지기도 하고, 오늘 신령한 교인이 내일 신령치 못하여지기도 합니다.

그러면 신령은 어떤 것을 이릅니까? 그것은 하나님이 내 속에 있음을 이릅니다. 이것은 내가 이 방 속에 있는 것과 같지 않습니다. 하나님이 몇 분이냐고 하면, 한 분이라고 합니다. 하나님이 한 한국 사람의 속에 있다 하면, 저 미국이나 유럽 사람 속에는 없다는 말씀입니까? 이 자리의 한 사람에게 있으면, 다른 이에게는 없다는 말씀입니까? 아닙니다. 하나님은 마치 태양 빛이 각 집에 비추는 것과 같습니다. 아무개 속에 부처가 들어앉았다 하면, 부처가 태아처럼 속에 있다는 것이 아닙니다. 그 이상理想과 성품이 같다는 말입니다. 또 석가여래가 환생하였다 하면, 죽었던 석가가 다시 났다는 말이 아닙니다. 성신이 내게 있다는 것도 또한 이와 같습니다.

내가 내지內地에 있을 때, 어떤 전도사가 한 사람에게 말하기를 "저 굴뚝 속에는 하나님이 들어가시지 않을 것입니다. 당신이 담배를 즐기는데, 신성한 하나님이 어찌 담뱃대 속에 있겠습니까?" 한즉, 그 사람 말이 "내가 음식을 먹고 물을 마시는 고로 내 속이 더욱 부정합니다." 하였습니다. 그러나 이렇게 말할 바는 아닙니다. 하나님이 내 속에 있다는 것은 나의 신과 하나님의 신이 서로 신령하세 잘 통한다는 것입니다. 고린도전서에 기록하였으되 "창기와 가까이하면 창기와 한 몸이 되고, 하나님과 가까이하면 하나님이 된다."고전 6:16-17 하였습니다. 또 요한복음에 "나는 네 안에 있고, 너는 내 안에 있다."요 15:4 함은 서로 들어왔다 나갔다 함을 이름이 아닙니다.

어떻게 하여야 나의 신이 하나님의 속에 있고, 하나님의 신이 내 속에 있게 하겠습니까? 마치 구멍이 있어야 태양 빛이 들어오는 것과 같습니다. 예로부터 하나님을 본 이가 없지만, 우리가 서로 사랑하면 하나님이 우리 속에 거하십니다. 고로 신성한 사랑이 있는 사람이 신령한 사람입니다. 예수께서는 삼십 년 만에 사랑을 가르치셨습니다. 또 세상에 계실 때 굶주림과 추위와 잘 자리 없는 것과 같은 모든 괴로움을 당하시다가, 십자가에 못 박히사 당신의 진정한 사랑을 피로써 시험하였습니다.

창세기로부터 계시록까지 성서가 말하는 것이 혹 겸손, 혹 선함이니 하여 좀 다르다 하나 결국은 사랑입니다. 이처럼 예수교의 근본은 사랑이니, 이를 행하기를 절실히 해야 하겠습니다. 어떤 한 빈곤한 사람이 앓는데, 문병하러 가서 신령한 기도로써 병 낫기를 빌고, 제 주머니의 돈은 한 푼도 안 내어 약이나 미음으로 도와주지 않는 것이 과연 신령한 것입니까? 아무것을 안 해도 제 주머니의 돈을 내어 구원케 하는 것이 신령한 것입니다.

고로 사회를 개량하는 것은 그 공이 어떠하겠습니까? 한 사람의 몸을 위하여 돈 일 원을 주는 것은 신령하다 하고, 전 민족을 위하여 구원하는 것은 신령하다고 하지 않습니다. 지금 어떤 사람은 독립운동의 일로 "나의 신령이 줄어든다." 하며 벌벌 떨고 있습니다. 하지만 지금 독립운동을 위하여 힘을 많이 쓰는 사람이 참으로 신령한 사람입니다. 죽느냐 사느냐의 아슬아슬한 이

때 금전과 생명을 희생하는 자라야 오직 신령한 교인입니다.

여러분에게 보이기 위하여 오늘 정부(상해임시정부)에서 들여온 것이 있습니다. [패물 등을 돌아가며 보면서] 이 금반지를 끼던 여자들이 진정으로 신령한 사람입니다. 그들은 이것을 보낼 때 자기의 이름도 말하지 않았습니다. 이 여자들은 아무 대가도 바라지 않고, 아무 요구도 없었습니다. 지금 이 여자들은 깊은 방 속에서 진정한 마음으로 기도하고 있습니다. 하나님 앞에서의 사랑은 아무런 바람이나 요구가 없는 사랑입니다. 이전吏典 대신臺臣을 사랑하던 것은 관찰사나 군수가 되기 위함입니다. 창기는 누구를 사랑합니까? 자기의 이해利害를 위하여 하는 사랑은 영업이요, 사랑이 아닙니다. 영업이라도 협잡입니다.

이번에 큰일을 누가 하여야 하겠습니까? 우리 교인이 할 일입니다. 이천만을 건지는 일을 신령이라 아니하면, 이는 허위입니다. 그러면 이번 운동을 어떻게 하여야 하겠습니까? 우리가 마땅히 돈을 턱턱 가져오고, 생명을 턱턱 내놓아야 하는데, 우리 교인은 제 집에 재물을 많이 쌓아 두고 내가 산 후에야 독립이 필요하다 합니다. 내 생각에 이 정부 안에서 일주일 안에 돈 십만 원 이상이 있어야만 유익한 일이 많겠습니다. 상해에 온 젊은 교인들은 자기의 몸을 본위 삼아 일하지 말고, 대한의 국가를 본위 삼고 일하십시오. 내가 간절히 비는 바는 이 땅에 뜨거운 피를 뿌리면서 통일하기 위하여 활동합시다.

기도.

내가 오늘 한 말이 참으로 하나님의 뜻과 같으면, 이 말씀을 들은 여러 사람이 이 일을 위하여 큰 힘을 많이 내어 실행할 줄 믿나이다.

사랑(2)

1933년 대전형무소에서 아내에게 보낸 편지 중

지나간 모든 것을 다 끊어 보내어 버리고
오직 살아 있는 짧은 시간을 어떻게 다 보낼까 함이외다.
옛날 그릇된 자취를 다시 아니 밟겠다는 결심은 물론이지마는
새로 밟아갈 것이 무엇일까 함이외다.
아무 별 것이 없고 오직 사랑뿐입니다.

나의 사랑하는 아내, 혜련

(상략)

나중으로 당신께 다시 하옵는 말씀은 인생이란 것이 본래 장생불사長生不死하는 물건이 아니고 누구나 한 번 났다가 한 번 죽는 바요, 또 사는 동안이 매우 적은 것이오. 나나 당신이 다 인생의 하나로서 세상에 와 있는 동안 잘 지내거나 못 지내거나 삶의 시간이 거의 다 지나갔고 이제는 남은 것이 많지 못합니다. 이 위에도 말하였거니와 나는 나의 지나간 역사의 그릇된 자취를 더듬어 보고 양심의 책망을 받으므로 비상한 고통을 때때로 받았습니다. 그러나 그것이 다 지나갔으니 후회막급으로 생각하여도 별도리가 없습니다. 그런즉 지나간 모든 것을 다 끊어 보내어 버리고 오직 살아 있는 짧은 시간을 어떻게 다 보낼까 함이외다. 옛날 그릇된 자취를 다시 아니 밟겠다는 결심은 물론이지마는 새

로 밟아갈 것이 무엇일까 함이외다. 아무 별것이 없고 오직 사랑뿐입니다.

사랑, 이것이 인생의 밟아 나갈 최고 진리입니다. 인생의 모든 행복은 인류 간의 화평에서 나오고 화평은 사랑에서 나오기 때문입니다. 우리가 실제로 경험하여 본 바 어떤 가정이나 그 가족들이 서로 사랑하면 화목하고, 화목한 가정은 행복한 가정입니다. 그와 같이 사랑이 있는 사회는 화평의 행복을 누립니다. '사랑'을 최고 진리로 믿고 이를 실행하는 사람의 사랑으로 가정이나 사회의 화평과 행복이 촉진될 것은 물론이므로 가정보다 먼저, 사회보다 먼저 사랑을 믿고 사랑을 품고 사랑을 행하는 그 사람 자신의 마음이 비상한 화평 중에 있으므로 남이 헤아리지 못할 더할 나위 없는 행복을 받을 것입니다. 그런즉 나나 당신이 앞날에 있는 시간에 우리가 어떤 곳, 어떤 상황에 있든지 우리의 마음이 완전히 화평에 이르도록 '사랑'을 믿고 행합시다.

내가 이처럼 고요한 곳에서 여러 가지로 생각하던 결과 오직 '사랑'을 공부할 생각이 많아지는 동시에 이것을 당신에게 선물로 줄 마음이 있어서 '사랑' 두 글자를 보내오니 당신은 당신의 사랑하는 남편이 옥중에서 보내는 선물을 받으소서. 이것을 받아 가지고 우선 집안 자녀를 평일보다 특별히 사랑하는 화평의 기분으로 대하며 삼촌 댁과 사촌 집 친족들이며 그 밖에 친구들한테 평소의 감정을 쓸어버리고 오직 사랑으로 대하기를 시험하소서. 효과가 곧 날 것입니다. 그리하여 어떤 사람에게든지 자비의 정신을 품고 대하기를 공부하여 보소서.

말이 너무 길어지므로 그만 줄입니다. 아이들에게도 자주 편지하고자 하나 형편이 허락하지 아니합니다. 아이들 보고 싶은 마음은 평소보다 더욱 간절합니다.

1933년 6월 1일 당신의 남편

차경신에게 보내는 편지

1921년 안창호가 차경신에게

독립운동가로 상해 임시정부를 비롯한 독립운동 단체들 간에 오가는 서신과 자금을 운반했던 차경신車敬信(1892-1978)에게 보낸 서신이다. 이 편지는 상해 임시정부 내 세력 갈등으로 마음에 상처가 깊어진 상태에서 늑막염으로 병원에 입원한 그를 위해 쓰여졌다.

누구든지 설혹 철학 박사가 되었더라도
인정, 근면, 진실, 관용 네 가지가 없으면
아무 일도 못하고 죽은 자가 될 것이요,
설혹 학식이 부족하더라도 그 네 가지가 있으면
크게 일하는 사역자가 되는 법이라.

나의 사랑, 경신

내 가슴 속의 뜻을 대강 말하노니 반가이 볼 줄 믿노라. 나는 일전에 그대의 눈에서 뜨거운 눈물이 흐름을 보고 나의 감상은 비상하였소. 오 경신, 무엇이 언짢고 안타까워 그렇게 눈물로써 옷을 적실까? 그렇게 슬퍼함이 어찌 오늘뿐일까? 내 어떻게 하여야 그 눈물을 씻겨 줄까?

나는 경신을 잘 아노라고 하는 사람 중 하나이다. 과연 눈물을 흘릴 만하도다. 눈물 흘리는 경신의 그 눈물을 나는 씻겨줄 능력이 없더라도 인자하시고 능력이 많으신 하나님은 씻겨 주실 줄 믿는다. 왜? 하나님께서 경신을 나보다 더 잘 아시고, 또한 나보다 더 사랑하시리라 하는 여러 생각이 많이 있었나이다.

그 슬퍼하는 까닭은 이것인 듯하다. 하나는 앞길이 망연하다.

내 이전에 당한 것은 잘 되었거나 못 되었거나 이미 지나간 것이니 그만이지만, 이 앞 장래를 어찌할까 하는 가운데 모든 경우가 앞길을 막기만 하고 열림이 없는 듯하여 문득문득 답답하다. 울울鬱鬱(마음이 매우 답답한)한 정이 일어남이요. 둘째는 그때에 나는 참 부족하다. 그때도 스스로 부족하다는 생각이 없지 않았지만, 세상에 나와서 세상을 살펴볼수록 나는 과연 부족하다. 이같이 부족한 것이 무엇을 할꼬, 이제 언제 배워서 될까 하여 답답하고 민망한 정이 일어남인가 하노라.

이 밖에도 근심과 슬픔을 짓는 것이 있겠지마는 이는 불과 때때로 임시 발생하였다가 임시로 없어지는 것이요, 실상은 이 위에 말한 두 가지인 듯하다. 병으로 슬퍼함도 단순히 병의 괴로움 때문이 아니고, 그 병 때문에 앞길에 활동을 잃을까 저어함인가 하노라.

내 어찌하여 경신의 앞길이 크게 열릴 줄을 확실히 믿는가? 그대는 스스로 부족하다 한하지마는 내가 밝히 아는바 그대는 과연 하나님의 특수한 은혜를 받았으니, 근본적으로 큰 일꾼의 자격을 갖추었음이라. 그대는 첫째는 사랑이 많고, 둘째는 진실하고, 셋째는 부지런하고, 넷째는 너그러운지라.

이 네 가지 보배를 가지고 이왕에도 많은 일을 하였거니와, 이 앞에도 더욱 크게 일할 줄을 믿노라. 누구든지 설혹 철학 박사가 되었더라도 경신이 가진 인정, 근면, 진실, 관용 네 가지가 없으면 아무 일도 못하고 죽은 자가 될 것이요, 설혹 학식이 부족하더라도 그 네 가지가 있으면 크게 일하는 사역자가 되는 법이라. 그대 일찍이 그같이 보배로운 네 가지 큰 자본을 받아 가졌나니, 이러므로 우리 대한의 보배라 하고 내가 그대를 사랑할 뿐 아니라 높이 공경하나이다. 그대가 이미 그런 보배의 자본을 받아 가진 바에는 그것을 받은 줄 알고 하나님께 감사할 것이요, 그 보배를 잃지 않고 전날 내려온 그대로 나가면 배운 것만 가지고도 그런 보배가 없는 높은 학자보다 몇백 배의 큰일을 하겠거늘, 하물며 그대는 배우면서 일하여 지식과 능력이 더욱더욱 진취할 줄 믿노라.

그런즉 경신은 지금에 병 앓는 시간을 불행의 시간으로만 생각지 말고, 이 시간을 지혜롭게 이용하여라. 어떻게 하여야 지혜로운 이용이 될까? 이 시간은 평생에 큰일을 하기 위하여 한번 크게 쉬는 시간으로 이용하여라. 큰 쉼이 큰일에 예비임을 알지 않는가. 크게 쉬는 시간으로 밝히 알고 뜻을 정하면 크게 얻을 것이 있으리라. 그렇지 않으면 병도 아니 날뿐더러 큰 것을 잃을까 두려워하노라.

크게 쉬는 시간으로 정한 이상에는 무엇을 한다 만다, 하겠다 말겠다, 좋다 언짢다를 다 버리고, 다만 화평한 뜻으로 때때로 묵묵히 기도하여 그 큰 정신의 힘을 더욱더욱 기르고, 스스로 믿는 용기를 더욱더욱 굳세게 하여라. 이 시간을 바로 이용하면 대학교를 졸업하는 것보다 뛰어남이 있으리라. 더 쓰려다가 그만 그친다. 내 사랑 경신아, 울지 마라. 네 앞길은 광명하고 크도다.

하나님이 너를 버리지 않고, 우리 민족은 너를 요구할 수밖에 없느니라.

4254년(1921) 6월 9일 도산

죄를 회개하라고

1925. 샌프란시스코

죄악을 범한 이는 반드시 회개해야만
기독교인의 회개하는 본의가 될 것이다.

이달 1일 예배일에 안도산 선생은 상항(샌프란시스코) 한인 예배당에서 전도하였는데, 그 전도의 대략 의미는 '죄를 회개하라'였다. 선생은 다음과 같은 죄악을 회개하라고 하였다.

① 남의 생명을 해害하는 죄 ② 남의 재산을 빼앗는 죄 ③ 남의 권리를 대수롭지 않게 여기고 무시하는 죄 ④ 남의 명예를 훼손하는 죄 ⑤ 남의 기쁨을 빼앗는 죄 등이다.

어느 민족이나 사회나 이러한 죄가 없지 않으나 우리 사회에는 더욱 많으며, 또한 남의 생명과 재산에 손해를 끼치는 죄는 죄로 알지 않는 이가 많다. 그런 고로 이상에 열거한 죄악을 범한 이는 반드시 회개해야만 기독교인의 회개하는 본의가 될 것이다. 만일 덮어 놓고 죄를 회개해야 한다면 무엇이 죄인지 알기 어려우며, 또한 무엇이 죄인지 모르고 어찌 회개할 수 있을까? 우리는 이러한 죄를 짓지 않도록 있는 힘을 다하려니와, 만일 범하였으면 즉시 고쳐야 함을 말하였다.

〈신한민보〉1925. 2. 5

제 2 부

동포에게 고함

"그대는 나라를 사랑하는가
그러면 먼저 그대가
건전한 인격이 되라.

우리 중에 인물이 없는 것은
인물이 되려고 마음먹고
힘쓰는 사람이 없는 까닭이다.
인물이 없다고 한탄하는
그 사람 자신이 왜 인물이 될
공부를 아니하는가."

문명과 부강을 위하여

1906

1902년 9월 3일 이혜련과 결혼한 다음날 미국에 건너간 안창호는 1903년 9월 샌프란시스코에서 상항 친목회를 조직했다. 이 친목 조직을 통해 안창호는 한인들의 단합을 강조했다. 이후 1904년 4월 로스앤젤레스에서 한인들을 위한 한인 노동주선소를 만들었으며, 야학을 열어 영어와 신학을 배우도록 했다. 이 활동은 1905년 4월 5일 한인친목회를 발전시켜 '공립협회'의 설립으로 이어지게 되었다.
이 글은 1906년 공립협회 설립 1주년을 맞이하여 그 감회를 밝히는 연설로 공립협회의 기관지인 〈공립신보〉(1905년 11월 20일 창간) 4월 14일자에 실렸다.

우리가 만일 어떤 좋은 화초를 구할 때, 아름다운 잎과 향기로운 꽃나무에서
오직 꽃이나 잎사귀만 취하면, 잠시는 좋으나 얼마 못 되어 마르고 다시 번성치 못합니다.
먼저 그 나무의 뿌리와 씨를 취하여 심으면 꽃과 열매가 그로 인해 나고 또한 번성할 것이니,
불가불 먼저 뿌리와 씨를 취하여 심을 것입니다.

오늘 이같이 화초와 채색으로 집을 화려하게 단장하고 노래를 화창話唱하여 즐기는 것은 즐거워할 만한 까닭이 있건만, 만일 외국 사람들이 구경할 것 같으면 우리의 속은 모르고 응당 우리를 비웃고 정신의 근본이 썩은 인물이라 하리니, 슬플 뿐입니다. 그 사람들이 비웃고 비방하더라도 대답할 말이 없습니다. 우리나라가 엎어져 망하고, 우리의 동포가 화를 당해 자유를 잃고, 의식도 넉넉지 못하여 받는 것은 천대와 학대입니다. 우리의 부모 동생은 다 원수의 손 아래에서 통곡하는데, 우리가 이같이 노는 것을 어찌 비웃지 않겠습니까?

그러나 오늘 우리가 즐기는 이유는 이날이 우리 협회가 창립된 날이기 때문입니다. 어찌하여 우리가 협회가 창립된 날을 맞아 즐겁다 합니까? 대저 우리가 고국을 이별하고 수만 리 대양을 건너 먼 곳에 온 것은 여러 가지 뜻이 있으나 그중에 같이 품은

가장 큰 뜻이 있으니, 그 뜻은 우리나라가 미개하고 자취없이 없어짐을 분하게 여겨 미국의 문명하고 부강한 것을 배우고 본받아 우리나라도 미국과 같이 문명 부강하게 하자 함입니다. 그러므로 우리나라 동포 중에 혹은 말하기를 우리가 문명한 미국과 같이 병선兵船과 대포를 만들자 하며, 혹은 문명한 미국과 같이 집을 잘 짓고 길을 잘 닦자 하나, 나는 이 모든 것을 다 좋아하고, 심지어 화초 동산 하나라도 문명한 미국과 같이 만들고 싶고, 무엇이든지 우리나라에 없는 좋은 것은 다 배우며 본받고 싶습니다. 우리 무리가 불가불 힘써 공부하여 배울 것입니다.

그러나 본받고 배우는 데는 먼저 하고 후에 할 차례가 있고 경輕하고 중重한 분간이 있으니, 우리가 미국의 문명과 부강을 배우려면 무엇을 먼저 할 것이며, 무엇을 더 중히 여겨야 합니까? 우리가 만일 어떤 좋은 화초를 구할 때, 아름다운 잎과 향기로운 꽃나무에서 오직 꽃이나 잎사귀만 취하면, 잠시는 좋으나 얼마 못 되어 마르고 다시 번성치 못합니다. 먼저 그 나무의 뿌리와 씨를 취하여 심으면 꽃과 열매가 그로 인해 나고 또한 번성할 것이니, 불가불 먼저 뿌리와 씨를 취하여 심을 것입니다.

이처럼 우리가 미국의 문명과 부강을 구하려면 또한 문명과 부강의 뿌리와 씨를 구해야 할 것인데, 문명과 부강의 씨가 무엇입니까? 우리 협회의 목적이니 같은 나라 인종이 서로 보호하자는 뜻으로 단합함입니다. 작년 이날에 그 좋은 씨를 우리 동포가 스스로 구하여 심었는데, 이제 그날을 다시 만나니 남이 비웃고 비방하더라도 우리는 기뻐하는 것입니다. 천만 가지 좋은 문명과 부강이 이 일로 좇아 생길 터이니, 크게 믿고 바람을 얻은 우리가 어찌 기쁘지 않겠습니까? 모든 나라의 문명과 부강이 다 이로 인해 생겼고, 미국으로 말하더라도 자유와 독립을 원하여 영국과 싸운 것은 당초에 미국에 있는 인민이 서로 보호하자는 뜻을 가졌기 때문입니다. 워싱턴(G. Washington, 1732-1799)이 혼자 일한 것이 아니라 강한 자나 약한 자, 유식한 자나 무식한 자, 잘난 놈과 못난 놈을 물론하고 일례로 공합共合하여 힘쓴 고로 영국을 물리치고 독립이 되어 부강을 일으켰고, 오늘까지 그 문명과 부강을 부지하고 진보하는 것도 또한 서로 보호하자는 뜻으로 합심하고 합력하기 때문입니다.

우리가 가령 한 가지를 가지고 생각하더라도 이 나라의 학업이 날로 왕성하는 것을 우리가 넉넉히 보는 바 처처에 허다한 소학교, 중학교, 대학교를 갖추어 설립하였으니, 이같이 많은 학교를 세운 것은 어느 한 대통령이나 한 부자가 아니라 다 합력하여 되었고, 이밖에 크고 작은 모든 일이 다 여러 사람의 힘을 합함으로 되었으니, 그같이 합하는 것은 서로 보전하자는 뜻이 아니겠습니까?

우리나라에서 여러 해 전부터 문명과 부강을 말하고 좋아하고 배우고자 하였으되, 그 가지와 잎은 탐하나 그 뿌리를 구하여 심지 아니하므로 문명과 부강을 이루지 못하고 도리어 부패하였습니다. 그러나 지금 미국에 온 형제들이 다행히 생각이 바로 서서, 문명과 부강의 씨가 되고 뿌리가 되는 우리 협회가 조직된 지 일 년 동안에 많은 효험을 보았으니, 이로 인하여 문명과 부강의 가지와 잎이 번성하므로 과실이 있을 줄을 확실히 믿는 바입니다. 오늘부터 더욱 맹세하고, 모든 사의私意와 핑계를 버리고, 다만 우리의 심은 씨가 잘 자라고 속히 잘 자라도록 힘써야 하겠습니다.

<공립신보> 1906. 4. 14

기쁜 소식

1907년 미국에서 한국으로 돌아온 안창호는 신민회를 창립하여 교육 및 실업 활동에 힘썼다. 그 결과로 평양 대성학교 개교, 자기회사瓷器會社 설립, 태극서관 설립되었다. 하지만 안중근 의거 배후 세력으로 지목되어 수감된 후 그는 1910년 망명을 선택하여 중국을 거쳐 러시아의 블라디보스토크로 건너갔다. 같은 해 9월 28일 미국 동부를 거쳐 샌프란시스코에 도착하여 다시금 미국 동포들 앞에 섰다. 이 연설은 샌프란시스코의 한인 동포들이 주최한 환영식 석상에서 이루어진 것으로 1911년 10월 4일자 〈신한민보〉에 실렸다.

우리가 급급히 준비할 것은 젊은이든지, 늙은이든지, 여인이든지, 남자든지
각각 자기의 하는 일을 일인과 비교하여
일본 사람보다 앞설 생각을 두고 하는 것뿐입니다.

내가 다시 이곳을 향하여 고국을 떠날 때 마음이 대단히 아프고 비창했던 것은 우리 동지들은 모두 위태한 함정에 빠져 무진無盡 고초를 당한 중에 나만 홀로 위험을 피하여 떠나온 까닭입니다. 시베리아 만 리 길에 어느 강산이 나의 수심을 보태지 않았을 것이오만, 한번 뉴욕 항에 닻을 내리고 미주 대륙을 흘러 이곳까지 올 때 지나는 곳마다 우리 동포의 정황을 살펴보니, 무한히 기쁘고 즐거운 마음이 생겼습니다.

그 기쁘고 즐거운 것이 무엇입니까? 내가 이곳을 떠난 지 다섯 해 동안(1907-1911)에 우리 동포들이 각 방면으로 점점 나아가 변하고 또 변하여, 전일前日에는 학생이 없었으되 오늘에는 대학생이 있으며, 중학생이 있으며, 소학생이 많으니, 이는 학생계가 변한 것입니다. 전일에는 실업實業에 착수한 이가 없었으되 오늘에는 곳곳에 농장이 있으며, 상점이 있으며, 회사가 조직되어 장래

의 무궁한 희망을 두었으니, 이는 실업계가 변한 것입니다. 전일에는 나의 집이 없었으며 주자鑄字로 인쇄하는 신문이 없었으되, 오늘에는 나의 집에서 나의 주자로 선명한 신문이 발간되어 동서양에 널리 전파되니, 이는 신문계가 변한 것입니다. 전일에는 통일된 단체가 없었으되 오늘에는 미주 하와이, 멕시코와 원동 각지에 있는 동포의 단체가 모두 국민회의 이름 및 통일한 정신을 가졌으니, 이는 단결력이 변한 것입니다.

심지어 남녀동포의 체격과 행동까지, 언어와 의복 제도까지 일층 변하여, 나서면 헌헌한(풍채가 당당하고 빼어난) 장부의 기상을 가졌고 들면 유한한(인품이 조용하고 그윽한) 숙녀의 태도를 가졌으니, 이는 풍속 습관이 변한 것입니다. 그 중에도 더욱 기쁜 것은 동방에 있는 학생들이 하절夏節 방학 동안을 이용하여 병兵학교를 세우고 상무尙武의 정신을 연단함입니다. 이 어찌 5년 전과 오늘을 비교할 때 크게 변천됨이 아니겠습니까? 그런 고로 내가 무한히 기쁘고 즐거운 마음이 생겼다 하는 것입니다.

사람이 혹 말하되 재미동포의 열성이 전보다 늙었다 하나, 아니오, 아닙니다. 내 생각에는 결단코 그렇지 않습니다. 우리가 처음 이곳에 올 때 적수공권赤手空拳(아무것도 가진 것이 없음)의 맨주먹만 들고 온 사람 육칠백 명이 무슨무슨 사건에 남을 돕기 위해 내놓은 재물이 얼마나 많으며, 어떤 어떤 사업에 기울인 정성이 얼마나 높습니까? 실로 일본인과 청나라인은 그와 같이 적은 수효의 사람으로 이처럼 큰일을 치르지 못하였을 것입니다.

또한, 오늘날 사업의 진취하는 것을 보면서 날마다 늘어가고

달마다 자라간다 함은 가하거니와, 열성이 늙었다 함은 결단코 겉으로 보는 생각이요, 실상을 알지 못하는 말입니다. 내가 실로 말하나니, 당초에 미주美洲로 건너올 때 혹 다른 민족과 같지 못할까 하여 은근히 걱정하고 근심하였더니, 오늘에 이처럼 발전된 것은 여러분이 모두 변하기를 잘하였으므로 범사에 남만 못한 일이 없을 뿐 아니라 남보다 나을 희망이 있는 것이 아닙니까? 그런 고로 나는 제군의 열성과 변천됨을 마음 깊이 삭이며 깊이 하례賀禮하는 바입니다.[중략]

우리가 서로 얼굴을 대하여 입을 벌리게 되면 피차에 통곡만 하여도 석연치 않으나, 나는 오늘 저녁에 제군들을 대하여 내지內地 형편을 말할 때 다만 기쁜 소식만 전하고자 합니다. 나라가 망하고 민족이 멸할 지경에 무슨 기쁜 소식이 있겠습니까만, 그러나 실로 기쁜 일이 있습니다. 세상에서는 나라가 망한 것이 혹자는 임금의 죄라, 혹자는 오적五賊이나 칠적七賊의 죄라 하나, 그러나 이천만 인구와 삼천리 강토를 어찌 이완용이나 송병준 같은 몇 사람의 힘으로 팔아먹을 수 있겠습니까? 그 밑에 이름 없는 이완용, 송병준 같은 이가 많아 나라가 망하였으니, 누구누구 할 것 없이 한국 민족 된 자는 다 망국의 죄가 있습니다. 나도 한국인인 고로 내가 곧 망국한 죄인입니다.

오적五賊과 칠적七賊

오적은 구한말에 을사조약 체결에 가담한 다섯 명의 매국노인 외부대신 박제순, 내부대신 이지용, 군부대신 이근택, 학부대신 이완용, 농상공부대신 권중현을 이른말이다. 칠적은 1907년에 한일 신협약을 맺어 국권을 일본에 넘겨준 일곱 사람인 이완용, 임선준, 조중응, 송병준, 이재곤, 이병무, 고영희를 이른다.

그러나 전일에 나라를 망하게 한 자가 곧 오늘에 나라를 회복할 자이니, 이제 여러 방면으로 보건대 현재 활동과 장래 경영에 대하여 무궁한 희망이 있으니, 이것이 나의 전하고자 하는 기쁜 소식입니다. 혹자는 한국에 있는 교인도 모두 일본인의 세력 범위로 들어갔다 말하나, 결단코 그렇지 아니합니다. 이는 모두 일인의 신문상에 정책변政策辨으로 하는 말이요, 실상 조국 정신이 제일 풍부한 인격을 찾으려면 모두 교회 안에 있습니다.

그들의 하는 일은 모두 나라 잃은 자를 다시 나라 찾는 자로 만들기에 진력합니다. 그중에 제일 유공有功한 자는 교인이라고 나는 담보擔保라도 하겠습니다. 교인 중에서 일인의 심복이 된 자가 있다 하나 이는 본래 교인이 아니요, 장래 교인도 아닙니다. 이는 일인이 교인의 내정을 알고자 하여 은밀히 정탐꾼에게 교회의 세례를 받게 한 자이니, 그 거동을 보면 참 교인과 같이 찬미 하며 기도를 하여 남의 이목을 속이되, 제 어찌 구주의 뜻을 본받은 참 교인을 농락할 수 있겠습니까?

참 교인들은 과연 오늘에 대단히 유공한 동포들이란 것을 아시길 바랍니다. 또 혹자는 말하되, 일본의 개명開明이 한국보다 먼저 되었다 하나, 나는 한국의 개명이 먼저 되었다 합니다. 왜 그런가 하면 개명하는 길이 둘로 나뉘어, 일인은 정치상으로 물질적 개명은 한인보다 먼저 되었다 하나, 도덕상으로 정신적인 개명은 결단코 일인이 한인을 따를 수 없으니, 우리가 이제 물질적인 방면으로 힘을 더 쓰는 지경에는 소위 일인의 문명은 뿌리가 없는 꽃과 같을 뿐이니, 어찌 뿌리를 박고 피는 꽃을 따를 수 있겠습니까?

또 교인이 동족을 구제하는데 다른 사람보다 몇 갑절 더 힘쓴 증거를 말하겠습니다. 지난번에 인도 사람을 위하여 교회에서 의연義捐을 청할 때, 어떤 부인은 자기의 비녀까지 뽑는 것을 내가 보았습니다. 보지 못하는 인도인을 위하여서도 이렇게 하거늘, 눈으로 보는 동포의 도탄을 건지는 일에야 오죽할 리가 있겠습니까? 그런 고로 우리 동포 중에 애국심이 제일 많기는 교인이라 합니다. 우리의 동지 중에 현재 고난을 받는 자가 많으나, 그러나 신진 청년들은 모두 막지 못하고 꺾지 못할 열심을 가진 자가 많습니다. 그런 고로 일본 사람들은 겉으로는 길이 정하지 못하다느니, 무엇이 어떠하다느니 하지만, 그 중에도 지식이 있는 자는 우리 동포의 정신상 발달하는 것을 크게 겁내는 중입니다.

우리는 일인의 노예가 된 것만 한탄하지 말고 남자나, 여인이나, 늙은이나 젊은이를 물론하고 각각 일인과 싸움할 준비를 급급히 합시다. 그 준비는 무엇입니까? 대포입니까, 군함입니까? 아니오, 아닙니다. 우리가 급급히 준비할 것은 젊은이든지, 늙은이든지, 여인이든지, 남자든지 각각 자기의 하는 일을 일인과 비교하여 일본 사람보다 앞설 생각을 두고 하는 것뿐입니다. 공부하여도 일인보다 앞서게 하고, 농사 하여도 일인보다 앞서게 하고, 장사 하거나 노동을 하거나 모든 일에 모두 낫게 한다면, 그 날이 곧 승전하는 날인 줄 아시길 바랍니다.

남녀노소의 우리 동포들은 어서 바삐 이와 같은 전쟁을 준비하십시오. 이와 같은 전쟁을 준비하는 요소로는 학식과 자본 두 가지가 있습니다. 한편으론 재물을 생산하며, 한편으론 지식을 양성한 연후에야 우리의 만족한 일이 있을 것입니다. 사람 수효의 적은 것도 한하지 마십시오. 아메리카 역사로 말하면 일백여섯 사람이 건너와 터를 잡았으니, 우리들이 과거 사오 년간에 진취한 것과 같이 잘 변천하고 또 변천하기를 쉬지 말아 우리의 단체를 날로 확장합시다.

<신한민보> 1911. 10. 4

우리의 없는 것을 있게 하려면,
우리의 적은 것을 크게 하려면,

오직 내 힘과 우리의 힘으로라야

1917

안창호는 한인 노동자들의 안정된 생활과 권익 보호와 함께 유학생들의 활동 보조와 교육 활동에도 힘썼다. 망명 유학생들은 안창호가 설립한 대한인국민회의 보증만으로 미국에 들어갔고, 이 중 상당수는 평양 대성학교, 숭실학교, 선천 신성학교 등 기독교계 학교 출신들이었다. 1909년 2월 공립협회가 국민회 북미지방총회로 개편되면서 안창호는 학생양성소 유지를 위해 매년 예산을 지출하고, 공부할 수 있는 건물을 마련하여 미주 한인 사회의 교육을 이끌었다.(장규식, "1900-1920년대 북미 한인 유학생 사회와 도산 안창호", 〈한국근현대사연구〉 제46집 참고)

1917년 6월 22일 나성 지방회 졸업생 축하회에서 했던 안창호의 이 연설은 어려운 교육 환경 속에서 얻어진 결실에 대한 감회이다.

예수 말씀에 "겨자씨는 백종百種 중에 지극히 적으나 한번 심어 자라면 수목을
이루어 나르는 새가 깃들인다." 함과 같이 오늘 우리의 경우를 슬퍼하지 말고
소수의 문학사, 법학사, 신학사를 더 많게 하고, 더 있게 하시길 바랍니다.

나는 이와 같은 모임에 대하여 기쁨과 슬픔이 아울러 발합니다. 왜 그런가 하면 기쁨으로는 적으나마 우리 중에 문학사, 법학사, 신학사가 생김이요, 슬픔으로는 다른 나라 사람은 매 학기에 박사, 학사가 다수히 나되, 우리 미주 유학계는 십여 년 이래에 두세 명의 철학사, 문학사와 두세 명의 법학사, 신학사뿐이기 때문입니다.

시대의 오늘을 가진 다른 나라 사람들은 참전이니, 중립이니, 밀약이니, 협상이니 하되, 우리는 거기 대하여 아무런 느끼는 바도 없게 되었습니다. 어찌 보고 느끼는 바가 없겠습니까? 다만 힘이 미치지 못하므로 없게 되었습니다.

그러나 지금 우리가 특별히 생각할 것이 있으니, 곧 없는 것을 있게 하고 적은 것을 크게 하는 것입니다. 예수 말씀에 "겨자씨는 백종百種 중에 지극히 적으나 한번 심어 자라면 수목을 이루어 날으는 새가 깃들인다."함과 같이 오늘 우리의 경우를 슬퍼하지

말고 소수의 문학사, 법학사, 신학사를 더 많게 하고, 더 있게 하시길 바랍니다.

오늘 저녁에 우리가 이처럼 모인 것은 참 어려운 일입니다. 한 시간이나 두 시간의 기회를 만드는 우리가 어려운 것이 아니요, 오륙 년 혹은 십여 년 동안 직접, 간접으로 참담한 간고艱苦를 겪어 오신 세 분 졸업생이 어려운 것입니다. 이렇게 어려움을 참아 자기의 정한 주지主旨대로 나아감은 학업을 성취코자 함입니다. 사람이 고생스러운 공부를 왜 하는가 하면 오직 도덕, 지식, 체력을 발육하고자 함입니다. 이를 발육함에는 양종兩種의 힘을 요구하니, 곧 내 힘이란 것과 우리의 힘이란 것입니다. 내 힘은 각 개인의 자력을 이름이요, 우리의 힘은 민족 전체의 힘을 이름입니다.

오늘 우리 대한 사람이 각개의 힘을 발육하였습니까? 민족의 전체력을 발육하였습니까? 또는 거기에 대하여 "관념이 있는가, 없는가?" 물으면, 나는 대답하기를 "관념이 있다."고 합니다. 우리가 남의 나라 사람의 졸업 축하식에는 별 감동이 없지만, 오늘 저녁에 여기 모인 사람은 매우 기뻐하니, 이것으로 증거될 일이라 합니다.

현금 세계 각국은 민족 전체의 학력을 발육하기 위하여 거대한 재정으로 학교를 세우고 학술가와 발명가를 장려하니, 여기에 대하여서는 독일의 비사맥(비스마르크)과 중국의 이홍장李鴻章이 다 같이 정치가라 하되 차등이 있는 것입니다. 그 민족 중에 과학이 발달한 민족은 전쟁을 하여도 힘이 있고 또 승리를 얻으니, 여러분이 듣고 보는바 독일인이 대전란大戰亂 개시 이래로 연합군에게 패하지 않음은 이미 민족적 전체 지력智力을 양성함입니다. 독일뿐 아니라 세계 각국이 민족 전체의 지력을 필요한 것으로 보아 힘써 기름으로 박사와 학사가 많고 많되, 오직 우리 대한민족은 그렇지 못하였고, 소위 교육에 힘을 썼다 함은 몇 해 전 도회지나 촌리에 불규칙한 학교를 세우고 양 나팔로 잠시 떠든 것뿐입니다. 이리하여 우리 민족은 극히 암흑하고 빈한한 가운데 있었습니다.

이제 세 학생이 졸업한 것을 말하면 하나는 자력이요, 또 다른 하나는 의인의 도움입니다. 우리는 자기 민족의 학력 양성을 돕지 않되, 의인의 도움을 볼 때 우리는 반드시 생각할 바가 있습니다. 만일 과거에 이와 같은 관념이 있었다면 오늘날에는 큰 공효功效(공을 들인 보람이나 효과)를 보았을 것입니다. 과거 미주 사회의 재정 수입을 보면 하나는 월 연금이요, 또 하나는 구제금이요, 마지막 한 가지는 교육금입니다. 당시에 그 교육금을 가져 실로 민족적 학력을 발달시켰다면 과연 큰 공효가 있었을 것이거늘, 그 수입이 오직 명의뿐이요, 실제가 없으므로 이렇게 하겠다는 것이 몇 사람의 공상空想에 왕래할 뿐이었습니다.

다시 말하지만, 우리 대한 사람으로 공동한 행복을 얻으려면 오직 '내 힘과 우리의 힘'이 있어야 합니다. 내가 국민회 중앙총회장의 직무를 받아 오늘까지 이 직무를 맡고 있는 것은 실속 없는 헛된 명성이나마 없어질까 두려워함이니, 여러분은 '우리의 힘'을 발육하려거든 중앙총회를 오랫동안 허위에 두지 말고 실제에 두십시오. 멕시코, 미주, 하와이에 재류한 동포를 오륙천 명으로 가정하여 각기 일 원씩만 교육금으로 내면 학생 양성에 터가 잡힐 것이니, 이를 보더라도 우리 힘이란 것이 그와 같이 광대한 것입니다. 그러므로 나는 이제부터 다소 동지자와 더불어 전체 민족적 발육을 꾀할 것이니, 여러분은 각각 사업에 진력하시어 우리 한인의 공익에도 진력하시길 바랍니다.

<신한민보> 1917. 7. 12

불쌍한 우리 한인은 희락이 없소

1918. 로스앤젤레스

'국치일 중앙총회장 안창호씨의 연설'이라는 제목으로 1918년 9월 12일, 19일, 26일 3회에 걸쳐 〈신한민보〉에 게재되었다. 나성 지방회 국치 제8년 기념석상에서의 연설로, 당시 나성 지방회의 서기인 박영로가 필기하여 실은 전문이다.

아무것도 없는 우리가 무엇을 가지고 기뻐하겠느냐고 물을 것이므로,
나는 오늘 우리 민족이 기뻐할 방법을 말하겠습니다.
나는 희망이 아니면 다시 기뻐할 방법이 없다고 합니다.
대개 희망은 장차 얻을 것을 믿고,
보지 못하는 가운데 사실을 만들어 기다리는 것입니다.

나는 여러분과 더불어 이 애통한 날(국치일)을 해마다 지켜 왔습니다. 내가 작년에는 따뉴바Danuba에서 이날을 지키고, 멕시코로 건너가서 각처 동포를 심방하고 돌아오는 날에 공교히 이 날을 만나서 또 여러분과 더불어 슬픔을 같이 하게 되었으니, 무한 감개한 가운데 가히 기뻐할 일입니다. 일 년 동안 서로 보지 못하다가 반가이 만나는 오늘, 나는 실로 할 말이 많습니다만 다 접어 놓고 오직 오늘 국치일의 감정을 말합니다.

여러분, 우리 서로를 봅시다. 미국에 있는 우리 동포는 불쌍한 사람입니다. 이 세상 불쌍한 사람은 그 경우에 의지하여 여러 가지 종류가 있거니와, 불쌍한 사람 중에 더욱 불쌍한 사람은 희락이 없는 사람입니다. 얼마나 우리 재미 한인이 희락이 없느냐 하면, 이 세상 사람이 누리는 희락이 한 가지도 없습니다.

정원의 희락이 없습니다

바다의 고기가 말[해초]을 물고 희롱하고, 날짐승이 수풀을 의지하여 깃들이는 것은 미물일망정 저 있는 곳을 기뻐하는 까닭입니다. 더욱 사람은 의식衣食 다음에 주택의 맛이란 맛을 알아서 산을 의지하든지 물을 의지하든지 제각기 저 있는 곳을 사랑하여, 황토로 담을 쌓고 대竹를 엮어 문을 하면 수려청한秀麗淸閑을 기뻐하고, 대리석으로 주춧돌을 박고 상자목으로 난간을 두르면 부귀상련富貴相連을 자랑하여, 거기서 자라서 거기서 늙도록 깊은 정을 붙이는 것이 인류의 일종 희락이거늘, 보시오, 우리 재미 한인은 이러한 희락이 없습니다. 십 년을 단봇짐을 지고 동서로 떠돌아다닐 때, 오늘은 이 농장, 내일은 저 농장의 한 모기장 아래 모든 살림을 배치하고, 시내에 들어오면 남의 집 뜰아랫방에 겨우 등을 대고 절반 죽는 잠을 잘 따름이니, 북미 대륙이 넓다고 하지만 우리는 임의로 발길을 내디딜 곳이 없습니다. 이것은 오직 우리만 당하는 불쌍한 형편입니다.

사업의 희락이 없습니다

사업의 희락이란 무엇입니까? 나는 재미 한인의 긴급한 문제에 기준하여 오직 영리적인 한 방면을 들어 말합니다. 살려고 이 나라에 온 우리가 일찍이 공업을 배우지 못한 것은 말할 것도 없거니와, 그 밖에 농사를 하든지 장사를 하든지 자본을 던져 이익을 남기는 것은 오직 생활 유지에 요긴할 뿐만 아니라, 차차 늘어가는 재미로 한 몸의 수고를 잊기도 하는 것입니다. 몇천만 원의 대자본을 이용하는 자는 물론 단 몇십 원의 소자본을 가지고 푼돈 장사를 하는 자도 또한 영리의 취미를 붙이는 것입니다. 그러나 내가 보니 우리 한인은 그렇지 못합니다. 근년 이래 북가주 한인 농업의 발전이 다행이라고 하지만, 그 밖에 대부분은 거의 다 사업의 희락이 없으니 점점 늙어가는 우리의 전도는 참으로 위태합니다. 따라서 재산의 낙도 없습니다.

학문업의 희락이 없습니다

여보시오, 불쌍한 우리 동포들이여, 당신네가 학문의 낙을 맛보았습니까? 대개 사람이 무엇을 배우든지 청년 시대에 힘들여 배우는 것은 자라서 쓰자는 것이라고 하지만 그뿐만이 아닙니다. 배워서 나중에 쓰든지 못 쓰든지 그것은 차치하고 사람은 사람의 학문을 가지는 것이 당연한 고로 장차 죽을 자가, "아침에 도리를 들으면, 저녁에 죽어도 가하다朝聞道夕死可矣."고 담대히 말한 자도 있습니다. 그럴까 의심 마십시오.

제가 무슨 칭찬을 받으려고 이런 말을 하는 것이 아닙니다. 고금 학자를 보십시오. 저들이 담배를 줄이고 남의 빈축을 받으면서 땀을 쥐어짤 때, 그 괴로움에 집어 던지고 물러나려는 마음도 있으련만 참고 견디면서 나중의 성공을 얻는 것은, 물론 용맹이 있다고 하지만, 오직 혈기의 용맹을 가지고는 도저히 그렇게 할 수 없습니다. 하나를 궁구하면 둘을 깨달아 점점 그 이치를 풀어내는 때, 심기가 유쾌하고 정신이 발원하여 어떤 곤란이라도 디디고 넘어서다가 그 혈기가 부족한 경우에는 생명이라도 희생하고 후회가 없으니, 대개 배우는 자의 학문의 낙이란 것은 이 세상에 무엇으로도 바꾸지 못하는 것입니다. 여보시오, 우리에게 이러한 희락이 있습니까? 내가 없다고 과단을 하기 어렵지만 십 년 노동에 학문의 희락이 없는 것은 사실입니다.

도덕업의 희락이 없습니다

도덕의 낙이라 하면, 이 세상 법도 밖에 있는 자는 한 귀찮은 속박으로 알겠지만, 만일 그와 같이 생각하면 이는 오해라도 적지 않은 오해입니다. 내가 무슨 종파를 받들어 주장하든지 도리를 깨달아 덕을 닦는 때 말조심, 걸음 조심, 몸조심으로부터 그 지조와 행실을 조촐히 하여 가히 한 사회의 표준이 될 만하면 안으로는 자괴自愧한 일이 없고, 밖으로는 남의 공경을 받을 것입니다. 사람이 이렇게 되면 말 한마디를 하여도 동포 사회에 유익을 끼칠 것이요, 글 한 자를 써도 인류사회에 행복을 끼칠 것이며, 스스로 생각하여도 정신상 공부가 점점 고상하여 계시록을 펼치면 예루살렘의 황금길과 진주문이 눈앞에 열릴 것이요, 금강경을 깨치면 대천세계에 연화蓮花가 우거지고 오색의 구름이 영롱할 터이니, 그 즐거움이란 제왕帝王과 바꾸지 않을 것입니다. 사람이 다 그와 같기가 어렵다 하면 그도 또한 괴이怪異치 않은 말이로되, 대개 도덕은 인류의 평안한 방식이니, 만일 학문의 도덕이 없으면 공공의 도덕이라도 있어야

> **대천세계**
>
> 지혜의 정체正諦를 금강의 견실함에 비유하여 해설한 불경인 《금강경》은 우리나라 조계종의 기본 경전인데 여기에 나오는 말로, 은하계 규모인 소천세계를 천 배 한 것을 중천세계, 그리고 중천세계를 천 배 한 세계를 대천세계라고 하며 끝없는 우주를 가리킨다.

합니다. 그리하여야 이 세상에 있는 동안에 마음이 평안하고, 몸도 평안할 것입니다.

이 밖에 인성 생활의 첫 도전이 되는 가정의 희락도 없고, 사교의 희락도 없습니다. 한마디로 이 세상 인류의 누리는 희락은 한 가지도 없으니, 우리는 자연 비관에 빠질 것입니다. 그러면 이상 여러 가지 희락이 있으면 마음이 기쁘겠습니까? 아니요, 아닙니다. 가령 이상 여러 가지 희락이 있을지라도 이하의 세 가지 희락이 없으면 언제든지 우리는 기쁨이 없을 것입니다. 만일 그렇지 않으면 그 사람은 인체 조직 중에 무엇이 좀 잘못된 사람이라고 하겠습니다.

나라 없는 설움이 어떠합니까?

나는 여러분에게 간단히 묻습니다. 나라 없는 설움이 어떠합니까? 여러분이 겪어보셨지요? 오늘 우리의 설움이 무엇무엇이라고 하지만 나라 없는 것보다 더 아픈 일은 없다 하겠습니다. 전신이 다 아픈 우리는 앓는 소리로 팔 년을 지나왔으니, 이것은 접어놓고 오늘은 뒤집어 나라 있는 사람을 봅시다.

먼저 전란에 참여한 영(영국)·미(미국)·법(프랑스)·덕(독일)인을 보십시오. 저들은 선전 하여도 '우리나라' 하고, 강화講和를 하여도 '우리나라' 합니다. '우리나라'라고 하면 어쨌든지 기뻐서 대포 소리가 천지를 진동하고, 칼날이 맞부딪쳐 살점이 떨어지고 피를 흘려 산하를 물들이는 가운데 앞선 사람이 퍽퍽 거꾸러져도 어깨춤을 추며 발걸음을 맞추어 나아가니, 이것은 오늘날 전쟁에서 전무후무한 활동입니다. 또 강화로 말하면 각기 자기 나라의 이익을 위하여 한 가지 조건도 사양치 않습니다. 이편에서는 옛 영토의 회복을 주장하면, 저편에서는 배상을 주장하여 무엇이든지 '우리나라'를 먼저 생각합니다. 그런 이유로 미국인에게는 '아메리칸 제일주의'라는 표준이 있고, 독일인에게는 '프러시안 제일주의'라는 표준이 있습니다.

아, 저들이 어찌하여 '우리나라'라고 하며 이와 같이 기뻐하겠습니까? 4년 전쟁에 독일은 통상길이 막혀 식료 공황에 야단이요, 법국은 영토 절반이 대포 탄알에 재 밭이 되었고, 벨기에, 세르비아가 터무니없이 졌지만 내 나라라고 기뻐하는 것은, 나라가 없으면 죽지만 나라가 있어 살아가므로, 죽기를 싫어하고 살기를 좋아하는 인정이 자기의 생명을 위하여 나라 있는 것을 기뻐합니다.

이 사람들의 살아가는 재미가 어떠합니까? 제 강산에서 나서 제 강산으로 돌아가는 일평생에 어렸을 때는 부모의 사랑을 받고 자라서, 정이란 궁기窮氣(궁한 기색)가 뚫리면 연애를 이으며, 이로부터 가정의 기초를 잡고, 세상을 응수膺受(책임이나 의무를 짐)하게 되면 학문이 고상한 자는 몸을 청운에 두어 일국의 정사를 잡으며, 그렇지 못하여 농·상업을 경영하더라도 광막한 토지에 봄에는 심고 가을에는 거두어 내하외양內河外洋에 풍부한 물산을 운수 무역하여 세계 경제를 말기도 하고 펴기도 하며, 바다에서는 고기를 잡고 산에서는 금, 은, 동, 철을 캐어 먹고 싶은 것, 입고 싶은 것을 마음대로 하고, 자녀를 노리개로 단장하며, 늙어서 근골筋骨이 쉴 때는 뒷동산 해당화 밑에서 손자를 안고 재롱을 보며, 강호江湖에 낚시질과 수풀에 몰이 사냥으로 온갖 재미를 다

얻으니, 저들의 양심이 저절로 감동되어 제 나라를 사랑하는 것입니다.

그런 고로 고등 지식이 있는 자라도 제 나라라면 기뻐하고, 아무것도 모르는 자라도 제 나라라면 기뻐하며, 불량한 무리라도 또한 제 나라라면 기뻐하며, 눈에서 비지가 흐르는 주정뱅이도 제 나라라면 엉덩춤을 추고, 꽁무니에 단총短銃을 찌르고 손에 투전장鬪牋張을 쥐고 있는 노름꾼도 제 나라라면 그저 기뻐서 좋아합니다. 여보시오, 우리는 팔 년 동안 이상의 모든 희락을 모르고 지내었으니, 그 설움이 어떠합니까?

자유 없는 설움이 어떠합니까?

대개 나라가 없는 사람은 자유도 따라서 없습니다. 자유가 없으면 그 사람은 죽은 사람과 같습니다. 그런 고로 워싱턴 G. Washington이 "자유를 주지 못하겠거든 차라리 죽음을 주시오."라고 기도하였으니, 자유가 얼마나 귀중한 것인지 알 것입니다. 무릇 자유가 없는 자는 죽은 자와 같다는 실상을 들어 말하겠습니다. 이 세상의 옥에 갇힌 자들은 일신의 자유가 없는 자들입니다. 저들은 철창 냉옥에 갇혀 있어 발을 가지고 임의로 걷지 못하고, 입을 가지고 임의로 말하지 못하니, 그 불쌍한 정형을 바른대로 말하자면 죽은 사람과 같은 것이 아니라, 죽은 사람만 같지 못하다고 할 수 있습니다. 사람이 아주 죽으면 아무것도 모를 터인데, 살아서 죽은 사람 노릇을 하려니 그 괴로움이 죽은 사람보다 더할 것입니다. 대개 이런 사람은 죄가 있어 벌을 받거니와 우리는 무슨 까닭으로 죽은 체하며 남들이 죽은 사람으로 보게 되었습니까?

여러분, 자유 없는 우리 동포들이여, 일신의 자유 없는 설움이 어떠합니까? 내가 일찍이 통 속에 갇힌 새를 보았는데, 그 둥지는 채색 단청에 금은 장식을 하였으니 진흙을 쥐어 붙인 보금자리보다 낫고, 그 양식은 순전히 쌀알만을 때 없이 뿌려주니 궂은비 찬바람에 버러지를 쪼아 먹는 것보다 나았습니다. 그렇지만 사람의 손에 길들여지지 않고 아무쪼록 빠져나가려 하는 것이 무슨 까닭입니까? 하늘이 주신 두 날개를 죽치고 앉아 좁은 통 속에 갇혀 있기가 싫어서 끝없이 슬퍼하는 것입니다. 미물도 이러하거든 하물며 사람으로 어찌 자유 없이 살아가겠습니까? 그러니 나라가 없어지면 그 나라에 딸린 사람은 나라가 없어지는 그때 깡그리 따라 죽는 것이요, 그 후에 사는 것은 제가 살고 싶어 사는 것이 아니라 육체를 주체 못하여 그 몸이 썩을 때를 기다리고 있는 것입니다. 이에 한 비유가 있으니, 좀 들어 보시겠습니까? 십 리 장정長程(아주 먼 길)에 죽은 나무가 꽃도 피지 못하고 열매도 맺지 못하거늘, 무엇을 위하여 처량 적막한 가운데 지엽枝葉을 다 꺾어 날리고 나무 밑동만 남아 우뚝 서있습니까? 방춘가절芳春佳節 24번 풍에 할 일이 없으니 동절추상冬節秋霜에 뿌리 뽑히기만을 기다릴 뿐입니다.

이번에 나는 멕시코를 다녀오는 길에 자유가 없는 것을 더욱 슬퍼하였습니다. 노갈레스Nogales는 미국 당국의 국경입니다. 이민국 관리가 묻기를 "네가 중국인이냐?" "아니오." "그러면 일본인이냐?" "아니오, 나는 대한인이오."라고 하니, 그때는 내가 심히 듣기 원치 않는 말을 했습니다. 그리하여 미국에 들어올 길이 아득해져서 여러 날 묵으며 애를 쓰다가 나의 신분과 이력의 증거를 들어 보이니, 인정이 두터운 한 사람이 장애 없이 입국을 허락하였습니다. 당시 내가 국경을 넘어 들어오며 묵묵히 생각하니 뼈아픈 일이었습니다. 시대는 요란하고 행동의 자유가 없으니 내 몸은 장차 어느 곳에 부치며, 나의 사랑하는 가족은 장차 어느 곳에 두어야 근심이 없을까? 나는 내 몸, 내 가족으로부터 여러분을 생각하였습니다. 여러분도 나와 같이 자유가 없는 자로 부모도 있고 처자도 있으니, 부모를 어느 곳에 모시며 처자를 어느 곳에 살리겠습니까? 대개 자유가 없는 설움이 이와 같으니, 여러분은 응당 이 설움의 아픈 것을 깨달아야 합니다.

오늘날 우리 한인은 개인으로 보아도 희락이 없고, 공동체로 보아도 희락이 없습니다. 그래서 집에 들어가도 희락이 없고, 밖에 나와도 희락이 없습니다. 만일 여러 사람 가운데 한 사람이라도 기쁨이 있을 것이면 그 기쁨을 빌려 서로의 마음을 위로할 수 있을 것이거늘, 우리는 김 서방을 보아도 그러하고, 이 서방을 보아도 그러하며, 어디를 가든지 다 그러하여 희락을 얻을 구석이 없으니, 대개 나라 없는 화는 한때의 전염병보다 더 골고루 퍼지는 것이요, 더 혹독한 것입니다. 기쁨이 없으면 그 사람은 슬픈 사람입니다. 대개 사람이 슬프면 생각이 좁아지고 감정이 편벽偏僻되며, 그 기운이 오므라들어서 생리生理에도 해로운 것이니, 이런 이치는 학리學理로 연구할 것이 아니요, 각각이 거울을 보고 찾을 것입니다.

보시오. 오늘 우리 한인은 늙은이도 허리가 구부러지고, 젊은이도 허리가 구부러졌습니다. 얼굴은 병들어도 누렇고, 성하여도 누렇습니다. 첫째, 체면이 어엿하지 못하여 남 앞에 내뛸 힘이 없고, 몸의 기력이 위축되고 오그라져 자꾸 뒤로 물러가기만 합니다. 이리하다가는 그 몸까지 건지기 어려울 것이니, 나라는 누가 회복하겠습니까? 생각할수록 모골이 송연悚然한 일이니, 우리는 먼저 천하에 흉포凶暴하고 두려운 슬픔을 끊어 버립시다. 우리 민족 가운데 슬퍼하는 사람보다 기뻐하는 사람이 많으면, 그때는 우리나라를 회복할 기회가 절로 열릴 것입니다.

기쁨의 방법 중 하나는 희망입니다

아무것도 없는 우리가 무엇을 가지고 기뻐하겠느냐고 물을 것이므로, 나는 오늘 우리 민족이 기뻐할 방법을 말하겠습니다. 나는 희망이 아니면 다시 기뻐할 방법이 없다고 합니다. 대개 희망은 장차 얻을 것을 믿고, 보지 못하는 가운데 사실을 만들어 기다리는 것입니다. 이를테면 세 끼를 굶은 자가 내일 풍족히 먹을 것을 생각하며, 삼동에 벗은 자가 내일 따뜻하게 입을 것을 생각하면 우선 마음이 위로 되므로 차마 생명을 끊지 못하는 것과 같이, 오늘은 일본인에게 학살을 당하지만, 내일은 우리가 일인을 학살할 줄로 믿고 기다리는 것이 곧 우리의 마땅히 가질 희망이니, 대개 이런 희망은 절대적인 용맹과 절대적인 이상이 아니면 도저히 가질 수 없습니다. 오늘 우리는 이상을 발하고 용맹을 발합시다.

이에 한 증거를 들어 말하겠습니다. 몇 해 전, 교회 핍박으로 120인을 잡기 전, 소위 총독부 학무국 관리가 각 학교를 순행하는 길에 선천 신성학교信聖學校에 들어와서 생도들이 모두 기운이 펄펄하고 면목이 깨끗하여 조금도 두려워 하는 빛이 없음을 보고 놀라 이상히 여겨 말하기를 "이 사람들이 무슨 믿는 구석이 있기에 저같이 활발한 것인가?" 하고 의심하다가, 소위 음모사건이라는 근거 없는 일로 얽어 잡은 일도 있습니다. 저들이 '믿는 구석이 있다' 함은, 저들도 번연히 아는 바에 사실로 믿는다는 것이 아니요 희망으로 믿는다 함이니, 대개 희망은 우선 그 생리상에 유익함이 이와 같습니다. 우리도 오늘부터 희망을 가지고 내일이라는 거울을 봅시다. 우선 얼굴이 좋아질 것이요, 허리도 차차 펴질 것입니다.

신성학교

비밀 결사 조직인 신민회와 서북 지역의 기독교 탄압을 위해 '데라우치 총독 모살謀殺 미수 사건'을 날조하여 체포한 사건이다. 체포된 사람은 총 700명에 달하고 정식 기소된 사람은 123명이었다. 이후 제1심에서 유죄선고를 받은 사람이 105인이므로 이 사건을 '105인 사건'이라 말한다. 일본은 이 사건 배후에 기독교인과 미국 선교사들이 있다고 여겼는데 그 중 한 명이 선천 신성교회 교장이었던 조지 매큔[George S. McCune 1872-1941 · 한국명 윤산온尹山溫]이었다.

그리한즉 우리 가슴 속에 쌓여 있던 슬픔이 다 풀려나가고 기쁨이 들어와서 그 자리를 채워 이 세상 분투하는 마당에 내세울 것이니, 오늘 우리 사람의 마음속에 가장 먼저 잡아넣을 것이 희망이라 생각합니다.

나약한 의심을 깨뜨리십시오

여러분, 생각하십시오. 이렇게 하면 우리가 능히 독립 하겠습니까? 이것은 우리 민족의 품격으로 단정할 것입니다. 오늘 우리나라 사람을 영국, 미국, 프랑스, 독일인과 비교하면 하나도 같은 것이 없습니다. 첫째, 학문이 그와 같이 고상치 못하고, 기개가 그와 같이 건강하고 왕성치 못하고, 돈도 없고, 세력도 없습니다. 무엇으로든지 저들을 따를 수 없는 고로 멀리 내다보지 못하는 사람들은 그만 낙심하여 "우리나라 사람이 독립한다는 것은 다 헛말이다."라고 하는 이가 점점 많은 수효로 증가하니, 이는 오해라도 적지 않은 오해라고 할 수 있습니다.

오늘 배우지 못한 우리나라 사람을 발달한 저 나라 사람과 비교하여 우리가 갖지 못한 것을 낙심하는 것은, 마치 삼십여 세의 장년이 할 일을 칠팔 세의 유년에게 맡기고, 그와 같지 못한 것을 꾸짖는 것과 같으니, 이는 자기 민족을 보는 눈이 심히 공평치 못한 것입니다. 그러하니 저들이 요사이 얻은 것을 감하고, 우리와 평균수를 잡아 다시 비교하여 봅시다. 이같이 비교하는 마당에는 국민회 총회장과 미국의 윌슨 대통령이라든지 신한민보의 기자와 런던타임스 기자는 말할 것도 없고, 오직 무식한 사람으로 무식한 사람을 비교하면 백인의 무식한 사람은 우리의 무식한 사람보다 더 무식합니다. 내가 유럽으로부터 미국에 와서, 또 미국으로부터 멕시코까지 다니며 보니 우리나라 사람은 아무리 노동을 할망정 사오십 원짜리 양복으로 머리부터 발끝가지 자르르 흘리게 차렸습니다. 이것은 분수 밖의 일이지만, 어찌하든지 같은 노동자로서 서양의 호보hobo와 같이 하고 다니기 싫어하는 것은 그 기백이 저들보다 나은 것이니, 독립의 원소되는 민족의 품격으로 보면 우리나라 사람은 무궁한 낙관을 가질 수 있습니다. 지금 갖지 못한 것을 가지고 낙심치 마십시오.

내 비유로 말하겠습니다. 여기 복숭아 씨 둘이 있는데, 하나는 십 년 전에 심어 열매를 맺고, 하나는 일 년 전에 심어 이제 겨우 뿌리를 박으므로 아직 꽃이 피지 못할 지경이면, 열매를 맺지 못하는 나무라고 베어 버릴 자가 있겠습니까? 이처럼 우리도 본래 좋은 품질을 가지고 있으므로 상당한 시기를 기다리면 오히려 저들보다 앞설 수 있으니, 나의 경애하는 동포들이여, 자존자중自尊自重 하시고 일시 세리世理로 생기는 나약한 의심을 깨뜨려 버리십시오.

그러면 협력을 하여 봅시다

무궁한 희망을 품은 우리는 고상한 품격을 가졌으니, 이로부터 진취할 길로 나아갑시다. 대개 우리 한인의 진취할 길에는 세 종류의 사람을 요구하나니 하나는 유식한 사람이요, 하나는 넉넉한 사람이요, 하나는 협력하는 사람이올시다. 일언이폐지하고 동심협력同心協力합시다. 무엇을 동심협력이라 합니까? 한 가지 일에 마음도 같이 하고, 힘도 같이 하는 것입니다.

<신한민보> 1918. 9. 12, 19, 26

개조改造

1919. 상해

1919년 3·1운동이 일어난 직후인 4월 1일, 안창호는 대한인국민회 중앙 총회에서 모금한 6천 달러를 갖고 상해로 가기 위해 뉴욕을 떠났다. 그가 가져간 돈은 대부분 상해임시정부를 구성하는 데 사용되었으며, 안창호는 그곳에 있는 한인들에게 국제 동향을 알리고, 흥사단 원동遠東 위원부를 만드는 등 중요한 역할을 했다. 그는 5월 25일 상해에 도착하여, 26일에는 상해 북경로北京路에 있는 중국인 예배당을 빌려 환영회를 가졌다.
'개조론'으로 유명한 안창호의 이 연설은 1919년 상해에서 행해진 것이다. 독립과 자강을 위한 개조를 주장한 그는 강산 개조, 민족 개조를 외쳤으며 종교적으로는 개조와 회개를 연결시키기도 했다.

그러면 이 '완전한 행복'은 어디서 얻는 것입니까?
나는 이 행복의 어머니를 '문명'이라 합니다.
그렇다면 그 문명은 어디서 얻을 수 있습니까?
문명의 어머니는 '노력'입니다.
무슨 일에나 노력함으로써 문명을 얻을 수 있습니다.
곧 개조하는 일에 노력함으로써 문명을 얻을 수 있습니다.

여러분! 사람이 일생에 힘써 할 일이 무엇일까요? 나는 사람이 일생에 힘써 할 일은 개조하는 일이라 생각합니다. 이렇게 말하니까 혹 오늘 내가 '개조'라는 문제를 가지고 말하기 위하여 이에 대해 여러분의 주의를 깊게 하려는 것 같습니다만, 결코 그런 수단으로 하는 말이 아닙니다. 내 평생에 깊이 생각하여 깨달은 바를 참 마음으로 하는 참된 말입니다.

우리 전 인류가 다 같이 절망하고, 또 최종의 목적으로 하는 바가 무엇입니까? 나는 이것을 '전 인류의 완전한 행복'이라 합니다. 이것은 동서고금 남녀노소를 물론하고 다 동일한 대답이 될 것입니다.

그러면 이 '완전한 행복'은 어디서 얻는 것입니까? 나는 이 행복의 어머니를 '문명'이라 합니다. 그렇다면 그 문명은 어디서 얻을 수 있습니까? 문명의 어머니는 '노력'입니다. 무슨 일에나 노력함으로써 문명을 얻을 수 있습니다. 곧 개조하는 일에 노력함으로써 문명을 얻을 수 있습니다. 그러므로 내가 말하기를 "사람이 일생에 힘써 할 일은 개조하는 일이다."라고 하였습니다.

여러분! 공자가 무엇을 가르쳤습니까? 석가가 무엇을 가르쳤습니까? 소크라테스나 톨스토이가 무엇을 말했습니까? 그들이 일생에 많은 글을 썼고 많은 말을 하였지만, 그것을 한마디로 말하면 다만 '개조' 두 글자뿐입니다. 예수보다 좀 먼저 온 요한이 맨 처음으로 백성에게 부르짖은 말이 무엇입니까? "회개하라!"고 하였습니다. 나는 이 '회개'라는 것이 곧 '개조'라고 생각합니다.

그러므로 오늘은 이 온 세계가 다 개조를 절규합니다. 동양이나 서양이나, 약한 나라나 강한 나라나, 문명한 민족이나 미개한 민족이나 다 개조를 부르짖습니다. 정치도 개조해야 되겠다, 모두가 개조해야 되겠다 합니다. 신문이나, 잡지나, 공담公談이나, 사담私談이나 많은 말이 개조의 말입니다. 이것이 어찌 근거가 없는 일이며, 이유가 없는 일이겠습니까? 당연한 일이니 누가 막으려 해도 막을 수 없는 일입니다.

우리 한국 민족도 지금 "개조! 개조!" 하고 부르짖습니다. 그러나 나는 우리 삼천만 형제가 이 '개조'에 대하여 얼마나 깊이 깨달았는지, 얼마나 귀중히 생각하는지 의심스러울 뿐입니다. 더구나 문단文壇에서 '개조'를 쓰고, 강단에서 '개조'를 말하는 그들 자신이 개조에 대해서 얼마나 깊이 깨달았는지 알 수가 없습니다. 만일 이것을 시대의 한 유행어로 알고 남이 말하니 나도 말하고, 남들이 떠드니 우리도 떠드는 것이면 대단히 불행한 일입니다. 아무 유익이나 효과를 얻을 수 없습니다. 그러므로 우리 이천만 형제가 다 같이 이 '개조'를 절실히 깨달을 필요가 있습니다.

여러분, 우리 한국을 개조하여야 하겠습니다. 이 행복이 없는 한국, 이 문명 되지 못한 한국을 반드시 개조하여야 하겠습니다. 옛날 우리 선조는 개조의 사업을 잘하셨습니다. 그때는 문명이 있었고, 행복이 있었습니다만 근대의 우리 조상과 현대의 우리는 개조 사업을 하지 않았습니다. 지난 일은 지난 일이거니와 이제부터 우리는 이 대한을 개조하기 시작하여야 하겠습니다. 일 년이나 이 년 후에 차차로 시작할 일이 못 되고, 이제부터 곧 시작하여야 할 것입니다. 만일 이 시기를 잃어버리면 천만 년 한이 될 것입니다. 여러분, 참으로 나라를 사랑하십니까? 만일 너도 한국을 사랑하고 나도 한국을 사랑할 것 같으면, 너와 나와 우리가 다 합하여 한국을 개조합시다. 이 한국을 개조하여 문명한 한국을 만듭시다.

문명이란 무엇입니까? '문文'이란 것은 아름다운 것이요, '명明'이란 것은 밝은 것이니 문명은, 즉 화려하고 광명한 것입니다. 문명한 것은 다 밝고 아름답되, 문명치 못한 것은 다 어둡고 더럽습니다. 행복이란 것이 본래부터 귀하고 좋은 물건이기 때문에 밝고 아름다운 곳에는 있되, 어둡고 더러운 곳에는 있지 않습니다. 그런 고로 문명한 나라에는 행복이 있으되, 문명치 못한 나라에는 행복이 없습니다. 보십시오. 저 문명한 나라 백성은 그 행복을 보존하고 증진하기 위하여 그 문명을 보존하고 증진합니다. 문명하지 못한 나라에는 행복이 있지도 않거니와, 만일 조금이라도 남아 있다면 그 남아있는 문명이 파멸함을 좇아서 그 남은 행복도 차차로 없어질 것입니다. 이것은 우리가 다 익히 아는 사실이 아닙니까? 그러므로 "행복의 어머니는 문명이다."라고 하였습니다.

우리 한국을 문명한 한국으로 만들기 위하여 개조의 사업에 노력하여야 하겠습니다. 무엇을 개조하여야 합니까? 우리 한국의 모든 것을 다 개조하여야 하겠습니다. 우리의 교육과 종교도 개조하여야 하겠습니다. 우리의 농업도, 상업도, 토목도 개조하여야 하겠습니다. 우리의 풍속과 습관도 개조하여야 하겠습니다. 우리의 음식, 의복, 거처도 개조하여야 하겠습니다. 우리 도시와 농촌도 개조하여야 하겠습니다. 심지어 우리 강과 산까지도 개조하여야 하겠습니다.

여러분 가운데 혹 이상하게 생각하는 사람도 있을 것입니다. "강과 산은 개조하여 무엇을 할까?"라고 하실 것입니다만, 그렇지 않습니다. 이 강과 산을 개조하고 안 하는 데 얼마나 큰 관계가 있는지 아십니까? 매우 중대한 관계가 있습니다. 이제 우리나라에 저 문명하지 못한 강과 산을 개조하여 산에는 나무가 가득히 서 있고 강에는 물이 풍만하게 흘러간다면, 그것이 우리 민족에게 얼마나 큰 행복이 되겠습니까? 그 목재로 집을 지으며 온갖 기구를 만들고, 그 물을 이용하여 온갖 수리에 관한 일을 하므로, 이를 좇아서 농업, 공업, 상업 등 모든 사업이 크게 발달합니다.

이 물자 방면뿐 아니라 다시 과학 방면과 정신 방면에도 큰 관계가 있습니다. 저 산과 물이 개조되면 자연히 금수, 곤충, 어오魚鰲가 번식됩니다. 또 저 울창한 숲 속과 잔잔한 물가에는 철인哲人

과 도사道士와 시인, 화객이 자연히 생깁니다. 그래서 그 민족은 자연을 즐거워하며 만물을 사랑하는 마음이 점점 높아집니다. 이와 같이 아름답고 신묘한 강산에서 예술이 발달하는 것은 사실이 증명하고 있습니다.

만일 산과 물을 개조하지 않고 그대로 자연에 맡겨 두면, 산에는 나무가 없어지고 강에는 물이 마릅니다. 그러다가 하루아침에 큰비가 오면 산에는 사태가 나고 강에는 홍수가 넘쳐서 그 강산을 헐고 묻습니다. 그 강산이 황폐함에 따라서 그 민족도 약하여집니다. 그런즉 이 산과 강을 개조하고 아니함에 얼마나 큰 관계가 있습니까? 여러분이 다른 문명한 나라의 강산을 구경하면 우리 강산을 개조하실 마음이 불 일 듯하실 것입니다. 비단 이 강과 산뿐 아니라 무엇이든지 개조하고 않는 데 다 이런 큰 관계가 있는 것입니다. 그러므로 나는 모든 것을 다 개조하자 하였습니다.

나는 흔히 우리 동포들이 원망하고 한탄하는 소리를 듣습니다. "우리 신문이나 잡지가 무슨 볼 것이 있어야지!", "우리나라에 학교라고 변변한 것이 있어야지!", "우리나라 종교는 다 부패해서!" 이 같은 말을 많이 듣습니다. 과연 우리나라는 남의 나라만 못합니다. 실업이나 교육이나 종교나 무엇이든지 남의 사회만 못한 것이 사실입니다만, 나는 여러분께 한마디 물어볼 말이 있습니다. 우리 이천만 대한민족 중의 하나인 여러분 각각 자신에게 무슨 기능이 있습니까? 전문 지식이 있습니까? 이제라도 실사회實社會에 나가서 무슨 일 한 가지를 넉넉히 맡아 할 수 있습니까? 각각 생각해 보십시오.

만일 여러분이 그렇지 못하다면, 여러분 주위를 둘러보십시오. 여러분 동족인 한국 사람 가운데 상당한 기능이나 전문지식을 가진 사람이 몇이나 있습니까? 오늘이라도 곧 실사회에 나아가 종교계나, 교육계나, 실업계나, 어느 방면에서든지 원만히 활동할 만한 사람이 몇이나 됩니까? 여러분이나 나나 우리가 다 입이 있더라도, 이 묻는 말에 대하여는 오직 잠잠하고 있을 뿐입니다. 그러므로 오늘 우리 한국 민족의 현상이 이만한데, 어떻게 우리의 하는 사업이 남의 것과 같을 수 있겠습니까? 그것은 한 어리석은 사람의 일이 될 뿐입니다.

세상에 어리석은 사람들은 흔히 이러합니다. 가령 어느 단체의 사업이 잘못되면, 문득 그 단체의 수령을 욕하고 원망합니다. 또 어느 나라의 일이 잘못되면, 그중에서 벼슬하던 몇 사람을 역적이니 매국노니 하며 욕하고 원망합니다. 물론 그 몇 사람이 그 일의 책임을 피할 수는 없습니다. 그러나 그 정부 책임이 다 그 벼슬하던 사람이나 수령 몇 사람에게만 있고, 그 일반 단원이나 국민에게는 책임이 없느냐 하면, 결코 그렇지 않습니다. 그 수령이나 인도자가 아무리 영웅이요 호걸이라 하더라도, 그 일반 추종자의 정도程度나 성심이 부족하면 아무 일도 할 수가 없습니다. 또 설사 그 수령이나 인도자가 악한 사람이어서 그 단체나 나라를 망하게 하였다 하더라도, 그 악한 일을 다 하도록 살피지 못하고 그대로 내버려둔 것은 일반 그 추종자들이 한 일입니다. 그러므로 그 일반 단원이나 국민도 책임을 면할 수 없습니다.

그런즉 우리는 이제부터 쓸데없이 어떤 개인을 원망하거나 시비하는 일을 그만둡시다. 이와 같은 일은 새 시대의 한국 사람으로서 할 일이 아닙니다.

스마일스
(Samuel Smiles, 1812~1904)
작가, 정치학자, 저널리스트, 의사, 도덕주의자. 대표 저서로 〈자조론自助論〉, 〈인격론〉, 〈의무론〉 등이 있다.

나는 저 스마일스가 "국민 이상의 정부도 없고, 국민 이하의 정부도 없다."고 한 말이 참된 말이라 생각합니다. 그런즉 이 우리 민족을 개조하여야 하겠습니다. 능력 없는 우리 민족을 개조하여 능력 있는 민족으로 만들어야 하겠습니다. 그렇다면 어떻게 하여야 우리 민족을 개조할 수 있겠습니까? 한국 민족이 개조되었다 하는 말은, 즉 다시 말하면 한국 민족의 모든 분자 각 개인이 개조되었다 하는 말입니다. 그런 고로 한국 민족이라는 한 전체를 개조하려면 먼저 그 부분인 각 개인을 개조하여야 하겠습니다. 이 각 개인을 누가 개조하겠습니까? 누구 다른 사람이 개조하여 줄 것이 아니라 각각 자기가 자기를 개조하여야 하겠습니다. 왜 그럴까요? 그것은 자기를 개조하는 권리가 오직 자기에게만 있는 까닭입니다. 아무리 좋은 말을 그 귀에 들려주고 아무리 귀한 글이 그 눈앞에 벌려 있더라도, 자기가 듣지 않고 보지 않으면 할 수 없는 일입니다. 그런 고로 우리는 각각 자기 자신을 개조합시다. 너는 너를 개조하고, 나는 나를 개조합시다. 곁에 있는 김 군이나 이 군이 개조를 안 한다고 한탄하지 말고, 내가 나를 개조 못 하는 것을 아프게 생각하고 부끄럽게 압시다. 내가 나를 개조하는 것이 곧 우리 민족을 개조하는 첫걸음이 아니겠습니까? 이에서 비로소 우리 전체를 개조할 희망이 생길 것입니다.

그러면 나 자신은 무엇을 개조해야 할까요? 나는 대답하기를

"습관을 개조하라."고 합니다. 문명한 사람이라는 것은 그 사람의 습관이 문명하기 때문입니다. 야만이라 하는 것은 그 사람의 습관이 야만스럽기 때문입니다. 그러므로 여러분의 모든 악한 습관을 각각 개조하여 선한 습관을 만듭시다. 거짓말을 잘하는 습관을 지닌 그 입을 개조하여 참된 말만 하도록 합시다. 글 보기 싫어하는 그 눈을 개조하여 책 보기를 즐겨 하도록 합시다. 게으른 습관을 가진 그 사지四肢를 개조하여 활발하고 부지런한 사지를 만듭시다. 이 밖에 모든 문명하지 못한 습관을 개조하여 문명한 습관을 가집시다. 한 번 눈을 뜨고, 한 번 귀를 기울이며, 한 번 입을 열고, 한 번 폼form을 움직이는 지극히 작은 일까지 이렇게 하여야 합니다.

어떤 사람들이 말하기를 "그까짓 습관 같은 것이야." 하고 아주 쉽게 압니다만, 그렇지 않습니다. 저 천병千兵과 만마萬馬를 쳐 이기기는 오히려 쉬우나, 이 일에는 일생을 노력하여야만 합니다. 문제는 매우 큰 것으로 시작하여 마지막에 이같이 작은 것으로 결말을 지으니까, 여러분이 혹 우습게 생각할 수 있을 것입니다. 그러나 그렇지 않습니다. 이 세상에 모든 큰일은 가장 작은 것으로부터 시작하였고, 크게 어려운 일은 가장 쉬운 것에서부터 풀어야 합니다. 우리는 이것을 밝히 깨달아야 할 것입니다. 이 말을 만일 하나의 보통의 말이라 하여 우습게 생각하면 크게 실패할 것입니다. '그것은 하나의 공상空想이요, 공론空論이지, 어떻게 그렇게 할 수가 있나?' 이렇게 생각하실 이도 계실 것입니다. 그러나 우리는 그렇게만 생각지 말고, 힘써 해 봅시다. 오늘도 하고, 내일도 하고, 이번에 실패하면 다음번에 또 하고, 이같이 나아갑시다.

여러분, 우리 사람이 처음에 굴속에서 살다가 오늘 이 화려한 집 가운데서 살기까지, 처음에 풀 잎사귀로 몸을 가리다가 오늘 비단 의복을 입기까지 얼마나 개조의 사업을 계속하여 왔습니까? 그러므로 나는 사람을 가리켜서 개조하는 동물이라 합니다. 이에 우리가 금수와 다른 점이 있습니다. 만일 누구든지 개조의 사업을 할 수 없다면 그는 사람이 아니거나, 사람이라도 죽은 사람일 것입니다.

여러분, '작지불이 내성군자作之不已 乃成君子'(끊임없이 힘쓰면 마침내 군자가 되지 않겠는가)라는 말을 깊이 생각합시다. 오늘 우리나라의 일부 기독교인 가운데는 혹 이러한 사람이 있습니다. '사람의 힘으로야 무슨 일을 할 수 있나, 하나님의 능력으로 도와주셔야지.' 하고 그저 빈말로 크게 기도를 올리는 사람이 있습니다. 그러나 그것은 큰 오해입니다. 그들은 예수가 "구하는 자라야 얻으리라, 문을 두드리는 자에게 열어 주시리라." 한 말씀을 깨닫지 못한 자입니다. 나는 그들에게 "먼저 힘써 하고, 그 후에 도와주시기를 기도하라."고 말하고 싶습니다. "자조자自助者를 천조자天助者라."(하늘은 스스로 돕는 자를 돕는다)는 귀한 말을 그들이 깨달아야 하겠습니다.

여러분, 나는 이제 말을 마치려 합니다. 여러분이 과연 한국을 사랑하십니까? 과연 우리 민족을 구원하고자 하십니까? 그렇거든 공연히 방황하거나 주저하지 말고, 곧 이 길로 나갑시다. 오직 우리의 갈 길은 다만 이 길뿐입니다. 나는 간절한 마음으로 이같이 크게 소리쳐 묻습니다. "한국 민족아! 너희가 개조할 자신이 있느냐?" 우리가 자신이 있다 하면 어서 속히 네 힘과 내 힘을 모아서 앞에 열린 길로 빨리 달려 나갑시다.

동포에게 드리는 글

내국 동포에게 드림

1925

1925년 1월 도산의 사상을 정확하게 전할 수 있는 "동포에게 고하는 글"이 동아일보에 실렸다. 안창호가 구술하고 이광수가 필기한 원고가 1925년 1월 〈동아일보〉에 연재되었다. 하지만 그 원본 원고는 현재 남아 있지 않고, 〈동아일보〉에 실렸던 글도 검열에 의해 삭제되고 중단되어 완결되지 못했다. 그리고 1926년 〈동광〉이라는 잡지를 발간하여 〈동아일보〉에 연재되었던 글을 다시 게재했다. 이 글은 동아일보에 실린 것으로 전체 글 중 서론적인 내용에 해당한다.

우리 동포 중에 열 사람, 스무 사람이라도
진정한 의로운 자의 정신으로 목적을 향하여 나아가면
장래 천 사람, 만 사람이 같은 정신으로 같이 나아가게 될 것을 믿습니다.

고국에 계신 부노父老와 형제자매들이여, 나는 자모姊母(누이와 어머니)를 떠난 어린아이가 그 자모를 그리워하는 것처럼 고국을 그리워합니다. 얼마 전에 고국으로부터 온 어떤 자매의 편지를 읽다가 "선생님, 왜 더디 돌아옵니까? 고국의 산천초목까지도 당신이 빨리 돌아오기를 기다립니다."라고 한 구절을 읽을 때에는 비상한 느낌이 격발되었습니다.

더욱이 이때는 여러분 부모와 형제자매들이 비애와 고통을 받는 때이니. 고국을 향하여 일어나는 생각을 수시로 억제하기 어렵습니다. 여러분의 하시는 일을 직접 보고, 여러분의 하시는 말씀을 직접 듣고자 하오며, 또 나의 품은 뜻을 여러분께 직접 고할 것도 많습니다. 그러나 아직은 돌아갈 수가 없습니다. 내가 일찍이 눈물로써 고국을 하직하고 떠나왔거니와 다시 웃음 속에서 고국 강산을 대할 기회가 오기 전에는 결코 돌아가기를 원치 않습니다. 그런데 나는 여러분께 대하여 간접으로라도 고통 중에서 슬퍼하시는 것을 위로하는 말씀과 그와 같은 고난 중에서도 '선한 일'을 지어가심에 대하여 치사致辭(칭찬)하는 말씀을 드리고자 했으며, 또한 우리의 장래를 위하여 묻기도 하고 고하기도 하고 싶었으나 기회가 없었고, 마침 우리의 공동 기관지인 동아일보가 출현한 뒤에는 여러분께 말씀을 전할 뜻이 많았으나, 내 마음에 있는 뜻을 써 보내더라도 여러분께 전달되지 못할 염려가 있으므로 여태껏 아무 말씀도 못하였습니다. 그러나 지금에는 하고 싶은 뜻을 참지 못하여 전달될 만한 정도 안에서 말씀으로 몇 가지를 들어 묻고 고합니다.

1.

비관적인가, 낙관적인가 묻나니, 여러분은 우리 전도前途 희망에 대하여 비관을 품으셨습니까, 낙관을 품으셨습니까? 여러분이 만일 비관을 품으셨으면 무엇 때문이며, 또한 낙관을 품으셨으면 무엇 때문입니까? 시세時勢와 상황을 기준으로 합니까? 나는 생각하기를 성공과 실패가 먼저 목적 여하에 있다고 합니다. 우리의 세운 목적이 그른 것이면 언제든지 실패할 것이요, 우리의 세운 목적이 옳은 것이면 언제든지 성공할 것입니다. 그런즉 우리의 세운 목적이 옳은 줄로 확실히 믿으면 조금도 비관은 없을 것이요, 낙관할 것입니다. 이 세상의 역사를 의지하여 살피면, 그른 목적을 세운 자가 일시일시 잠시 성공할 수는 있으나 결국은 실패하고야 말고, 이와 반대로 옳은 목적을 세운 자가 일시일시로 잠시 실패할 수는 있으나 결국은 성공하고야 맙니다.

그러나 옳은 목적을 세운 사람이 실패하였다면, 그 실패한 가장 큰 원인은 자기가 세운 목적을 향하여 나가다가 어떠한 장애와 곤란이 생길 때에 그 목적에 대한 낙관이 없고 비관을 가진 것에 있는 것입니다. 목적에 대한 비관이라 함은 곧 그 세운 목적이 무너졌다는 것입니다. 자기가 세운 옳은 목적에 대하여 일시 일시로 어떠한 장애와 실패가 오더라도 조금도 그 목적의 성공을 의심치 않고 낙관적으로 끝까지 붙들고 나아가는 자는 확실히 성공합니다. 이것은 인류의 역사를 바로 보는 자는 누구든지 다 알 만한 것입니다.

그런데 이에 대하여 여러분께 고할 말씀은 옳은 목적에 성공하려면 끊임없이 옳은 일을 하여야 하고, 옳은 일을 하려면 옳은 사람이 되어야 할 것을 깊이 생각하자는 것입니다. 돌아보건대, 우리가 왜 이 지경에 처하게 되었습니까? 우리가 마땅히 행할 옳은 일을 행하지 아니한 결과로 원치 않은 이 지경에 처하게 되었습니다. 지금이라도 우리는 옳은 목적을 세웠거니 하고 그 목적을 이룸에 합당한 옳은 일을 지성으로 지어 나가지 않으면, 그 목적을 세웠다는 것이 실지實地가 아니요, 허위로 세운 것이기 때문에 실패할 것입니다. 옳은 일을 지성으로 지어 나가는 사람은 곧 옳은 사람이라야 합니다.

그러므로 내가 나를 스스로 경계하고 여러분 형제자매에게 간절히 원하는 바는 옛날과 같이 옳은 일을 지을 만한 옳은 사람의 자격을 가지기에 먼저 노력해야 할 것입니다. 지금 우리가 우리의 희망점을 향하고 나아가도 시세와 상황이 매우 곤란하다고 할 만합니다. 그러나 밝히 살펴보면 우리 앞에 있는 시세와 상황이 그리 곤란한 것도 아닙니다. 그러므로 나는 이 시세와 상황을 큰 문제로 삼지 않고, 다만 우리 무리가 일체 분발하여 의로운 자의 자격으로 의로운 목적을 굳게 세우고 의로운 일을 꾸준히 지어 나가면 성공이 있을 줄 확실히 믿기 때문에 비관은 없고 낙관뿐입니다.

우리 동포 중에 열 사람, 스무 사람이라도 진정한 의로운 자의 정신으로 목적을 향하여 나아가면 장래 천 사람, 만 사람이 같은 정신으로 같이 나가게 될 것을 믿습니다.

2.

우리 민족사회에 대하여 불평하는가, 측은히 여기는가 묻나니, 여러분은 우리 사회현상에 대하여 불평합니까, 측은하게 여깁니까? 이것은 한 번 물어볼 만하고, 생각할 만한 문제입니다. 내가 살피기까지 우리 사람들은 각각 우리 사회에 대하여 불평하는 도수度數가 날로 높아갑니다. 이것이 우리의 큰 위험이라고 생각합니다.

지금 조선사회 현상은 누구나 불평하면서 볼 만한 것이 많은 것은 사실입니다. 우리 중에 중학 이상 정도 되는 급에 있는 이들은 불평하는 마음이 더욱 많습니다. 지식 정도가 높아감으로 관찰력이 밝아져서, 오늘 우리 사회의 더러운 것과 악한 것과 부족한 것의 여러 가지를 전보다 더 밝히 봄으로 불평하는 마음이 더욱 많기 쉽습니다. 그런데 이것은 매우 위험합니다. 불평하는 결과로 자기 민중을 무시하고 배척하게 됩니다. 그 민중이 각각 그 민중을 배척하면 멸망의 화를 벗을 수 없습니다. 이러므로 매우 위험하다고 할 수 있습니다.

그런즉 우리는 사회에 대하여 불평하는 생각이 동하는 순간에 측은히 여기는 방향으로 돌려야 하겠습니다. 어떻게 못났고, 어떻게 악하고, 어떻게 부패한 점을 보더라도 그것을 측은히 여기게 되면, 건질 마음이 생기고 도와줄 마음이 생겨 민중을 위하여 희생적으로 노력할 열정이 더욱 생깁니다. 어느 민중이든지 그 민중이 각각 그 민중을 붙들어주고, 도와주고, 건져줄 생각이 진정으로 발하면, 그 민중은 건져지고야 맙니다.

여러분이시여, 우리 민족이 우리가 불평할 만한 민족인데 우리가 억지로 측은히 여기자고 하는 것입니까? 아닙니다. 자기 민족이 아무리 약하고 못나고 불미스럽게 보이더라도 사람의 천연天然한 정으로 측은히 여겨야 함은 물론이고, 그 밖에 우리는 우리 민족의 상황을 보면 측은히 여길 만합니다. 지금 우리 민족이 도덕적으로나 지식으로 여러 가지 처사處事하는 것이 부족하다 하여 무시하는 이가 있으나, 우리의 민족은 근본적으로 무시할 만한 민족이 아닙니다. 우리 민족으로 말하면, 아름다운 기질로 아름다운 산천에서 생장하여 아름다운 역사의 교화敎化로 살아온 민족이므로 근본이 우수한 민족입니다.

그런데 오늘날 이와 같이 일시 불행한 상황에 처해진 것은 다만 구미의 문화를 남보다 늦게 수입한 까닭입니다. 일본으로 말하면 구미와 교통하는 '아시아' 첫 어구에 처하였으므로 구미와 먼저 교통이 되어 우리보다 신문화를 일찍 받게 되었고, 중국으로 말하면 '아시아' 가운데 큰 폭도幅圖를 점령하였으므로 구미 각국이 중국과 교통하기를 먼저 주력한 까닭에 또한 신문화를 먼저 받게 되었습니다.

그러나 오직 우리는 그러한 상황에 처하지 않았고, 동아시아의 정권을 잡았던 자들이 몽매 중에 있었으므로 신문화의 들어옴이 늦어졌습니다. 만일 우리 민족이 일본이나 중국에 구미문화가 들어올 때 같이 그 신문화를 받았다면, 우리 민족이 일본 민족이나 중국 민족보다 훨씬 나았을 것입니다. 일본민족은 해도적海島的 성질이 있고, 중국민족은 대륙적 성질이 있는데, 우리 민족은 발전하기에 가장 합당한 반도적 성질을 가진 민족이기 때문입니다.

근본 우수한 성질을 가진 우리 민족이 이와 같이 불행한 상황에 처하여 남들로부터 열등한 민족으로 오해를 받는 것에 대하여 스스로 분해하고, 서로 측은히 여길 수밖에 없습니다. 그런즉 우리의 천연의 정으로 우리의 상황을 생각하고 불평하는 마음을 측은하게 여기는 방향으로 돌이켜 상부호조相扶互助의 정신이 진발하면, 우리 민족의 건져짐이 이에서 시작된다고 생각합니다. 그러므로 나는 더욱이 우리 청년남녀에게나 우리 민중을 향하여 노한 눈을 뜨거나 저주하는 혀를 놀리지 말고, 오 년 전에 흐르던 뜨거운 눈물이 계속하여 흐르게 하기를 바랍니다.

3.

주인인가, 여인旅人(손님)인가 묻고 싶노니 여러분이시여, 오늘 조선 사회에 주인 되는 이가 얼마나 됩니까? 조선 사람은 물론 다 조선 사회의 주인인데, 주인이 얼마나 되는가 하고 묻는 것은 이상한 말씀 같습니다. 그러나 조선인이 된 자는 누구든지 명의 상 주인은 다 될 것이로되, 실상 주인다운 주인은 얼마나 되는지 알 수 없습니다. 어느 집이든지 주인이 없으면 그 집이 무너지거나 그렇지 않으면 다른 사람이 그 집을 점령하고, 어느 민족사회든지 그 사회에 주인이 없으면 그 사회는 패망하고 그 민족이 누릴 이권은 다른 사람이 취하게 됩니다. 그러므로 우리는 우리 민족의 장래를 위하여 생각할 때 먼저 우리 민족사회에 주인이 있는지 없는지, 있다면 얼마나 되는가 하는 것을 생각하지 않을 수 없고, 살피지 않을 수 없습니다. 나로부터 여러분은 각각 우리 자신이 이 민족사회에 참 주인인가 아닌가를 물어볼 필요가 있습니다.

주인이 아니면 여객旅客인데, 주인과 여객을 무엇으로 구별하겠습니까? 그 민족사회에 대하여 스스로 귀임심歸任心이 없는 자는 여객입니다. 우리가 한때 우리 민족사회를 위하여 뜨거운 눈물을 뿌리던 때도 있었고, 염念한 말을 토하던 때도 있었고, 슬픈 눈물과 염한 말뿐 아니라 우리 민족을 위하여 위태한 곳에 몸을 던진 때가 있다 하더라도, 그렇다고 주인인 줄로 자처하면 오해입니다. 지나가는 여객도 남의 집에 참변이 있는 것을 볼 때 눈물을 흘리거나, 염언念言을 토하거나, 그 집의 위급한 것을 구제하기 위하여 투신하는 수도 있습니다. 그러나 그는 주인이 아니요, 객인이기 때문에 한때 그러고 말 뿐, 그 집에 대한 영원한 책임감은 없습니다.

내가 알고자 하고 또 요구하는 주인은 우리 민족사회에 대하여 영원한 귀임심을 진정으로 포抱한 주인입니다. 이상以上에 비관하는가 낙관하는가, 질시하는가 측은히 여기는가 하는 이언二言은 우리 현상에 의하여 한번 말할 만하다 하여서 말하였고, 이 역시 객관적인 여객旅客에게나 대하여 할 말이지 진정한 주인에게는 못할 말인 줄 압니다. 그 집안일이 잘 되어가거나 못 되어가거나 그 집의 일을 버리지 못하고, 그 집 식구가 못났거나 잘났거나 그 식구를 버리지 못하고, 자기 자신의 지식과 자본의 능력이 짧거나 길거나 자기의 믿는 능력대로 그 집의 형편을 의지하여 그 집을 유지하고 발전할 만한 계획과 방침을 세우고, 자기 몸이 죽는 순간까지 그 집을 맡아 노력하는 자가 참 주인입니다.

주인 된 자는 자기 집안이 어려운 상황에 빠질수록 그 집에 대한 염려가 더욱 깊어져서 그 어려운 상황에서 건져낼 방침을 세우고야 맙니다. 이와 같이 자기 민족사회가 어떠한 위난危難과 비운에 처하였든지, 자기 동족이 어떻게 못나고 잘못을 하든지, 자기 민족을 위하여 하던 일이 몇 번 실패하였든지 그 민족사회의 일을 분초 간에라도 버리지 않고, 또는 자기 자신의 능력이 충분하든지 부족하든지 다만 자기의 지성으로 자기 민족사회의 처지와 상황을 의지하여 그 민족을 건져낼 구체적 방법과 계획을 세우고, 그 방침과 계획대로 자기의 몸이 죽는 데까지 노력하는 자가 그 민족사회의 귀임심을 중히 알고 일하는 주인입니다.

[이하 내용은 일본의 검열에 삭제되었다.]

<동아일보> 1925. 1. 23-26

3·1운동을 계승

1919. 샌프란시스코

이 글은 1919년 3 · 1 운동이 일어난 직후인 3월 13일에 샌프란시스코 대한인국민회 중앙총회 위원회 석상에서 한 연설이다. 그리고 다음 달인 4월 1일 안창호는 모금한 6천 달러를 들고 상해로 갔다.
안창호는 1919년 일어난 한국의 대한독립선언 소식을 듣고 이에 대한 후원을 결정했다. 그리고 파리강화회의로 보낼 대표 선정을 협의하고 북미와 멕시코의 한인들에게 고국에서 일어난 대한독립선언 소식을 전했다.

오늘 전국 민족이 나라를 위하여 생명을 바치는 때에는
대한민족의 한 일원 된 우리도 재주와 힘을 다하고
생명을 희생하여 죽기까지 용감하게 나아갑시다.
죽기를 맹세하고 나아가면 우리 서로 의리의 감동함이 있을 것입니다.

오늘 우리는 기쁨과 슬픔이 아울러 발하여 뜨거운 피가 도수度數 이상에 끓어오르니 마음을 진정하기가 어렵습니다. 우리는 오랫동안 마음이 아프고 얼굴이 뜨뜻한 비애와 치욕을 받아 오다가, 오늘에야 비로소 역사상에 큰일을 벌려 놓았으니, 기뻐서 일어나는 동시에 느낌이 간절하여 도리어 슬퍼하며, 또 이 앞에 성공이 매우 어려울까 두려워합니다.

우리가 독립선언의 대사건이 발생하기 전에는 내지 동포의 내정을 몰라 앞뒤를 돌아보며 주저하였지만, 오늘 전국 민족이 나라를 위하여 생명을 바치는 때에는 대한민족의 한 일원이 된 우리도 재주와 힘을 다하고 생명을 희생하여 죽기까지 용감하게 나아갑시다. 죽기를 맹세하고 나아가면 우리 서로 의리의 감동함이 있을 것입니다.

민건대, 마음을 넓게 가지고 강하게 쓰며, 정을 뜨겁게 붓고 깊이 맺으면 시기와 미움이 없을 것이요, 무서움과 두려움도 없을 것입니다. 이승만, 안창호가 어떠하다, 이대위李大爲, 박용만朴容萬이 어떠하다는 잘못된 말이 스스로 소멸되겠고, 따라서 지방에 있는 동포들도 서로 느끼며 사랑하여 정성을 기울일 것입니다. 그 밖에 노름하는 동포는 투전投錢을 그치고, 술 마시던 동포는 술잔을 던지고 일제히 일어나서 하나님의 지휘명령 아래서 죽음이 아니면 독립, 두 가지로써 뒤를 이어 나아갈 것입니다.

세계 역사가 증거하여 보이건대, 국가의 독립이 한 번 싸움으로 성공하는 일이 드물고, 또 바로 지금 우리가 스스로 돌아보더라도, 형편상 무수한 피를 흘려 일본의 섬을 바닷속에 잡아넣어야 우리 한국의 독립이 완전히 성공될지니, 우리는 죽고 또 죽음으로써 독립을 회복하기 위해 사람이면 모두 내어 쓰는 대로 쓰고 주먹으로 쓰다가 나중에는 생명을 바칩시다. 무릇 용감

이대위(1879-1928)

독립운동가이자 감리교 목사이다. 평양 숭실학교를 졸업한 후 미국으로 유학을 떠나, 1903년 안창호와 함께 공립협회를 조직하고 안창호와 달리 유학생활을 병행하면서 활동했다. 1911년 UC 버클리에 재학 중일 때 상항한인감리교회에서 한인 목회를 시작했다. 안창호와 함께 한인들의 생활 개선과 신분 안정, 그리고 망명 자치정부로서의 한인 조직체 구성에 앞장섰다.

박용만(1881-1928)

안창호, 이승만과 함께 미주 한인 사회를 이끌었던 지도자이다. 미국 중서부와 네브래스카 한인사회의 기초를 마련했으며, 1908년 덴버에서 한인들을 모아 해외 애국동지대표회를 조직했다. 소년병학교少年兵學校를 설립하여 군인양성에 힘썼으며, 〈신한민보〉의 주필을 맡기도 했다. 또한 대한인민국회 중앙총회를 한인 최고 기관으로 삼아 자치제도를 시행하고자 했으며, 하와이로 그 무대를 옮긴 이후 그곳에서도 군사학교와 자치정부 추진 등에 힘썼다.

한 자는 큰일에 임하여 대담하고 성정과 마음을 무게있게 하며 앞에 쓴 책임을 지러 가니, 용감한 우리는 헛된 열정을 경계하고 모든 일을 진중히 하여 우리 독립국을 끝까지 응원합시다. 이제는 나의 주의를 말하겠습니다.

① 우리는 피를 흘린 후에 비로소 목적을 관철할 것이니, 이로써 준비하여 마땅히 지킬 비밀 외에는 비밀을 지키지 않을 것입니다.

② 북미, 하와이, 멕시코에 재류한 한인은 특별히 담부한 책임을 깨달아야 할 것입니다. 특별 책임이 무엇이냐 하면, 미국에 있으므로 담부한 책임입니다. 미국은 지금 세계상에 가장 신성한 공화국으로 자유와 정의를 힘써 창도하므로, 장래 미국이 활동하면 우리에게 큰 관계가 있을 것입니다. 우리는 지금부터 준비하여 널리 유세하며, 각 신문과 잡지를 이용하여 여론을 불러일으키고, 종교계에는 지금 한국 교도의 악형 받는 참상을 널리 고하여 우리를 위하여 기도하여 주기를 청구합시다. 이렇게 하여 미국 전국 상하로 하여금 사람마다 한국의 사정을 알아서 많은 동정을 기울이게 되면, 장래 우리 활동에 힘 있는 도움을 얻을 것입니다. 이것이 곧 외교 활동이니, 우리 미국에 있는 동포들이 특별히 담부할 책임입니다.

③ 재정 공급이 또한 북미, 하와이, 멕시코 재류 동포의 가장 큰 책임입니다. 이천만 민족이 다 일어나는 이때에 우리는 대양이 격하여 내왕來往을 임의로 하지 못하므로 몸을 바치는 대신 재정 공급의 중임을 담부하였으니, 우리는 금전으로써 싸우는 군인이라고 생각합시다. 지금 맨주먹으로 일어난 우리 독립군들은 먹을 것

도 없고 입을 것도 없어서 바다 밖에 있는 동포들이 도와주기를 바라고 기다리는 터이니, 우리가 금전으로 싸우는 것이 생명으로 싸우는 것만큼 요긴합니다. 그래서 재정 공급이 가장 큰 책임이라는 것입니다.

재정 모집에 이르러서는 일찍이 정비례 지출의 의견도 있었고, 또 현재 민심을 보건대 사람마다 더운 피가 끓어서 있는 것을 다 바치기로 생각하고, 만일 바치지 않으면 강제로 걷어 오기로 생각하기도 했으니, 이렇게 하여서는 큰일을 해나갈 수가 없습니다. 독립군의 처한 형편을 보건대, 일 년도 가하고 이태(두 해)도 가하여 한량없는 재정을 요구하는 터이고, 얼른 단번에 그 생활 기초를 흔들어 놓으면 다시 뒤를 이을 여지가 없을 것이니, 우리는 마땅히 이때에 경제 정책을 취하여 동포의 영업을 이왕보다 더 힘있게 장려하고, 이익에서 힘에 맞도록 의연을 거두는데, 무슨 벌이를 하든지 다달이, 혹 매주간 수입에서 20분의 1을 거두어들이게 합시다.

이를 실시하려면 부득불 4월부터 시작하게 되리니, 이달에는 미주, 하와이, 멕시코 재류 동포 전체가 한 사람이 평균 십 원 이상의 특별 의연금을 내게 합시다. 모두 합하여 말하면, 우리는 국가에 일이 있는 이때에 생명과 재산이 내 것이 아니요 나라의 것이니, 어느 때에 바치든지 다 나라에 바치기로 생각합시다.나는 미주, 하와이, 멕시코의 모든 동포를 대표하여 충성을 다하여 나라에 도움 되기로 결심하였음을 공평하게 말합니다.

1919. 3. 13《안도산 전서》

Pyungyang Taisung Academy Korea

제 3 부

청년과 민족

"진리는 반드시 따르는 자가 있고
정의는 반드시 이루는 날이 있다.
죽더라도 거짓이 없으라.
낙망은 청년의 죽음이요,
청년이 죽으면 민족이 죽는다."

자녀에게

공부 중에 심리를 화평케 하는 공부가 가장 큰 공부이다.

왜? 가장 큰 행복이기 때문이다.

괴로운 환경에 처한 자가 심리의 화평을 더욱 공부할 필요가 있을 것이다.

언제든지, 킵 스마일.

1920년 후반

내 아들 필립

어머니의 편지를 본즉, 네가 매우 컸다고 하니 기뻐하노라. 네가 매우 보고 싶다. 나는 평안히 있노라. 너는 점점 커가니 자연 아이를 떠나 어른이 되어갈지니라. 네가 지금에 크게 힘쓸 것은 공부이니라. 네 정성을 다하여 부지런히 배워라. 또한, 먼저 흥사단이 무엇인가 알아보기를 시작하고, 사람의 할 직분이 무엇인가를 차츰 생각하여 보아서 좋은 길을 택하여라.

4253년(1920) 5월 18일

네 아버지

내 아들 필립아,

이왕에도 말하였거니와 너는 나이 점점 많고 키가 자라고 몸이 커가지니 전날 나이 어리고 몸이 작을 때보다 스스로 좋은 사람 되기를 힘쓸 줄 아노라. 내 눈으로 네가 스스로 좋은 사람이 되려고 힘쓰는 모양을 매우 보고 싶다.

너의 근본 성품이 속이지 않고, 거짓말 아니하고, 진실하니, 그 때문에 다른 사람보다 좋은 사람 되기가 쉬우리라고 생각한다. 좋은 사람 됨에는 진실하고 깨끗한 것이 첫째임이니라. 너는 스스로 부지런한 것과 어려운 것을 잘 견디는 것을 연습하여라. 책을 부지런히 보느냐. 쉬지 말고 보아라. 그러나 아무 책이나 마구 보지 말고 특별히 좋은 책을 택하여 보아라. 좋은 사람이 되는 데는 친구를 잘 가려 두며, 좋은 책을 잘 가려 보는 두 가지가 매우 요긴하니라.

두 종류로 책을 택하라. 첫째는 좋은 사람들의 사적과 인격을 수양하는 데 도움이 될 만한 책이요, 둘째는 네가 목적하고 배우고 지식에 도움이 될 만한 책이니라. 이 두 가지를 표준으로 하여 책을 보고, 한국 글과 우리 말을 잘 익히거라. 내가 주는 말을 즐거운 마음으로 받을 줄 믿노라.

4253년(1920) 8월 3일
중국 홍콩에서 네 아버지

이 땅의 청년들에게

나는 여러분을 보기를 일개 무명 청년학우회 회원도 모두
새 나라 건설의 역사적 대 사명을 가진 위인들로 간주합니다.
제군들이 평생에 이 고귀한 이상을 품고 살고 간 데마다
이 씨를 뿌리는 사람들이기 때문입니다.
이 이상이 전해가고 퍼져가는 동안에는 수천수만의 동지가 생길 것이요,
그중에는 수없는 민족적 영웅이 출생하리라 믿습니다.

1. 평양대성학교 개교식 훈화

나는 '본보기'라는 것을 매우 중요시합니다. 이론이 아무리 좋아도 그것이 실천되어서 한 '본보기'를 이루기 전에는 보급력이 생기지 못한다고 나는 생각합니다. 소위 학교 교육에 대한 천언만어千言萬語보다도 '본보기' 학교 하나를 일구어 놓는 것이 요긴하니 그리하면 사람들은 그것을 모방하려 하기 때문입니다. 새로운 이론을 내는 것도 천재적 독창력을 요하거니와 이론을 응용하여 구체적으로 실현하는 것도 천재적인 비범한 인물을 요하는 것입니다. 그렇기 때문에 훌륭한 이론이 있으면서도 그것을 현실화하는 역량을 가진 인물이 안 나오기 때문에 이론을 이론으로만 묵어버리고 마는 예가 많은 것입니다.

그러나 한번 '본보기'가 생기면 그것은 모방하기는 성력誠力만 있는 인물이면 가능합니다. 이러한 생각으로 나는 '본보기' 첫

사업을 중요시하여 금일 탄생하는 이 대성학교를 희망 있는 좋은 학교로 만들어 놓기만 하면 우리나라에는 이와 같은 학교가 우후죽순雨後竹筍처럼 많이 생길 것이라고 봅니다.

이 학교뿐만 아니라 우리 인격수련에 대하여서도 이 '본보기'라는 생각을 하고 있습니다. 우리 대성학교 학생 중에서 한 명의 거짓 없는 사람이 생기면 거짓 없는 많은 사람이 생길 수 있다고 봅니다. 그러므로 무엇보다 각자가 나我 하나를 건전한 인격으로 만드는 것이 우리 민족을 건전하게 하는 유일한 길입니다. 최소한 나 하나만은 내 말을 잘 듣지 않습니까. 그러니 내 말을 들을 수 있는 나를 먼저 새사람으로 만들어 놓으십시오. 그리하면 내가 잠자코 있어도 나를 보고 남이 본을 받으리라 생각합니다.

이러한 뜻에서 대성학교는 '본보기' 학교를 만들어 삼천리강산 방방곡곡에 이런 학교가 많이 설립되도록 하는 것이 학교 교육 발전의 진선미요, 팔백 학도는 각자 '본보기' 인물이 되어 이천만 민족에게 보급케 하는 것이 국민자격 향상의 진선미眞善美입니다.

교육방침은 건전한 인격을 가진 애국심 있는 국민의 양성에 있습니다. 그러면 건전한 인격이란 무엇입니까? 오직 성실로 중심을 삼을 것입니다. 거짓말이 없고 속이는 행실이 없습니다. 배우는 학도의 가장 큰 죄는 거짓말로 속이는 일이니 이에 대하여서는 추호도 가차假借할 수 없습니다.

'죽더라도 거짓이 없으라.'

이것이 나는 학생 제군에게 원하는 최대 요구입니다. 약속을 지키는 것, 집합하는 시간을 지키는 것이 모두 성실 공부요, 약속을 어기는 것, 시간을 안 지키는 것은 허위의 실천이라고 봅니다.

그러므로 내일부터는 상학시간上學時間 5분 전에 교실에 출석할 것, 무엇보다 이것이 엄격히 지켜져야 하며, 동창회나 강연회나 정각定刻이 되면 개회를 선언함이 없이 자동적으로 개회되도록 시간 엄수에 각자 주의하고 학과 시간에는 학과만 생각하는 것이 성실입니다. 다른 생각, 다른 일을 하는 것은 허위입니다. 학과 시간에는 학도는 목석으로 깎은 사람들과 같이 고요하고 두 눈은 선생에게만 집중되어야 합니다. 우리 조국을 쇠퇴衰頹케 한 것은 '흐리멍덩'하고 '뜨뜻미지근한' 벌제위명伐齊爲名(겉으로만 하는 척하고 속으로는 딴짓 함)이 큰 원수怨讐입니다.

동動할 때에는 동에 전심력으로 경주하고, 정靜할 때에 정에 집중하십시오.

우리나라 대신들은 이름만 대신이고, 다른 일을 하여 우리나라가 이 모양 이 꼴입니다. 허위로 쇠퇴한 국세國勢를 회복하는 길은 오직 성실이 있을 뿐입니다. 팔백 학도 제군이 만인의 신뢰를 받는 사람이 되므로 우리 민족이 만국에 신뢰받는 민족이 되게 하십시오. 나는 이외에는 우리나라를 갱생시키고 영광 나게 할 길이 없다고 믿습니다.

2. 자아혁신(청년 학우회 연설 중)

청년학생 제군!

나라가 없고 일가와 일신이 있을 수 없고, 민족이 천대를 받을 때 나 혼자만 영광을 누릴 수는 없습니다. 역사상으로 보더라도 한번 쇠퇴하기 시작한 민족은 부흥의 길로 거슬러 옴이 없어 멸망의 구렁으로 굴러 떨어지는 것입니다. 망국하던 민족이 그대로 흥국하는 민족이 되기를 바라는 것은 마치 쓰러진 집에 썩은 재목으로 새집을 세우려는 것과 마찬가지입니다.

그러므로 내 눈에는 정치적 독립 여부 이상으로 민족의 흥망이 보입니다. 민력民力·민기民氣가 흥왕하면 국가의 독립과 창성昌盛은 필연적으로 자동적으로 따라오는 것인데 우리 민족의 현재 상태로는 비약의 가망이 묘연합니다. 그러므로 무엇보다 급선무가 자아혁신, 나아가서는 민족혁신입니다.

자아혁신의 요소는 무엇입니까? 우리 민족 각 사람이 도덕적으로나 지식적으로나 경제적으로나 저 영·미국 만한 정도로 끌어올려야만 우리나라가 세계열강과 같은 수준에 설 것입니다. 다만 구설口舌이나 교지狡智로써 독립을 원한다든지 민족을 사랑한다든지 하는 것은 입만 가지고 감나무 아래 가서 누워 있는 것과 마찬가지입니다.

완전한 자주독립은 오직 개인의 힘과 그 힘의 조직에서만 올 것을 믿기 때문에 우리의 독립운동은 각자의 자아혁신에 있다고 단언합니다. 우선 나 하나만이라도 건전한 인격을 만들어야 합니다. 이 건전한 인물을 조성하는 것이 우리 독립국가 건설에 기초가 되는 것입니다.

우리나라가 무너진 것은 이 기초가 튼튼치 못하기 때문인데, 새 나라를 무너진 기초 그대로 그 위에 건설할 수는 없는 것이 아닙니까? 그리고 나 하나만은 내 말을 잘 듣지 아니합니까? 내 말을 잘 들을 수 있는 나를 먼저 새사람으로 만들어 놓으십시오. 그리하면 내가 잠자코 있어도 나를 보고 남이 본을 받습니다. 남이 보고 본받는 사람은 어떤 사람입니까? 거짓이 없는 지성至誠의 사람, 언행일치 실천궁행實踐躬行의 사람, 훈훈한 온정의 사람, 제 빵 문제는 제 손으로 해결하는 일인일기一人一技(한 사람이 한 기술을 익힘)의 사람, 신뢰할 수 있는 우정의 사람, 애국애족하는 국리민복國利民福의 사람, 무실역행務實力行의 사람, 충의용감忠義勇敢의 사람일 것입니다. 그것이 건전한 인격의 모습입니다.

이런 모습을 가진 유력한 개인들로 하여금 신성하게 뭉쳐서 민족 전도 대업의 기초로 삼는다면 우리 민족이 도덕적으로 거짓과 속임이 없어서 안으로는 동족끼리, 밖으로는 열강과 이민족異民族에게 신임을 받을 만하고 지식적으로는 국가의 정치, 경제, 산업, 교육, 학술, 각 부문을 담당할 만하며 경제적으로는 크게는 세계 각국과 수출입을 도모하고 적게는 체력노동으로 생산기술로 자기 생활을 유지할 수 있는 국민뿐이라면 이 위에 세워 놓은 독립이야말로 어떤 풍우에도 흔들리지 않는 세계인류에게 모범이 될 수 있는 이상국이 될 수 있을 것입니다.

이것이 이론뿐이 아니라 세계에 비교할 바 없는 이상국가가 될 수 있는 그 이유는 우리 국토가 아름답고 형승形勝한 지위에 있는 것, 민족의 혈통과 문화가 단일한 것, 품격이 우수한 것 등이요 게다가 동서고금의 문화를 집대성하는 지리적, 역사적 처지에 있으니 우리 민족이 이 사명에 자각하여 노력만 계속한다면 비록 시기의 조만早晩은 있을지언정 우리 민족 중에 이것을 위하여 노력하는 단결이 있는 동안 반드시 실현의 날이 올 것입니다.

국권을 상실한 우리 동포가 흔히 마음이 위축되어 불성모양不成模樣인 아무런 지위와 성가聲價(좋은 평판)의 나라라도 독립한 나라만 있었으면 하는 비굴한 생각을 하지만 나는 이런 생각은 경계합니다.

내가 말하는 독립은 남의 힘으로 구차하게 얻은 독립이 아니요, 민족의 실력으로 되는 참된 독립이며 내가 생각하는 새 나라는 구지레하고 성명 없는 미미하고 무의미한 나라가 아니라 인류에 대하여 모범이 될 수 있고 세계에 대하여 위대한 발언권과 감화력을 가진 지도적인 나라였습니다. 이러한 이상국인 새 나라의 모양을 청년 학생 제군에게 그려 보여준다면 세계 어느 대도시에나 태극기를 날리는 우리 민족의 대상관大商館이 있을 것이요, 태극기는 그 상품의 우수함과 절대 신용의 표상이 될 것이며, 태평양 대서양의 각 항만에는 태극기를 날리는 객선과 화물선이 정박할 것입니다. 그 배들은 가장 안전하고 쾌락한 여행을 구하는 각국이 다투어서 탈 것이요, 우리 금강산은 세계 각국 탐승객探勝客이 답지할 것이니 지금은 내가 한인이라고 하기를 부끄러워하는 형편이거니와 그날에 '코리안'이란 말은 덕과 지슬智瑟과 명예를 표상하는 말이 될 것입니다.

청년 학생 제군, 이러한 희망과 신념을 가지고 일생을 이 일에 바치기로 합시다. 그러므로 나는 여러분을 보기를 일개 무명 청년학우회 회원도 모두 새 나라 건설의 역사적 대 사명을 가진 위인들로 간주합니다. 제군들이 평생에 이 고귀한 이상을 품고 살고 간 데마다 이 씨를 뿌리는 사람들이기 때문입니다. 이 이상이 전해가고 퍼져가는 동안에는 수천수만의 동지가 생길 것이요,

그중에는 수없는 민족적 영웅이 출생하리라 믿습니다.

우리 민족은 이러한 민족이 되기 위하여 반만년의 역사를 끌어온 것이니 이 위대한 영광을 만드는 것은 오직 우리 자신의 수양과 노력에 있습니다.

1907년 귀국한 안창호는 비밀결사단체인 신민회新民會를 조직했다.
신민회 그 자체는 비밀결사였으나 그 사업은 공개했다. 그 사업으로 가장 드러난 것은 평양 대성학교, 마산동 자기회사, 청년학우회, 태극서관 등이었다.
1908년 설립된 대성학교는 다른 지역까지 그 영향력을 미쳐 설립 1주년이 되기도 전에 평양시민의 존경과 사랑을 받았다. 그러나 안창호는 대성학교의 제1회 졸업도 보지 못한 채 망명의 길을 떠났으며 그 짧은 기간에 청년들에게 미친 감화는 말할 수 없이 컸다. 남강 이승훈의 오산학교를 비롯하여 함북의 경성중학교, 고원高原의 협성학교 등 서북지방의 사립학교 설립은 안창호와 대성학교의 공이 매우 컸던 것이다.
청년학우회는 문자 그대로 말하자면 아직 구습에 물들지 않고 대지大志와 열정이 그대로 있는 천년, 그 중에두 학도들을 결합해서 일대 수양운동, 즉 민족향상운동을 일으키려고 조직된 것이었다.
그 주의정신은 무실務實, 역행力行, 충의忠義, 용감勇敢의 4대 정신으로 인격을 수양하고 단체생활의 훈련을 힘쓰며 일종 이상의 전문 학술이나 기술을 반드시 학습하며 평생에 매일 덕德, 체體, 지智, 삼육三育에 관한 행사를 해서 건전한 인격자가 되기를 기하자는 것이었다.
청년을 민족의 희망이라 여겼던 안창호의 뜻은 평양 대성학교 개교식과 청년학우회에서 청년들에게 전했던 연설 속에서 볼 수 있다.

오늘의 조선 학생

오늘의 조선 상황에서
조선 사람으로 태어난 조선 학생으로서
어떠한 정신으로 살아야 합니까?

제 동족에 대한 불평을 가질 것이 아니라,
일체로 서로 긍휼히 여기는 마음을 가져야 옳겠습니다.
제 동족에 대한 긍휼심이 적으면 외적에게 대한 적개심이 박약한 법입니다.

산옹山翁(안창호 필명)

사회는 활동으로부터

오늘이라 함은 과거나 미래를 말함이 아니라 현시대에 이루어진 상황을 말하고, 조선 학생이라 함은 조선 사람으로 태어난 이를 가리킵니다. 무릇 학생은 누구나 할 것 없이 다 사회에 나가 활동할 준비를 하는 자입니다. 생존과 번영은 사람의 활동에 따라 되는 것이므로 활동, 이것이 있으면 살고 없으면 죽을 것이며, 많으면 크게 번영하고 적으면 적게 번영할 것입니다. 그런즉 인류사회의 생존은 사람의 활동에 있고, 사람의 활동은 활동할 무기를 잘 준비함에 있으며, 이 무기를 예비하는 자가 곧 학생입니다. 그러므로 조선의 학생이 된 이는, 먼저 조선 사회로부터 세계 어느 사회에든지 나가 활동할 자임을 잊지 말아야겠습니다.

참 활동은 직분 이행

활동에는 허명적虛名的 활동과 실제적實際的 활동이 있습니다. 무슨 취지서나 발기문이나 신문지상에 버젓하게 성명이나 쓰는 것을 활동이라 할 수 없고, 다만 실제 자기가 마땅히 할 직분을 이행하는 것이 참 활동입니다. 그리고 영국의 학생은 영국의 상황에, 또 미국이나 중국의 학생은 미국이나 중국의 상황에 의지하여 준비하여 활동하는 것입니다. 조선의 학생은 오늘날 조선의 상황에 의지하여 준비하여 조선 사회에, 또는 세계 사회에 나가 활동하여야 하겠습니다.

직분을 이행한다 함은 자기의 의무를 이행한다는 것인데 의무로 말하면 자신, 친속, 동족, 국가, 세계에 대한 의무가 있습니다. 또 각각 그 의무를 잘 이행하려면 먼저 자기의 가족, 동포, 사회, 국가, 아울러 자신이 어떠한 상황에 있는지를 잘 알아야 하겠습니다.

상황이 남과 같지 않다

지금 우리는 민족적으로 남과 다른 상황에 있습니다. 우리의 옛날 문화는 극도로 쇠퇴하고, 신문화는 움돋는 시기에 있습니다. 또 구舊 도덕은 깨어지고, 신新 도덕은 없어서 혼란 상태에 있습니다. 또 영국과 미국의 학생들은 그의 부모나 이웃, 연장자가 선진자 계급에 있으므로 그들의 지도를 받을 수 있지만, 오늘 조선의 청년은 선도자를 못 가졌습니다. 그래도 이 지도하는 이 없는 가련한 이들이 제 마음대로 국내외에 뛰놀아 무엇을 배우려

합니다. 또 다른 나라 학생들은 학자가 넉넉하여 배우고 싶은 것을 다 배우지만, 우리 조선 학생은 그렇지 못합니다. 비교적 학비가 덜 드는 문학이나 신학 같은 것은 배워도 공학 같은 기술적 학문은 좀체 배우지 못합니다. 또 우리는 유혹에 물들기 쉬운 험악한 환경을 가졌습니다.

오늘날 이와 같은 가련한 상황에 처한 조선 학생으로서 그 직분은 매우 큽니다. 이 학생 된 이의 손으로 우리의 집이나 사회를 바로잡을 수가 있고, 그렇지 못하면 우리는 영멸할 것입니다. 그러니 오늘의 조선 학생들은 무의식적으로 남의 흉내나 내지 말고 명확한 판단을 가지고 나아가야 학생 그대들에게도 다행이 되고, 온 민족에게도 다행이 되겠습니다.

헌신적, 희생적 정신

첫째, 남이 알든지 모르든지 조선 민족에 대한 헌신적 정신과 희생적 정신을 길러야 합니다. 조선 민족을 다시 살릴 직분을 가진 자로서 이 정신이 없으면 안 되겠습니다. 자주, 독립, 평등이라 함은 다 자기를 본위로 하는 이기적인 것입니다. 어떤 때에는 일시적 자극으로 떠들다가도, 그 마음이 까라지면 다시 이기심이 납니다. 자기의 생명을 본위로 하는 것, 이것이 진리요 자연입니다. 그런데 이제 자기의 몸과 목숨을 내놓고 부모나 형제나 동포나 국가를 건지는 것이 모순이겠습니까? 아닙니다. 이것을 헌신적으로, 희생적으로 해야 부모와 형제가 안보되고 민족과 사회가 유지되는 동시에 자기의 몸도 있고 생명도 있을 것이고, 만일 이 정신으로 하지 아니하면 내 몸과 아울러 사회가 다 보전되지 못하는 법입니다. 가령 상업이나 공업을 하는 것이 자기의 생명을 위하여 하는 것이지만, 이것도 헌신적이고 희생적인 정신으로 하지 않으면 안 됩니다.

이 위에 말한 바 이기적으로뿐 아니라 정의적情意的으로도 민족에 대해 일어나는 정을 억제하지 못하여 헌신적, 희생적 활동을 하지 않을 수 없습니다. 오늘의 조선 학생 된 이는 옛날에 자기의 명리名利를 위해 과거를 보려고 하지 말고, 불쌍한 내 민족에 대한 직분을 다하기 위하여 해야겠습니다.

긍휼히 여기는 정신

둘째, 긍휼히 여기는 정신을 길러야 하겠습니다. 학생에게 이 정신은 더욱 필요합니다. 학생이 되어서 무엇을 조금 안 후에는 교만한 마음이 생겨서 자기만큼 모르는 자기 부형이나 인리나 존장에 대하여 멸시하는 마음이 생기고, 따라서 제 민족을 무시하게 됩니다. 그 결과로 동족을 저주하고, 질시하고, 상관하지 않으려 합니다. 나보다 못한 사람을 무시할 것이 아니라 긍휼히 여겨야 옳고, 남의 잘못하는 것을 볼 때 저주할 것이 아니라 포용심을 가져야 하겠습니다. 긍휼히 여기는 마음이 없으면 내 동족을 위하여 헌신적이고 희생적으로 힘쓸 마음이 나지 않습니다.

소학생이나 대학생보다 중학생이 남을 업신여기는 교만한 마음이 가장 많은 법입니다. 이것은 무엇을 조금 알기 시작할 때 저마다 잘 아는 듯싶어 그렇게 됩니다. 또 어떤 이는 걸핏하면 제 동족의 결점만을 들어서 나무랍니다. 그러나 우리 조선 사람도

다 잘 배울 기회를 가졌거나, 좋은 때를 만났더라면 누구보다 조금도 못할 인종이 아닙니다. 그러므로 제 동족에 대해 불평을 할 것이 아니라, 일체로 서로 긍휼히 여기는 마음을 가져야 옳겠습니다. 제 동족에 대한 긍휼심이 적으면 외적에게 대한 적개심이 박약한 법입니다.

너와 나의 협동적 정신

셋째, 서로 협동하는 공동적 정신을 배양해야겠습니다. 조선의 일은 조선 사람 된 내가 할 것인 줄 아는 동시에, 조선 사람 된 이는 누구나 다 분담하여 공동으로 하자는 것입니다. 어떤 이는 무슨 일을 저 혼자 하겠다는 생각을 합니다. 그런 이에게는 소위 야심이라는 것이 생깁니다. 그 결과 하려는 일은 되지 않고 도리어 분쟁이 생깁니다. 제가 무엇을 다 한다고 하다가는 낙심하기 쉽습니다. 혼자 하는 일은 잘 이루어지지 않아 과거의 성공이 없음과 장래가 아득한 것을 보고는 곧 비관하여 낙망합니다. 나와 다른 이가 다 함께 할 것으로 아는 이는 자기는 비록 성공을 못 하더라도 다른 이가 성공할 줄을 믿고, 또 자기 당대에는 못 이루고 죽더라도 자기 후손이 이어서 할 것임을 알므로, 여기에서 낙망이 생기지 않고 오직 자기의 할 직분을 다할 뿐입니다.

그 민족 전체에 관계되는 사업은 어느 한두 사람의 손으로 되지 않고 전 민족의 힘으로야 됩니다. 그러므로 내가 깨달은 바에 나의 직분을 다하여 노력하고, 아울러 온 민족이 협동하여야 할 정신을 길러야 하겠습니다. 너와 내가 다 함께 한다는 관념이 절실해지는 날에야 성공이 있습니다. 협동적 관념이 있으면 공통적 주장과 계획이 세워집니다. 이 협동적 정신 아래에서 공동적으로 하는 것을 미리 연습해 두어야 공동적 큰 사업에 나아가서도 협동적 실행이 있겠습니다.

한 가지 이상의 전문지식

이 위에 말한 것은 정신 방면을 말한 것입니다. 이제는 실질 방면에 들어가서 누구나 한 가지 이상의 전문 지식을 가져야 함을 말씀드립니다. 전문 지식을 못 가지겠거든 한 가지 이상의 전문적 기술이라도 가져야 하겠습니다. 오늘은 빈말로 살아가는 세상이 아니요, 그 살아갈 만한 일을 참으로 지어야 사는 세상입니다. 실제에 나아가 그 일을 지으려 하면 이것을 감당할 만한 한 가지 이상의 전문적 학식이나 기예가 없어서는 안 됩니다. 이것이 있고야 자기와 가족 및 사회를 건집니다. 오늘에 있어서는 옛날 진사, 대과를 위하여 과거 보러 다니던 관념으로 허영을 위하여 공부하는 이가 많습니다. 실사회에 나가 실직업實職業을 감당하기 위하여 실지의 학문을 배우려는 이는 적고, 아무 대학을 마쳤다는 이름이나 얻기 위해 법과 같은 데로 들어가서 사각모자 쓴 사진이나 박아 보내는 것으로 성공을 삼습니다. 그러므로 한 번 졸업한 후에는 다시 더 학리를 연구하지 않습니다. 우리 학생들은 직업을 표준으로 삼지 않고, 허영적 영웅을 표준으로 삼는 이가 많은 듯합니다. 만일 실지 학문을 배워서 정당한 사업에 나가지 않고 훤수작(되지 못한 분에 넘치고 버릇없는 짓)과 난봉이나 부리면, 그는 차라리 학교에 안 다니고 집에서 부모를 위하여 소 먹이고 꼴 베는 것만 못하겠습니다.

학생끼리의 자치적 훈육

오늘의 조선 학생에게 인도자가 없다는 것은 이미 말하였습니다. 이제 여기서는 그 구제 방법을 말하려 합니다. 오늘의 조선 학생은 제각각 산산이 흩어져 있지 말고 다 함께 뭉쳐서, 그 뭉친 덩어리로 한 선도자를 삼아 여기 속한 이들이 자치적 훈육을 받아야 합니다. 그리하면 그 힘이 적지 않습니다. 좋은 훈육을 줄 만한 선도자와 완전한 훈육의 기관을 가진 다른 선진국의 학생들도 오히려 자치적 훈육의 도를 취하거든, 하물며 아무것도 못 가진 오늘의 조선 학생으로서 어찌 이것이 필요하지 않겠습니까? 오늘날 국내외에서 이러한 목적을 가지고 수양 단체가 많이 일어나는 것은 매우 좋은 경향입니다. 이렇게 일어난 단체들이 또 각각 따로 서 있지 말고 다 한곳으로 모여 하나가 되면 그 힘이 더욱 크리라 생각합니다. 이 빛이 널리 불쌍한 족속에게 빛나서 그 빛으로 인해 건짐을 받을 이가 많을 줄 믿습니다.

<동광> 1926. 12.

조선청년의 용단력勇斷力과 인내력忍耐力

"어떤 신神이 무심중에 홀출忽出하여 네게 묻기를 "너는 무엇을 하느냐'"할 때에,

'나는 아무것을 하노라'고 서슴지 않고 대답할 수 있게 하라."

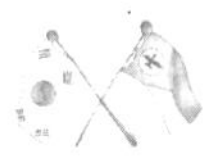

산옹山翁

방황과 주저가 큰 원수

오늘 조선의 청년들 앞에는 큰 원수가 있습니다. 이것이 무엇인 줄 압니까? 또 이것을 알면, 이것을 이기고자 합니까? 오늘 조선 청년들 앞에 공公으로나 사私로나 막혀 있는 큰 원수는 곧 방황과 주저입니다. '할까, 말까'하여 '말까'에 머물러 있는 것이 방황이요, 주저입니다. 여기에는 공적公敵인 것도 있고 사적私敵인 것도 있습니다. 우리는 지금 전 민족적으로 파멸할 지경에 처해 있습니다. 우리가 만일 급히 덤비지 않으면 아주 영멸하는 지경에 들어갈 것입니다. 그런데 여기에 대해 앞을 헤치고 나아가지 않고, 방황하고 주저하고 있는 것이 공적인 것입니다.

또 사람마다 자기가 살아나갈 일은 자기가 해야 합니다. 그러나 자기 개인의 살아나갈 일을 자기가 하지 않으면 자기 개인의 생존까지도 말할 수 없는 지경에 빠집니다. 그러므로 여기에 대

하여 알아차려서 나아가지 않고 방황하고 주저하여 있는 것이 사적인 것입니다.

흔히 자기가 하는 일이 옳은지 그른지 자세히 몰라서 방황하고 주저합니다. 예를 들면, 공부하는 것, 농사하는 것, 장사하는 것, 이러한 것들이 우리가 지금 다시 살아나는 운동을 하는 데 맞는가, 맞지 않는가 하여 방황하고 주저합니다. 심지어 어떤 이는 이러한 것들을 하는 이는 이 운동을 하지 않는 이라 하여 비난하고 공격합니다. 그러나 비기어 말하면, 그물질하는 사람만을 어업자漁業者라 하고, 고기 잡기 위하여 그물을 만들며 양식을 나르는 사람은 어업자가 아니라고 하겠습니까? 또 총을 메고 전장에 나선 사람만을 전쟁하는 사람이라 하고, 뒤에 있어 군기를 만들고 군량을 장만하는 사람은 전쟁하는 사람이 아니라 하겠습니까? 앞에서 직접 행동을 하는 이나 뒤에서 간접 행동을 하는 이나 다 같은 그 일의 운동자입니다. 그러니 지금 배울 기회 있을 때 배우고 벌이할 기회 있을 때 벌이하다가 그보다 더 긴급한 일이 있을 때에는 다 나서는 것이 옳습니다. 그러므로 이 일이 그 운동과 관계가 없는가 하여 방황하고 주저하지 말 것입니다.

방황의 결과는 낙망

이 일이 옳은가 그른가, 이 일을 할까 말까 하여 방황하고 주저하면 거기에는 고통이 생깁니다. 또 결국은 낙망합니다. 낙망은 청년의 죽음이요, 청년이 죽으면 민족이 죽습니다. 나아가서 될 일이 안 나아가서 안 됩니다. 또 낙망한 끝에는 남을 원망하게 되고, 심하면 남을 죽이게까지 됩니다. 이 얼마나 위험한 일입니까? 그래서 방황과 주저는 우리의 큰 원수라고 합니다. 또 나의 이 몸을 조선에 바쳐 일할까, 자기를 위하여 일할까 하여 호도糊塗(일시적으로 감추거나 흐지부지 덮어버림) 몽롱한 가운데 있는 이가 많습니다. 이 점에 대해서도 어느 것이 옳은지 분명히 판단할 필요가 있습니다. 한 가지 분명히 알 것은 공부도, 농사도, 장사도 아무것도 하지 않고 놀고, 입고, 먹고, 떠돌아다니면서 방황하는 것은 아무 이익이 없고, 다만 큰 해독만 끼치는 것입니다. 또 언제든지 다 배우거나, 다 벌어서 일한다고 하면 크게 잘못입니다. 배우는 자나 벌이하는 자가 다 조선을 위하여 기회가 될 때까지 한다고 결심하고 나아가면 그만입니다.

깨달은 바를 용단하라

남이야 알건 모르건 오늘 조선의 청년 된 이는 조선 민족을 위하여 무엇을 어떻게 할까를 스스로 연구하고 참고하여 옳다 하는 바에 뜻을 세우고, 그 세운 바를 다른 사람에게 선포하여 함께 나아가야 할 것입니다. 이것이 오늘 조선 민족이 다시 살아날 길입니다. "무엇이 옳다고 생각나거든, 그것을 곧 붙잡으라. 그렇지 아니하면 큰 기회를 놓치느니라!" 이 말은 우리가 늘 간직할 말입니다. 일에 대하여 도덕적이고 이해하는 마음으로 헤아려 선하고 이利하면 취하되, 공공의 이가 되거든 그렇게 하기를 용감히 결단할 것입니다. 이 용단력이 없으면 대개는 방황하고 주저하게 됩니다. 또 목하에 안 될 것만 보지 말고, 장래에 될 것을 헤아려 순서를 밟아 나아갈 것입니다. 한번 놓친 기회는 대개는 다시 얻지 못하게 되는 법입니다.

끝까지 참는 힘을 길러라

오늘 조선의 환경은 사회나 도덕 방면으로나, 경제 방면으로나 모두 심히 어렵습니다. 이러한 어려운 환경에서 이것을 헤치고 나아가려면 참고 견디는 힘이 있어야 하겠습니다. 그러므로 이러한 비관과 낙망할 만한 처지에 있는 오늘 조선의 청년은 특별히 인내력을 길러야 하겠습니다. 그래서 첫째 옳다 하는 일에 밝은 판단을 내리고, 둘째 판단한 일을 끝까지 잡고 나가야 되겠습니다. 그러면 성공이 있습니다. 조선 청년의 방황과 주저하는 것이 아주 소멸되고, 무엇이나 한 가지를 잡고 나가는 날에야 조선 사람이 다시 살아나는 일이 시작되겠습니다. 무엇이든지 그때의 상황과 생각에 옳아 보이는 것을 잡고 나아가면 끝에 가서는 그보다 더 좋은 것이 나옵니다. 그러나 지금 당한 상황과 기회를 심상尋常히 여기고 붙잡지 않으면, 그의 신세는 방황에 영장(장사葬事의 옛말)하고 말 것입니다. 끝으로 한마디 말씀을 여러분에게 선사합니다.

"어떤 신神이 무심중에 갑자기 나타나 네게 묻기를 '너는 무엇을 하느냐?' 할 때에, '나는 아무것을 하노라'고 서슴지 않고 대답할 수 있게 하라."

<동광> 1927. 1.

합동合同과 분리分離

우리가 만일 합동을 요구하거든 합동을 이룰 만한 조건을 세우기에
먼저 힘을 쓰고, 합동을 이룰 만한 조건을 세우려거든 나와 여러분은
서늘한 머리를 가지고 깊은 방이나, 산이나, 들이나, 어디서든지
각각 지성에 지성을 더하여 방침과 계획을 세우기를 연구하기 시작합시다.
내가 조선의 주인이라는 마음으로 말입니다.

산옹山翁

오늘 우리 조선을 보면 합해야 하겠다 하고, 대동일치大同一致 해야 하겠다 하면서 어찌하여 합하지 않고, 어찌하여 편당을 짓습니까? 왜 싸움만 하는가 하면서 서로 원망하고 서로 꾸짖는 소리가 조선 천지에 가득 찼으니, 이것만 보더라도 우리 조선 사람은 합동적이 아니요 분리적이라는 것을 알 것이요, 또 오늘날 조선 사람은 합동하기를 간절히 기다리는 듯합니다. 합동하면 흥하고 분리하면 망하며, 합동하면 살고 분리하면 죽습니다. 이 모양으로 합동이 필요하다는 이론이 사석이나 공석이나 신문이나 잡지에 많이 보입니다. 그러므로 조선 사람이 합동해야 한다는 이론은 더 말할 필요가 없다고 생각합니다.

그러면 우리 조선 민족의 각 개인은 과연 합동의 필요를 절실하게 깨달았는가, 이것이 의문입니다. 남더러 합하지 않는다고,

편당만 짓고 싸움만 한다고 원망하고 꾸짖는 사람들만 다 모여서 합동하더라도 적어도 몇백만 명은 되리라 믿습니다. 그러하거늘 아직도 그러한 단체가 실현된 적이 없는 것은 이상한 일입니다. 아마 아직도 합동을 원하기는 하지만 합동하고 못하는 책임을 남에게만 미루고, 각각 자신이 합동의 길을 위하여 노력하는 정도까지에는 이르지 못한 듯합니다.

사지四肢와 백체百體(몸의 온갖 곳)로 이루어진 우리 몸의 그 사지와 그 백체가 분리되면, 그 몸이 활동을 못하기는 고사하고 근본이 되는 생명까지 끊어집니다. 이와 같이 각개 분자인 인민으로 구성된 민족사회도 그 각개 분자가 합동하지 못하고 분리되면, 바로 그 순간에 그 민족사회는 근본적으로 사망한 것입니다. 그러므로 각개 분자의 합동력이 없다고 하면 다른 것은 더 말할 여지가 없습니다.

옛날 아메리카 십삼 방(영국의 식민지 통치를 받았던 미국 동부의 13개 주) 인민들이 자기네의 자유와 독립을 위하여 일하려고 할 때 양식과 무기와 군대 등 여러 가지 준비할 것이 많았습니다. 그러나 먼저 준비하여야 할 것은 각 개인의 머리 가운데 합동의 정신을 갖는 것이었습니다. 그들은 그것을 먼저 준비해야 할 필요를 깊이 깨달았기 때문에 '합동하면 서고, 분리하면 넘어진다(United we stand, divided we fall.)'라는 표어를 각 개인이 부르짖었습니다. 그런즉 우리 무리는 이 합동에 대하여 주인 된 자의 자격으로 책임을 지고 합동의 방법을 연구하며, 합동하는 행위를 실천하도록 노력하여야 하겠습니다.

내가 이제 합동에 대하여 우리 사회가 과거에 거의 습관적으로 합동을 못해 온 원인과 또 현시에 합동이 되지 못하는 모양, 합동하려면 취하여야 할 방법 등 들어서 말할 것이 많습니다. 그러나 그것은 너무 길어질 염려가 있으므로 현시 상태에 가장 필요하다고 믿는 몇 가지만 말하려 합니다.

첫째는 전 민족이 공통으로 같이 희망하고 이행할 만한 조선을 세우는 것입니다. 오늘날 우리가 요구하는 합동은 민족적 감정으로 하는 합동이 아니요, 민족적 사업에 대한 합동입니다. 민족적 감정으로 하는 합동은 인류 사회에 폐단을 주는 것이라 하여 깨뜨려 없애려고 하는 이조차 있습니다. 내가 민족적 감정으로 된 합동을 요구하지 않고 민족적 사업을 중심으로 하는 합동을 요구한다 함은, 민족적 감정을 기초로 이루어진 민족주의가 옳다, 혹은 옳지 않다고 하는 것을 근거로 하는 말이 아닙니다. 어느 민족이든 "우리 민족, 우리 민족" 하고 부를 때 벌써 민족적 감정을 기초로 한 합동이 천연적, 습관적으로 있는 것이니 합동하자 말자 하고 더 말할 필요가 없고, 우리가 요구하고 힘쓸 것은 민족의 공통 생활과 사업을 위하여 하는 합동입니다.

그런데 '일을 위한 합동'은 그 일이 무슨 일이며, 그 일을 할 방법이 무엇인가를 분명히 한 후에 생길 것이니, 덮어놓고 무조건 "합동하자, 합동하자." 하는 것은 아무리 떠들고 부르짖어도 합동의 효과조차 얻을 수 없을뿐더러, 일에 대한 조건이 없이는 합동을 요구할 이유도 발생하지 않을 것입니다. 어떤 민족이 합동한다 할 때는 그 민족이 공통적으로 이해하는 조건이 선 후에야 된다는 것을 세계 각국의 역사와 현재의 많은 실례를 들어서 말할 수 있겠지만, 우리 민족이 최근에 지낸 경험을 가지고라도 좋은 실례로 삼을 수 있습니다.

그러면 우리가 합동할 조건이 무엇입니까? 첫째는 목적이요, 둘째는 그 목적을 달성하기 위한 방침과 계획입니다. 그런데 우리 민족의 공통된 큰 목적은 이미 세워진 것이니 이에 대해서는 다시 세우자 말자 할 필요도 없고, 오직 남은 것은 그 방침과 계획뿐이니 이것이야말로 우리 합동의 공통적 조건이 되고 목표가 되는 것입니다.

그러면 이 공통적 조건이 방침과 계획을 세우는 근본 방법은 무엇입니까? 그것은 우리 조선 사람 각 개인이 각각 머릿속에 방침과 계획을 세움에 있습니다. 이 말은 얼른 생각하면 모순되는 듯합니다. 사람마다 각각 제 방침과 계획을 세워서 각각 제 의견만 주장한다면 합동이 되기는커녕 더욱 분리 될 염려가 있지 않을까 하고 의심하기 쉽지만, 그렇지 않습니다. 위에도 말한 바와 같이 민족사회는 각개 분자인 인민으로 구성된 것이므로, 그 인민 각개의 방침과 계획이 모이고 하나가 되어서 비로소 공통적인 방침과 계획, 즉 합동의 목표가 생기는 것이 민족사회에서는 피치 못할 원칙이기 때문입니다.

그러므로 각 개인은 이 원칙에 의지하여 자기 민족과 사회의 현재와 장래를 위하여 참 마음으로 정성껏 지혜대로 연구하여 그 결과를 가장 정직하고 가장 힘 있게 발표할 것입니다. 이 모양으로 각각 의견을 발표하노라면 자연도태와 적자생존의 원리에 의하여 마침내 가장 완전하고, 가장 여러 사람의 찬성을 받는 '여론'을 이룰 것이니 이 여론이야말로 한 민족의 뜻이요, 소리요, 또 명령입니다.

우리는 자유의 인민이므로 결코 노예적이어서는 안 됩니다. 우리를 명령할 수 있는 이는 오직 각자의 양심과 이성뿐이라야 할 것이니, 결코 어떤 개인이나 어떤 단체에 맹종하여서는 안됩니다. 우리가 각각 조선의 주인이기 때문에 내 조선을 어찌할까 하는 문제에 대하여 오직 내 양심과 내 이성에게 물어볼 것입니다. 그러나 우리는 주인이기 때문에 마치 상 받고 일하는 고용꾼처럼 자기의 공로를 내세울 필요가 없고, 다만 우리의 일인 조선의 일만 잘되면 그만일 것입니다.

그러므로 각 개인은 각각 자기의 의견을 존중하는 동시에 남의 의견을 존중하며, 비록 어떤 의견이 사사로운 감정으로는 자기와 좋지 못한 개인에게서 나온 것이라 하더라도, 그 의견이 자기의 민족사회에 이롭다고만 생각하면 자기가 일찍이 생각했던 의견을 버리고, 그 의견을 취하여 자기의 의견으로 만들기를 즐거워할 것입니다. 다시 말하면, 자기가 진정한 주인으로서의 책임감을 가지고 실지로 방침과 계획을 세워 보았던 사람이기 때문에 제 의견, 남의 의견을 가릴 것 없이 자기 일에 좋은 의견이면 취하는 것입니다.

그런즉 우리가 만일 합동을 요구하거든 합동을 이룰 만한 조건을 세우기에 먼저 힘을 쓰고, 합동을 이룰 만한 조건을 세우려거든 나와 여러분은 서늘한 머리를 가지고 깊은 방이나, 산이나, 들이나, 어디서든지 각각 지성에 지성을 더하여 방침과 계획을 세우기를 연구하기 시작합시다. 내가 조선의 주인이라는 마음으로 말입니다.

나는(이 말에 잘못이 있을지는 모르지만) 더욱이 우리 사회 각 계급에 처한 여러분께 대하여 진정한 민족적 방침을 세우는 데 너무 무심하지 말고, 추상적 관찰과 추상적 비판만을 일삼지 말고, 이 앞날에 해 나갈 문제에 대하여 각각 깊이 연구하여 구체적 방침을 세워서 한때에 발표하여 서로 비교한 후에 가장 다수가 되고, 가장 원만한 계획 아래에서 일체 복응服膺(교훈 따위를 마음에 간직하여 잠시도 잊지 아니함)하여, 우리 모든 민중이 한 깃발 밑에 같이 나아가는 것이 하루바삐 실현되기를 간절히 바랍니다.

<동광> 1926. 5.

사람마다 가슴에 참을 모시어
공통적 신용을 세우자

조선 민족을 참으로 건질 뜻이 있으면, 그 건지는 법을 멀리서 구하지 말고,
먼저 우리의 가장 큰 원수가 되는 속임을 버리고
각 개인의 가슴 가운데 진실과 정직을 모셔야 하겠습니다.

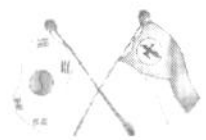

산옹山翁

[이 글은 전 호에 실린 "합동과 분리"의 계속입니다.]

둘째는 공통적 신용을 세울 것입니다. 이 위에 말하기를 민족적 합동은 공통된 조건을 세움으로 이루어진다고 하였거니와, 그보다 먼저 될 문제는 사회의 각 분자 되는 개인들의 신용입니다. 서로 신용이 없으면 방침이 서로 같더라도 합동할 수가 없고, 서로 신용이 없으면 공통된 목적과 방법을 세우는 것부터 불가능할 것입니다. 그러므로 공통된 방침을 세워 공통된 진행을 하려면, 즉 합동의 사실을 이루려면 먼저 사회의 신용을 세워야 하겠고, 사회의 신용을 세우려면 먼저 각 개인의 신용을 세워야 하겠습니다. 잠시의 여행을 하는 데도 의심스러운 사람과는 동행하기를 원치 아니합니다. 하물며 한 민족의 위대한 사업을 지어나가려 할 때 자기 마음에 의심하는 사람으로 더불어 같이 할 뜻이 없음은 부정할 수 없는 사실입니다.

오늘 우리 민족사회가 이처럼 합동이 되지 못하고 분리된 상

태에 있는 것은 공통 방침을 세우지 못함이며, 동시에 그 밖에 다른 이유도 많지만, 그 중에 가장 큰 이유는 조선인과 조선인이 서로 믿을 수 없기 때문입니다. 서로 믿을 수 없는 것은 서로 속이기 때문입니다. 지금 우리 중에 누가 무슨 말을 하든지, 누가 무슨 글을 쓰든지, 그 말과 그 글을 정면으로 듣거나 보지 않고, 그 뒤에 무슨 다른 흑막黑幕(겉으로 드러나지 않은 음흉한 내막)이 있는가 하고 찾으려 합니다. 동지나 친구라 하고 무엇을 같이 하기를 간청하더라도, 그 간청을 받는 사람은 이것이 또 무슨 협잡인가 하고 참 마음으로 응하지 아니합니다.

슬프다. 우리 민족의 역사를 돌아보면, 우리 민족의 생활이 소위 하급이라고 일컫는 평민들은 실지로 노동역작勞動力作하여 살아왔으며, 소위 중류 이상 상류 인사라는 이들은 그 생활한 것이 농사나 장사나 장색匠色(목수나 미장일을 하는 사람)이나 자신의 역작을 의뢰하지 않았고, 그 생활의 유일한 일은 협잡이었습니다. 그러므로 그들은 거짓말하는 것이 자기의 생명을 유지하는 유일한 방법이었습니다. 그러므로 거짓말하고 속이는 것이 가죽과 뼈에 젖어서 양심에 아무 거리낌 없이 사람을 대하고 일에 임하매 속일 궁리부터 먼저 하게 되었습니다. 이것이 후진인 청년에게까지 전염 되어 조선사회가 거짓말화되고 말았습니다.

아아, 슬프고 아프다. 우리 민족이 이 때문에 서로 합동을 이루지 못하였고, 서로 합동을 이루지 못하였기 때문에 사망에 임하였습니다. 사망에 임한 것을 알고 스스로 건지기를 꾀하나 아직도 서로 믿을 수 없기 때문에 민족적 합동 운동이 실현되지 못합니다. 조선 민족을 참으로 건질 뜻이 있으면, 그 건지는 법을 멀리서

구하지 말고, 먼저 우리의 가장 큰 원수가 되는 속임을 버리고 각 개인의 가슴 가운데 진실과 정직을 모셔야 하겠습니다. 조선 사람이 조선 사람의 말을 믿고, 조선 사람이 조선 사람의 글을 믿는 날에야 조선 사람이 조선 사람의 얼굴을 반가워하고, 조선 사람이 조선 사람으로 더불어 합동하기를 즐거워하게 될 것입니다.

조선의 정치가로 자처하는 여러분이여, 이런 말을 종교적 설교 같다고 냉소하지 마시고 만일 조선 민족을 건질 뜻이 없으면 모르거니와 진실로 있다고 하면, 여러분의 가죽 속과 내 가죽 속에 있는 거짓을 버리고 참으로 채우자고 거듭거듭 맹세합시다.

[다음번에는 셋째 "지도자를 세울 것"]

<동광> 1926. 6.

합동의 요건 – 지도자

아아, 슬프다. 내 말이 너무할지 모르지만, 오늘 우리 사회 현상은
과연 지도자를 원하지 않을 것이 극도에 달하였습니다.
혹은 말하기를 "지도자들이 바로만 하면 지도자를 세우지 않을 이유가 있을까?
지도자 놈들이 협잡이나 싸움만 하기 때문에 우리가 지도자로 세우지 않는다."고 합니다.

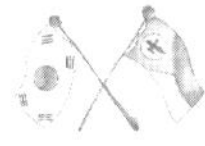

우리가 상당한 공통적 방침하에 서로 믿고 모여 협동적으로 나아가려 할 때 없으면 안 될 필요한 존재가 지도자입니다. 세상 무슨 일에든지 단독적 행동에는 자기의 이익을 위하여 좋은 지도자의 지도를 요구하는데 그다지 절실한 필요가 없다 해도, 협동적 생활에서 적은 협동이나 큰 협동이나 그 협동한 전체를 지도하는 지도자가 있어야 협동의 사실을 이루고, 협동의 효과를 거둡니다. 이와 반대로 지도자가 없다고 하면 협동은 한다고 하더라도 그 사실을 이루지 못하고, 따라서 그 효과를 거두지도 못합니다.

작은 음악 하는 일 한 가지를 두고 생각해봅시다. 나팔이나 피아노나 일종의 악기를 가지고 독주를 하면 모르지만, 북과 나팔이나 퉁소나 거문고들의 여러 가지를 합하여 협동적으로 음악을 합주할 때는 악대 전체를 지도하는 지도자가 있습니다. 이것

은 어떤 사람에게 지도자라는 칭호를 주기 위한 것이 아니요, 협동적 음악을 이룸에 없으면 안 될 필요가 있으므로 지도자를 두게 된 것입니다. 이것뿐입니까? 한날한시 어느 지방에 구경을 가는데 단독적이 아니요 협동적 관광단일 것 같으면, 명칭은 무엇이든지 반드시 그 여행단을 인도하는 지도자가 있어야 그 협동적 여행을 이루게 됩니다. 이것뿐일까요? 군대, 경찰, 실업단, 교육단, 정당, 연구회 등 이루 말할 수 없는 천종 만종의 인류의 협동적 행동에는 정해 놓은 지도자가 있습니다. 소협동에는 소협동의 지도자가 있고, 대협동에는 대협동의 지도자가 있습니다. 그러므로 한 민족의 협동에는 한 민족을 대표하는 지도자가 있어야 합니다.

여러분이시여, 보시지 않습니까? 어떠한 분자로 어떠한 주의로 조직된 민족이든지 그 민족에게는 그 민족의 지도자가 있지 않습니까? 소위 민족주의를 타파하고 세계주의를 표방한다는 민족에게도 그 주의를 가지고 일하는 그 민족의 대표가 있습니다. 여러분이시여, 우리는 그와 같이 지도자를 세웠습니까, 안 세웠습니까? 이 글을 보는 형제나 자매 중에 혹 말하기를 "이것을 누가 모를까?"라고 하며 쓸데없는 유치한 설이라 할는지 모르겠습니다만, 조선 사회의 현상을 보면 이것을 진정으로 아는 사람이 많은지 적은지 크게 의문스럽습니다. 근대의 청년들은 평등과 동등을 주창하면서 평생에 자기는 지도자를 두는 것이 모순된다고 생각하는 듯합니다. 나는 아직도 사람들이 "합하자, 합하자." 고 말은 하지만 합동의 사실을 이루는 지도자를 세우는 것을 큰 일로 알고, 그것을 위하여 생각하고 힘을 쓰는 사람을 만나 보기는 어려웠습니다.

지도자가 있는가, 없는가

그런데 지도자를 세워야 하는 것은 물론 필요하지만 내세울 지도자가 있는가, 없는가 하는 것이 문제입니다. 내 귀에 많이 들리는 말이 조선 사회에는 아직도 지도자 자격을 [가진 사람이] 없으니 지도자를 아무리 세우려 하더라도 사실 불가능하므로, 앞으로 지도자의 자격을 가진 사람이 생기는 때에는, 세우지만 당분간은 할 수가 없다고들 합니다. 과연 그렇습니까? 아닙니다. 오늘 만일 지도자의 자격을 가진 사람이 없다고 하면 백 년, 천 년 후에라도 지도자의 자격을 가진 사람이 없을 것이요, 앞으로 지도자의 자격을 가진 사람이 있을 것이다 하면 오늘에도 그 지도자의 자격을 가진 사람이 있습니다. 오늘날 지도자의 자격을 가진 사람이 없다고 말하는 사람은 아직도 그 지도자가 무엇인지를 모르기 때문이 아닌가 합니다.

지도자의 자격은 무엇으로 판정합니까? 어떠한 협동이든지 그 협동 중에 앞선 사람은 곧 지도자의 자격을 가진 자입니다. 바꾸어 말하면 지도자의 자격은 비교 문제로 생기는데, 그 비교는 다른 협동체의 인물과 비교하는 것이 아니요, 어떤 협동이든지 그 협동 자체의 인물 중에서 비교할 때, 그 중 앞선 사람을 지도자의 자격으로 인정하게 됩니다.

지도자는 분명히 있다

앞에서 음악대를 말하였지만, 음악대라는 명사는 같되 우등 음악대와 열등 음악대라는 여러 층의 구별이 있습니다. 그런데 우등 음악대에는 우등 음악 지도자가 있고, 열등 음악대에는 열등 음악 지도자가 있어서, 열등 음악대의 지도자를 우등 음악대의 지도자에 비교하면 지도자의 자격이 못 된다 하겠지만, 열등 자체의 악공樂工에 비하여 앞서기 때문에 그 음악대에는 완전한 지도자의 자격이라고 할 수 있습니다. 음악대뿐이겠습니까? 고상한 학자가 모인 협동에도 여러 학자에 비하여 앞선 자가 그 협동 자체의 지도자가 되고, 무식한 노동자의 모임에는 그 노동자 중에 앞선 사람이 그 노동자 협동 자체의 지도자가 됩니다.

그 협동 자체가 없으면 모르지만, 협동 자체가 있는 시일에는 반드시 지도자가 있고, 지도자를 택함에는 다른 협동체의 인물과 비교하지 않고 그 협동 자체 인물에 비하여 택하는 것이 인류 사회의 협동적 생활의 정축正軸(주축)이 아닙니까? 그런즉 오늘 우리 민족사회의 정도가 낮다 하면 낮더라도 오늘 형편에 의지하여 앞선 지도자의 자격을 가진 사람이 있겠고, 앞날에 우리 수준이 높아진다고 하면 그날 높은 수준에 의지하여 앞선 지도자가 있겠습니다. 그러므로 지도자의 자격을 가진 사람이 없는 때는 절대로 없습니다. 지도자의 자격을 가진 사람이 없다고 하는 것은 그 협동의 진의를 깨닫지 못하고 스스로 지도자를 세우지 않는 것뿐입니다.

위인의 마음으로 위인의 일

여러분, 생각하여 보십시오. 우리 조선 사람은 성의나 능력이 수평선처럼 다 같고, 앞서고 뒤선 사람이 없다고 봅니까? 그럴리 만무합니다. 내 눈으로 고국을 들여다볼 때에는 고국 안에 우리 지도자가 될 만한 자격을 갖춘 위인들이 있습니다. 나는 그들을 보고 사랑하고 공경하고 내 마음으로 그들을 우리의 지도자로 세웠습니다. 여러분도 다 보실 것입니다. 위인이란 별것이 아니요, 위인의 마음으로 위인의 일을 하는 자가 위인입니다. 남이야 알거나 모르거나 욕을 받고 압박을 받아 가며 자기의 금전, 지식, 시간, 정력을 다 내놓고 우리 민족을 위하여 일하는 그들이 곧 위인의 마음으로 위인의 일을 하는, 우리의 지도자가 될 만하기에 넉넉한 자입니다. 이런 사람이 있습니까, 없습니까? 분명히 있습니다. 내 눈에 보일 때에는 여러분의 눈에도 응당 보일 것입니다. 이와 같이 성의나 재능으로 앞선 사람들이 있는데, 어찌하여 지도자의 자격을 가진 사람이 없다고 합니까?

시기를 버리라

내가 바로 살폈는지 모르지만, 오늘 우리 사회를 대표할 지도자가 세워지지 않는 것은 지도자의 자격을 가진 사람이 없다는 것이 이유가 되지 못함은 물론이거니와, 이 밖에 다른 이유가 많다고 할는지 모르지만, 가장 큰 이유는 우리 민족의 큰 원수라고 인정할 만한 '시기' 때문입니다. 우리나라 사람은 지도자를 세우고 후원하기에 힘쓰는 것은 고사하고, 지도자가 세워질까 봐 두려워하여 지도자가 될 만한 사람을 거꾸러뜨려 지도자가 못 되게 노력을 하는 듯합니다. 우리 역사에서 이순신이 가장 비참하고 적당한 실례입니다. 그를 꼭 지도자로 삼고 후원하여야만 할 처지였거늘 선민先民(선대의 사람)들이 시기하고 모함하여 거꾸러뜨리고야 말았고, 근대에도 유길준兪吉濬 같은 어른은 우리의 지도자가 되기에 합당하였건만 우리의 선인들이 그를 지도자로 삼지 않고 압박과 무시를 더하다가, 마침내 그의 불우한 일생이 끝날 때에야 성대하게 장례에 참여하는 것을 보고 나는 슬퍼하였습니다. 언제든지 이 현상이 변한 후에야 조선 민족이 민족다운 운동을 하는 길에 들어설 것입니다.

일하고 도리어 욕먹어

여러분이시여, 우리 사회는 같은 자본력을 가진 사람 중에서 그 금전을 조선 사회를 위하여 한 푼도 쓰지 않거나, 도리어 그 금전을 우리 민족에게 해로울 만한 데 쓰는 사람에 대하여서는 아무런 말이 없고, 우리 민족을 위하여 자기의 금전을 쓰는 사람

유길준(1856-1914)

개화사상가로서 한국인 최초로 미국과 일본에서 유학했다. 조선에서의 한학 교육과 박규수를 통해 배운 중국의 근대학문, 그리고 이후의 일본과 미국 유학을 통해 서구 문명을 접촉한 그는 '조선에 맞는 근대화'를 추진했다. 일본 유학 후에는 근대 개혁에 참여하여 1883년에는 한국 최초의 근대신문인 〈한성순보〉 발간에 실무책임을 맡았으며, 미국 유학 후에는 갑오개혁을 이끌었다. 그러나 1883년에는 일본과 러시아의 대립 등 혼란한 국내외 정세 속에서 개화파 일당으로 몰려 체포되기도 했고, 아관파천으로 친일 내각이 해체되자 일본으로 망명했으나 그곳에서도 유배당하는 등 순탄치 않은 삶을 보냈다. 1895년부터 7년간의 연금생활 중에는 서구의 근대 문명을 한국에 소개하고 한국 실정에 맞는 개화를 주장한 그의 대표적 저술인 《서유견문》을 집필했다. 격변하는 동아시아 정세와 서구와의 관계 속에서 개화를 통한 자립과 개혁을 주장했고, 일본 망명 후 1907년 다시 한국으로 돌아와 일본의 강제 침략에 맞서 자신을 지킬 수 있는 국가가 될 수 있도록 교육과 계몽사업, 민족사업에 헌신했다. 그러던 중 국가 주권 회복이 가장 힘겨웠던 1914년 59세의 일기로 사망했다.

들에게 비난과 핍박을 합니다. 적게 쓰는 사람에게는 적은 핍박이 있고, 크게 쓰는 사람에게는 큰 핍박이 있는 것이 보입니다. 같은 신지식을 가진 사람 중에서도 그 지식을 민족을 위하여 쓰지 않거나, 쓴다고 해도 해롭게 쓰는 사람에게는 아무런 말이 없고, 그 지식을 우리 민족을 위하여 공헌하는 사람에게는 비난과 핍박이 있습니다. 이것도 적게 쓰는 사람에게는 적은 핍박이 있고, 많이 쓰는 사람에게는 많은 핍박이 있습니다. 다시 말하면 인격도 없고 성의도 없는 사람에게는 아무 문제가 없고, 인격이 상당한 사람이나 성의 있는 사람을 향하여는 살을 던지고 칼을 던지는 것이 현상의 사실인가 합니다.

누구든지 일부 지방 군중의 신임을 얻으면, 각 지방에서 그 지방파의 괴수라 하고 공격하며 비평을 더합니다. 누구든지 한 단체, 한 기관의 신임을 받게 되면, 각 방면이 일어나서 파당의 괴수라 칭하고 공격을 합니다. 누구든지 두뇌에 가진 지식이 다수 청년의 흠앙을 받을 만하면, 어떤 수단으로든지 허물을 찾아서 그 사람의 신용을 거꾸러뜨리고야 맙니다.

여보시오, 민족을 위하여 돈을 쓰는 사람은 안 쓰는 사람에 비하여 앞선 사람이요, 자기의 지식과 시간, 정력을 쓰는 사람은 안 쓰는 사람에게 비하여 앞선 사람입니다. 한 지방이나 단체에서라도 신임을 거두는 사람은 신임을 거두지 못하는 자에 비하여 앞선 사람이요, 다수 청년의 흠앙을 받는 자는 그렇지 아니한 자에 비하여 앞선 사람인 것은 사실입니다.

그러나 위에 말한 바와 같이 앞선 사람은 기어이 거꾸러뜨리려고 하여 오늘 우리 사회의 시간을 가장 많이 허비하여 골몰하게 당기는 일은 지도자가 될 만한 사람을 지도자가 못 되게 하는 일인가 합니다. 오늘 우리들의 풍속를 보면 누구를 숭배한다, 누구의 부하가 된다 하면 수치 가운데 가장 큰 수치로, 욕 가운데 가장 큰 욕으로 압니다. 그러므로 어떤 사람을 자기 양심으로 숭배하고 지도자로 받드는 사람이 있지만, 옛날 베드로가 자기의 스승 예수를 모른다고 한 것처럼 사회 사람에게 대하여서는 숭배 안하는 듯한 형식을 꾸미고, 자기가 옳다고 인정하는 사람에게는 누가 어떠한 비난을 하든지 한마디 변명도 못합니다. 그러므로 오늘 우리 사회에는 사람에게 대한 존경어가 없어지고, 그 대신 모욕과 무시어가 많이 번성하는 것 같습니다.

죄를 남에게 미루지 말라

오늘날 사람들은 지도자라면 말부터 하기 싫고, 듣기도 싫어하는 것 같습니다. 그런 고로 지도자를 세워야겠다는 의견을 가진 사람도 문제를 가지고 공중을 향하여 발언하기를 주저합니다. 그 이유는 그 말을 하여야 효과를 거두지 못하고, 오히려 자기를 지도자로 섬겨 달라는 뜻이라고 혐의나 받고, 군중에게 배척을 받을까 두려워하기 때문입니다.

아아, 슬프다. 내 말이 너무할지 모르지만, 오늘 우리 사회 현상은 과연 지도자를 원하지 않는 것이 극도에 달하였습니다. 혹은 말하기를 "지도자들이 바로만 하면 지도자를 세우지 않을 이유가 있을까? 지도자 놈들이 협잡이나 싸움만 하기 때문에 우리를 지도자로 세우지 않는다."고 합니다.

그러나 이것은 말이 되지 못하는 말입니다. 지도자란 것은 앞선 사람이라 하는데, 협잡만 하고 싸움만 하는 사람은 벌써 뒤떨어진 사람이므로 지도자란 말부터 당치 않은 말입니다. 그러면 "협잡 안 하고 싸우지 않는 놈이 어디 있는가?"하고 말합니다. 그러나 있습니다. 많다고 할 수는 없으나 자기 금전, 자기 지식, 자기 능력을 가지고 정직하게 민족을 위하여 일하고 협잡을 도무지 안하는 사람이 과연 있습니다.

외형을 보면 남한테 욕도 받고, 공격도 받고, 모함도 받기 때문에 같은 싸움꾼인 듯하나 그 욕과 핍박, 모함을 받으면서도 한 번도 저항의 행동을 취하지 않고 공평하고 원만한 마음으로 군중을 향하는 사람이 있습니다. 나는 이렇게 살피지만, 나의 살피는 것과 달리 다 협잡하고 다 싸움만 한다고 판정하더라도, 그 중에 협잡과 싸움을 적게 하는 사람이 지도자의 자격을 가진 사람입니다. 왜입니까? 자체 인물과 비교하여 앞선 사람이기 때문입니다. 남을 시기하는 태도를 없애고, 우리의 민족을 위해 지도자를 찾아 세울 성의로 냉정한 머리를 가지고 살피면 과연 앞선 사람들이 보입니다. 앞선 사람을 찾기 위하여 서늘한 머리로 사회를 살피는 정도에 이르는 것은 값없는 허영에서 떠나 자기 민족사회의 사업을 실제로 표준 하는 주인 되는 책임감이 있은 후에야 됩니다.

어느 집이든지 그 집의 주인이 된 자는 자기 식구 중에 좋은 인물이 생기는 것을 영광스럽고 기쁘게 생각할 뿐이요, 시기심이 조금도 없습니다. 형이나 아우는 고사하고 똑똑한 하인만 들어오더라도 즐거워합니다. 이것은 자기 집에 이로울 것만 생각하는 주인 됨 때문입니다. 한 집에 주인 된 사람은 다른 집에 비하여 낫기를 요구하는 마음이 있기 때문입니다. 자기 집안 식구 중에 좋은 사람이 생기는 것을 기뻐하여 그들을 사랑하고 보호합니다. 이와 같이 자기 민족사회의 사업이 다른 민족사회보다 더 낫기를 요구하기 때문에 자기 민족 중에 좋은 사람이 생기기를 간절히 기대하고, 생기는 시간에는 기뻐하고 즐거워하여 숭배하고 후원하기를 마지않습니다.

지도자는 이렇게 찾으라

말이 너무 길어지므로 하고 싶은 말을 줄이고 지도자를 택하는 데 참고할 재료를 몇 가지 제공합니다. 여러분은 이것을 참고도 하겠지만, 이밖에 더 나은 방법으로라도 지도자를 세움에 주력하기를 바랍니다.

① 무조건 허명虛名(실속 없는 헛된 명성)만 표준하여 지도자라고 인정하지 말고, 먼저 그 사람의 주의와 본령本領(사람의 본 성품)과 방침과 능력을 조사한 후에 그 주의와 본령이 내 개성에 적합하고, 그 주의에 대한 방법과 능력이 나와 다른 사람보다 앞선 것을 본 후에 지도자로 인정할 것이요, 그것을 살피는 방법은 사회에 떠돌아다니는 요언비어妖言蜚語(사람의 마음을 어지럽히는 터무니없는 말)에 의하지 말고, 그 사람의 실질적인 역사와 행위를 밝히 살필 것입니다.

② 대주의大主義 대본령大本領이 맞고 큰 성의가 있는 줄로 인정한 후에는 그 사람의 한때한때 말이나 일에 실수함이 있더라도 그것을 교정하여 주기를 노력할지언정 가볍게 배척하지 아니할

것입니다. 한때 허물로 사람의 평생을 버리고, 한두 가지 허물로 그 사람의 전체를 버리는 것은 불가합니다. 과거에는 '일불이 살륙통一不 殺六通(많은 것을 잘해도 한 가지가 잘못되면 모두 그릇됨)'이라고 하였지만, 지금은 '륙통이 생일불六通 生一不(한 가지가 잘못되어도 많은 것을 잘하여 덮을 수 있음)'합니다.

③ 지도자를 택할 때 친소원근親疎遠近과 자당自黨, 피당彼黨의 관념을 떠나서 전 군중의 이해를 표준하고 공평 정직한 마음으로 할 것입니다.

<동광> 1926. 8.

一八六四六

노래와 심문조서

"왜 우리 사회는 이렇게 차오?
훈훈한 기운이 없소?
서로 사랑하는 마음으로
빙그레 웃는 세상을 만들어야 하겠소."

거국행

간다간다 나는간다 너를두고 나는간다
잠시뜻을 얻었노라 까불대는 이시운時運이
나의등을 내밀어서 너를떠나 가게하니
이제부터 여러해를 너를보지 못할지나
그동안에 나는오직 너를위해 일하리니
나간다고 서러마라 나의사랑 한반도야

간다간다 나는간다 너를두고 나는간다
저시운을 대적타가 열혈루를 뿌리고서
네품속에 누워자는 내형제를 다깨워서
한번기껏 해봤으면 속이시원 하겠다만
나중일을 생각하여 분을참고 떠나가나
내가가면 영갈소냐 나의사랑 한반도야

'거국가', '한반도 작별가', '간다 간다 나는간다'라고 알려진 거국행은 1910년 4월에 도산이 망명하기 전에 지은 노래이다. 이 노래는 1910년 5월 12일 〈대한매일신보〉에 처음 소개되었고, 1910년 6월 15일 〈신한민보〉에는 '나의 사랑 한반도야'라는 제목으로 실리기도 했다.

간다간다 나는간다 너를두고 나는간다
내가너를 작별한후 태평양과 대서양을
건널때도 있을지며 시베리아 만주뜰에
다닐때도 있을지라 나의몸은 부평浮萍같이
어느곳에 가있던지 너를생각 할터이니
너도나를 생각하라 나의사랑 한반도야

간다간다 나는간다 너를두고 나는간다
지금이별 할때에는 빈주먹만 들고가나
이후상봉 할때에는 기를들고 올터이니
눈물흘린 이이별이 기쁜맞이 되리로다
요폭풍우 심한이때 부디부디 잘있거라
훗날다시 만나보자 나의사랑 한반도야

총 4절로 이루어져 있는 이 노래는 국내는 물론 해외 동포사회에도 빠르게 번지며 민족혼을 일으켰다. 일본은 이 노래를 금지곡으로 지정하여 부르지 못하게 했다.

찬애국가

1) 긴 날이 맞도록 생각하고
깊은 밤 들도록 생각함은
우리나라로다 우리나라로다
길이 생각하세 길이 생각

2) 내 먹고 마시고 의탁하여
모든 족척族戚들과 생장한 곳
우리나라로다 내 일생 사랑해
길이 사랑하세 길이 사랑

3) 나의 부모 형제 같이 살고
선조들의 해골 묻힌 데는
우리나라로다 항상 잊지 못해
잊지 못하겠네 잊지 못해

4) 태산이 변하여 바다 되고
나라가 변하여 들이 된들
나라 사랑하는 이 맘 변할쏜가
길이 불변하네 길이 불변

5) 내 나라를 내가 사랑하지
뉘가 내 나라를 사랑할꼬
내 몸이 죽어도 내 나라 보전해
길이 보전하세 길이 보전

6) 우리나라 문명 발달되고
우리나라 독립 공고하면
빛난 영화로다 항상 즐겁겠네
나라 영광일세 나라 영광

<태극학보> 1908. 2.

1908년 〈태극학보〉 2월호에 실린 노래이다. 안창호의 필명인 애국생愛國生으로 찬송가 '하나님 가까이로'의 곡조에 맞춘 곡이다. 만주지역에서는 '애국가'로 불리기도 했다.

희망가 希望歌

1) 독립하올 좋은 희망 기뻐하게 하도다
사천여 년 오랜 나라 더욱더욱 새로워
동포들아 충의로써 국권배양 어서 하자
하리로다 하리로다 우리나라 독립

2) 우리나라 문명함은 바랄 바 있도다
품질 좋은 단군자손 더욱더욱 새로워
동포들아 열심으로 교육발달 어서 하자
하리로다 하리로다 우리나라 문명

3) 물산풍족 살찐 땅에 농토까지 좋구나
금수산하 좋은 강토 더욱더욱 새로워
동포들아 열심으로 식산사업 어서 하자
하리로다 하리로다 우리나라 부요

4) 해륙군이 없다 하고 무기까지 없다만
국민들아 자강정신 더욱더욱 새로워
동포들아 혈성으로 무예정신 활도하자
하리로다 하리로다 우리나라 웅강雄强

5) 우리들아 희망 있어 항상 기뻐하도다
우리들아 진취기상 더욱더욱 새로워
동포들아 즐겁구나 한 곡조로 노래하세
하리로다 하리로다 우리소원 성취

<태극학보> 1908. 11.

점진漸進학교 교가

점진 점진 점진 기쁜 마음과
점진 점진 점진 기쁜 노래로
학과를 전문하되 낙심 말고
하겠다 하세 우리 직무를 다

1897년 안창호는 독립협회에 가입하여 만민공동회 관서지부를 발기했다. 이듬해 그를 유명한 연설가로 발돋움하게 했던 평양 쾌재정에서의 만민공동회 개최 등 그의 정치활동이 시작되는 듯했다. 하지만 1898년 12월 25일 정부에 의해 독립협회가 강제로 해산되고 회장이었던 윤치호는 원산 감리로 좌천되었다. 독립협회의 해산으로 안창호는 고향인 평안도로 돌아가 점진학교를 설립했다. 최초의 남녀 공학으로 1902년 안창호가 미국으로 가기 전까지 그에 의해 운영되었다. 이후 이 교가의 곡조에 안창호가 작사한 '장검가'의 가사를 붙여 독립군 군가로 불리는 데 사용되기도 했다.

단심가

어야 지야 어서 가자 모든 풍파 무릅쓰고
문명계와 독립계로 어서 빨리 나아가자
멸망파波에 든 자들아 길이 멀다 한탄 말고
희망기旗를 굳이 꽂고 실행實行 돛을 높이 달아
부는 바람 자기 전에 어야 지야 어서 가자

1908년 3월 11일 〈공립신보〉에 소개된 단심가는 그 앞머리에 다음과 같이 소개되어 있다. '지난 토요일에 대한협회 총회에서 우리 한국의 앞길이 어떠한 문제로 안창호 씨가 3시간 50분 동안 연설하였는데, 듣는 자 천여 명이 박수갈채 하였으며, 연설을 마친 후에 단심가 한 장을 노래하여 동포가 경청하였다.'

격검가

1) 쾌하다 장검을 빗겨 들었네
오늘날 우리 손에 잡은 칼은
요동만주에 크게 활동하던
동명왕의 그 칼이 방불하고나

2) 한반도의 용감한 쾌남아를
어느 누가 대적할쏘냐
청천강의 수병을 격파하던
을지공의 칼이 오늘날 다시

3) 우리의 칼이 한번 빛나는 곳에
악마의 머리 추풍낙엽일세
한산도의 왜적을 격파하던
충무공의 칼이 오늘날 다시

4) 오늘날 우리 손에 잡은 칼은
누구를 위하여 연습함인가
바다를 가르고 산을 베인 후
승전고 울리며 독립 만세

(후렴)
번쩍번쩍 번개같이 번쩍
번쩍번쩍 번개같이 번쩍
쾌한 칼날이 우리 손에 빛나며
독립의 위권을 떨치는구나

1915년 6월 17일자 〈신한민보〉에는 '격검가'라는 제목으로 이 노래가 실려 있다. 안창호가 저술한 노래라고 밝히고 있다. 이 노래는 1956년 〈새벽〉에서 '도산 애국 가사집'이란 제목으로 다시 소개되었는데, '쾌하다 장검을 빗겨 들었네'라는 제목으로 게재되었고, 현재는 '장검가'라는 제목으로 알려져 있다. 안창호가 설립한 점진학교의 교가의 선율에 맞춰 불렀던 것으로 전해지고 있다.

한반도

1) 동해에 돌출한 나의 한반도야
너는 나의 조상 나라이니
나의 사랑함이 오직 너뿐일세
한반도야

2) 은택이 깊구나 나의 한반도야
선조들과 모든 민족들이
너를 의탁하여 생장하였구나
한반도야

3) 역사가 오래된 나의 한반도야
선조들의 유적을 볼 때에
너를 사랑함이 더욱 깊어진다
한반도야

4) 일월같이 빛난 나의 한반도야
둥근 달이 반공에 밝을 때
너를 생각함이 더욱 간절하다
한반도야

5) 산천이 수려한 나의 한반도야
물은 맑고 산이 웅장한데
너를 향한 충성 더욱 깊어진다
한반도야

6) 아름답고 귀한 나의 한반도야
너는 나의 사랑하는 바니
나의 피를 뿌려 너를 빛내고자
한반도야

〈신한민보〉 1931년 8월 6일자에는 '안창호 작'이라고 소개되는 이 노래가 실려 있다. '한반도' 혹은 '한반도가', '한반도야'로 알려져 있으며 1914년 7월 북간도에 있는 광성중학교에서 사용하던 창가집에도 그 기록이 남아 있다고 전해진다.

야구단가

1) 무쇠 골격 돌 근육 소년 남자야 애국의 정신을 분발하여라
다다랐네 다다랐네 우리나라에 소년의 활동 시대 다다랐네

2) 신체를 발육하는 동시에 경쟁적 주의를 양성하라고
공기 좋고 구역 넓은 운동장으로 활발히 나는 듯이 나아가세

3) 충렬히 의 끓는 피 순환 잘되고 독립군의 팔다리 민활하도다
벽력과 부월이 당전하여도 우리는 조금도 두려움 없네

4) 돌리고 빼어치는 백륜 적기는 신속함이 흑운심천 번갯불 같고
보내고 받아 치는 수구축구는 분기함이 백일청천 소낙비로다

5) 해전과 육전에 모든 유희를 차례로 흥미 있게 승부 결하고
개선문 뚜렷이 열리는 곳에 승전고 울려라 두둥 두둥 두둥

(후렴)

만인 대적 연습하여 후일 전승 세우세
절세영웅 대사업이 우리 목적 아닌가

1905년에 윤치호가 YMCA 부회장으로 있으면서 야구를 보급하기 시작했는데, 도산은 동지인 윤치호를 돕고 야구 선수들을 격려하기 위해 야구단가를 지었다. 도산의 야구단가 친필 사본을 장녀 안수산 여사의 서재에서 발견했는데, 고서체로 기술되어 있었다.

항해가

1) 건전인격 재료로서 신성단결 배를모아
독립자유 차게싣고 항해원정 떠났구나

2) 충의용감 돛을달고 덕체지로 치를삼아
시기비평 쌓인바다 모험전진 나아가세

3) 무실역행 운전기에 전속력을 다하여서
낙심회보 험한물결 기운차게 건너가세

4) 금수강산 삼천리에 국부민강 닻을줄때
삼천만의 한목소리 우리역사 빛내리라

(후렴)
어야디야 어서가세 파도가 흉흉타만
우리어이 겁낼소냐 앞만보고 어서가세

혈성대

〈신한민보〉에 실린 혈성대

1) 장하도다 애국청년 일해분발 피끓어
물결같이 일어나니 혈성대가 되었고나
걱정마라 부모국아 피가 끓는 혈성대가
조상나라 붙들기로 맹약하고 나섰구나

2) 혈성대의 조국정신 뼈에 깊이 잠겼도다
산은 능히 뽑더라도 그 정신은 못빼앗아
걱정마라 부모국아 천만번 죽더라도
변치않을 혈성대가 일심으로 일었네

3) 혈성대의 충의절개 굳세고도 굳세구나
쇠는 능히 굽히어도 그절개는 못 굽히네
걱정마라 부모국아 충의있는 혈성대가
나라집을 지키려고 여기 파수 굳게 섰네

4) 벽력같이 맹렬하고 번개같이 활동하는
혈성대의 장한 기개 누가능히 당할쏜가
두려마라 부모국아 용맹있는 혈성대가
나라집을 도우려고 맹렬하게 활동하네

5) 대포소리 부딪히고 칼이앞을 막더라도
유진무퇴 혈성대는 겁이없이 나아가네
두려마라 부모국가 담력있는 혈성대가
모험돌격 하는때에 저원수를 항복받네

6) 혈설대의 흐른피가 하루같이 크게흘러
나라힘을 떨쳐내고 나라영광 빛내보세
걱정마라 부모국아 혈성대가 예있고나
장할세라 혈성대를 항상불러 노력하리

〈새벽〉에 실린 혈성대

1) 신대한의 애국청년 끓는피가 뜨거워
일심으로 분발하여 혈성대를 조직코
조상나라 붙들기로 굳게맹약 하였네

2) 두려마라 부모국가 원수력 강하되
담력있고 용맹있는 혈성대의 청년들
부모국을 지키려고 굳게파수 섰고나

3) 혈성대의 조국정신 노수속에 박혔다
산은능히 뽑더라도 우리정신 못뽑아
장할세라 굳세고나 우리청년 혈성대

4) 대포소리 부딪히며 칼이앞을 막으되
모험하는 혈성대는 승승장구 돌격해
용쾌하다 만전불패 혈성대의 맹진력

1916년 5월 11일 〈신한민보〉에는 '혈성대'라는 제목으로 가사가 소개되었다. 혈성대는 1956년 〈새벽〉 9월호에 '도산 애국 가사집'에 소개되었으나 그 가사 내용은 〈신한민보〉와 차이를 보이고 있다.

학도가

1) 대한청년 학생들아 동포형제 사랑하고
우리들의 일편단심 독립하기 맹약하세
화려하다 우리강산 사랑홉다 우리동포
자나깨나 잊지말고 길이보존 하옵세다

2) 우리들은 땀을흘려 문명부강 하게하고
우리들은 피를흘려 자유독립 하여보세
두려움을 당할때와 어려움을 만날때에
우리들의 용감한맘 일호라도 변치마세

3) 모든곤란 무릅쓰고 쉬임없이 나아가면
못할일이 무엇인가 일심으로 나아가세
이강산에 우리동포 영원보전 할양이면
우리들의 중한책임 잠시인들 잊을쏜가

4) 잊지마세 잊지마세 애국정신 잊지마세
상하귀천 무론하고 애국정신 잊지마세

편한때와 즐거운때 애국정신 잊지마세
우리들의 애국성은 죽더라도 잊을쏜가

(후렴)
학도야 학도야 우리주의는
도덕을 배우고 학문을 넓혀서
삼천리강산에 좋은 강토를
우리 학생들이 보전합세다

1915년 〈신한민보〉 9월 16일자에 소개된 이 노래는 노래 말미에 '이는 안도산 선생의 저작'이라고 밝히고 있다. 1910년대 학도가는 '광복하옵세다'라고 노래하고 있으나 광복 후에 미주에서는 '보존하옵세다'로 가사를 바꾸어 불렀다고 전해진다.

심문조서

안창호의 심문기는 《속편 도산 안창호》(1954)에 실려 있다. 여기에서는 안창호의 심문 기록 중 그가 설립한 단체와 독립에 대한 그의 인식을 볼 수 있는 부분을 발췌하여 정리했다.

안창호, 공립협회와 대한인국민회

문 : 피고인이 공립협회(1903년 미국 샌프란시스코에서 안창호 등이 조직한 항일 독립운동단체)를 설립한 목적은 무엇인가?

답 : 본인이 처음 상항에 거주할 당시 그 지역에는 한인이 약 이십 명 있었는데, 이들의 친목을 도모하기 위하여 친목회를 조직했다. 그 후 본인이 로스앤젤레스로 이주한 후에는 미국령인 하와이에 다수의 한인 노동자가 있었지만, 이들은 거의 아무런 교육을 받지 못했고, 여러 곳에서 추태를 부린다는 소문까지 돌 정도였다. 이들 노동자가 미국 본토에 오게 되자, 이들에게 교양을 지도하지 않으면 우리 한인의 치욕이 될 것이라고 생각하여, 로스앤젤레스에 거주하는 한인 오륙 명 중에서 피고인이 선택되어 교양 지도의 임무를 담당하게 되었다. 따라서 피고인은 아내를 로스앤젤레스에 남겨두고 혈혈단신으로 상항으로 와서 이 지역에 거주하는 한인과 의논한 결과, 기존에 있었던 친목회를 공립협회로 개칭하고, 이들 노동자를 지도하고 교육하게 된 것이다.

문 : 공립협회의 목적은 무엇인가?

답 : 캘리포니아 주에 거주하는 한인 노동자의 지도와 교육을 목적으로 하고 있다.

문 : 공립협회에서 기관지를 발간한 사실이 있는가?

답 : 있다. 공립협회의 기관지로 〈공립신문〉을 발간하였다.

문 : 공립협회는 이후 대한인국민회大韓人國民會로 개칭되었는가?

답 : 설립한 지 6년이 지난 후에 대한인국민회로 개칭되었다.

문 : 개칭하게 된 이유는 무엇인가?

답 : 기존에 미국 본토에는 대동보국회大同保國會라는 단체가 있었고, 하와이에도 교정회矯正會라는 단체가 있었는데, 모두 공립협회와 동일한 목적을 가진 단체였다. 이들 단체가 병합하여 대한인국민회로 개칭한 것이다. 목적은 교육, 실업을 장려하고, 한국 민족의 복리를 증진하는 데 있다.

문 : 어떤 일을 해 왔는가?

답 : 〈신한민보新韓民報〉를 발간하고, 각 지역에 학교를 설립하여 한인 자녀의 교양을 높이고자 하였으며, 처음으로 미국에 온 한인의 편의를 도모하는 일을 하였다.

문 : 개칭 후 피고인은 이 단체의 회장을 역임하지 않았는가?

답 : 메이지明治 39년(1906년) 초에 귀국하였고, 그 후에 개칭되었

다. 메이지 4년 1911년 다시 미국으로 돌아갔고, 메이지 45년 (1912년)에 동회同會의 총회장을 역임하였다.

1932. 9. 5 심문조서 중

안창호와 신민회

문 : 신민회는 누가, 언제, 어떠한 목적으로 조직한 것인가?

답 : 피고인이 귀국한 다음 해에 조선 민족에게 자립 자존의 정신을 보급할 목적으로 경성에서 이갑李甲, 유동열柳東說, 이동휘李東輝, 전덕기全德基, 이동녕李東寧, 양기탁梁基鐸 등과 함께 조직한 것이다.

문 : 신민회는 피고인이 중심이 되어 조직한 것인가?

답 : 그렇지 않다. 양기탁梁基鐸이 중심이 되어 조직한 것이다.

문 : 신민회의 임원은 누구인가?

답 : 양기탁이 총감독, 이동녕이 총서기, 전덕기가 재무, 피고인이 집행원執行員이었다.

문 : 집행원의 직책은 무엇인가?

답 : 입회하는 자의 자격을 검사하는 것이다.

문 : 신민회의 지부는 있는가?

답 : 각 지역에 지부가 있다.

문 : 회원은 어느 정도 되는가?

답 : 피고인이 미국에서 출발할 때는 삼백 명 정도가 있었다.

문 : 신민회는 비밀 결사 단체가 아닌가?

답 : 그렇다. 비밀 결사 단체이다.

문 : 신민회에서 어떤 활동을 하였는가?

답 : 평양에 대성학교를 경영하였으며, 평양 마산동에 자기회사磁器會社를 설립하여 경영하였고, 이미 학교가 설립된 지역은 학교에서 강연을 하였고, 학교가 설립되지 않은 지방은 학교를 설립하도록 지도하며 순회하였다.

문 : 대성학교의 수준은 어떠한가?

답 : 중등 정도의 학교로, 대성학교에서는 중학교 정도의 농업강습소를 부속으로 설립하였다.

문 : 피고인은 대성학교의 교장 대리를 했던 사실이 있는가?

답 : 그렇다. 교장 대리를 하였다.

문 : 대성학교의 교장은 누구였는가?

답 : 윤치호다.

문 : 윤치호는 신민회 회원인가?

답 : 아니다. 신민회 회원은 아니었지만, 적합한 인물이었기 때문

에 대성학교의 교장이 되었다.

문 : 평양에 대성학교를 설립한 이유는 무엇인가?

답 : 경성에서는 자금을 얻을 방법이 없었고, 다른 곳에는 학교가 있었지만, 평양에는 이런 종류의 학교가 없었기 때문에, 또한 자금을 얻는 데도 편리하였기 때문에 평양에 설립한 것이다.

문 : 그 후 대성학교는 어떻게 되었는가?

답 : 설립 후 6년 정도 경영하였지만 폐쇄되고 말았다. 피고인이 미국으로 건너갔기 때문에 대성학교에는 3년 정도밖에 관계하지 못하였다.

문 : 어떤 사정으로 폐쇄되었는가?

답 : 한일합병 후 신민회가 테라우치寺內 총독 암살음모 혐의를 받았고, [이로 인해] 신민회와 대성학교의 간부 전체가 검거되어 자연히 소멸하였다.

문 : 자기회사를 평양 마산동에 설립하여 경영한 목적은 무엇인가?

답 : 조선 민족의 실력을 증진시키기 위하여 실업을 장려하기 위함이었고, 특히 평양을 선택한 것은 이 지역에 도토陶土(도자기의 원료가 되는 점토)가 풍부하기 때문이었다.

문 : 서점을 경영한 이유는 무엇인가?

답 : 교육사업을 보급하고, 신민회 사업의 연락을 담당하기 위하

여 조선 전국에 서점을 운영해 나갈 작정이었다.

문 : 이들 활동비용은 어떤 방법으로 [충당] 하였는가?
답 : 대성학교, 농업강습소 및 지방 유설 비용은 지방 유지들로부터 기부금을 모금하였고, 자기회사는 주식회사였다.

문 : 신민회를 비밀결사 단체로 한 이유는 무엇인가?
답 : 당시에는 인민의 수준이 낮아서 이를 표면 단체로 내세우면 사회의 반응을 초래하여 방해를 받게 되고, 또한 입회 희망자를 전부 가입시키면 어떤 인물이 섞여 있는지도 알 수 없게 되어 신민회의 진정한 목적을 달성할 수 없게 된다. 신민회는 정치적으로는 조선 민족의 자립 자존을 목적으로 하고 있기 때문에 총감부에서 해산을 명하는 일이 발생해서는 안 된다고 판단하여, 상당한 실력을 키울 때까지 비밀결사 단체로 둔 것이다.

문 : 신민회는 앞서 진술한 활동을 하며 조선 민족의 실력이 커지게 되면 무력으로 일을 도모할 작정으로 조직된 것은 아닌가?
답 : 그 기본이 되는 실력을 양성하기 위해서는 상당한 시일이 필요하고, 그 실력이 쌓여야 무력으로 일을 도모한다거나 정치적으로 일을 계획할 수 있다. 질문한 바와 같은 목적으로 사전에 조직한 것은 아니다.

1932. 9. 5 심문조서 중

안창호와 흥사단

문 : 증인은 흥사단을 조직하였는가?

답 : 27-28년 전 미국에서 흥사단을 조직하였으며, 1922년 봄 무렵에는 상해에서 흥사단 원동위원부를 조직하였다.

문 : 흥사단의 주의와 목적은 어떠한가?

답 : 흥사단은 27-28년 전 내가 미국에서 조직했던 것이며 수양 단체로서 결성한 것이다. 다시 말하면 수양을 해서 민족을 개선하려고 한 것이다. 그러나 단순한 민족 개선이 아니고, 그 내용은 조선 민족의 인구 증산, 부력富力 증진, 지위 향상, 조선 독립, 기타 일체의 행복과 번영 등 다섯 가지 목적으로 조직하였지만, 1919년경부터는 단체의 목적이 조선 독립을 최고 유일의 것으로 삼았다. 그 후 단군 연호 4262년(1929) 2월 모든 흥사단원에게 흥사단이 한국의 국권을 회복하기 위한 혁명단체임을 선언했기에, 흥사단은 조선 독립을 목적으로 한 혁명단체가 된 것이다.

(중략)

문 : 흥사단 약법 제2조 가운데 "우리 민족의 전도 대업의 기초를

준비한다."라고 하는 글귀를 뭐라고 설명하면서 단원을 입단시켰는가?

답 : 우리 민족의 대업이란 글귀는 선포문의 내용에도 설명하고 있듯 조선 민족의 독립의 대업이며, 기초를 준비한다는 것은 조선 독립의 기초를 준비하는 것이라고 설명하면서 단원을 입단시켰다.

문 : 홍사단의 약법 제3조 이하에 기재한 것과 같은 수단과 방법으로 조선이 독립할 수 있다고 생각하고 홍사단을 조직하여 그 운동을 계속하였는가?

답 : 그렇다. 홍사단이 한 걸음 한 걸음 실력을 양성 강화하는 것은 한 걸음 한 걸음 조선 독립에 접근하는 것이며, 끝내는 조선을 완전히 독립시킬 수 있다고 생각하여 홍사단을 조직하고 그 운동을 계속하였다.

(이하 생략)

1937. 6. 27 심문조서 중

조선의 독립

문 : 구주 전란(제1차 세계대전)의 종말 경, 1918년 1월 18일 미국 대통령 윌슨이 자국 의회에 대하여 소위 평화강령 14조를 제시한 것을 알았는가?

답 : 알았다.

문 : 그 강령 중 제5조에 "각국의 식민지에 관한 요구를 공평하게 조절할 것. 이를 시행함에는 동시에 식민지 인민의 이익을 존중할 것"이란 소위 민족자결의 원칙을 주장한 조항이 있는 것도 알았는가?

답 : 알았다.

문 : 그 결과 미국 주재 조선인에게 어떠한 충동을 주었는가?

답 : 위와 같이 미 대통령 윌슨이 민족자결의 선언을 했기 때문에 미국 주재 한인은 '조선 독립의 기회가 왔다. 이 기회를 잃지 말고 우리 조선 민족은 강화 회의에 조선 독립을 진정할 것'이라는 의논이 크게 일어났다.

문 : 그 결과 어떠한 방법을 취하였는가?

답 : 대한인국민회 중앙 총회 간부와 그 간부가 지명한 인사가 상항에 모여 동회 위원회를 열고, 그 석상에서 주로 본인의 제안[파리평화회의에 대표를 파견하여 조선 독립을 탄원함도 좋을 것이나 그리함에는 다액의 비용이 필요로 할지니, 차라리 독립 청원서를 제출하면 재미 동지들의 부담도 적어지고 효과는 대차大差(큰 차이)가 없으리니 청원서를 제출함이 가하다.]에 기하여 강화 회의에 청원서를 제출하기로 하고, 그 방법으로는 이승만, 정한경, 민찬호 3인을 선출하여 워싱턴에 보내어 동소同所에서 청원서를 작성하여 강화 회의에 제출하기로 하였다. 그 결과 동년 12월경에 동인同人 등은 워싱턴에서 청원서를 작성하여 강화 회의에 제출하였다. 그리고 익년翌年(이듬해)인 1919년 3월 1일 조선 국내에서 조선 독립 만세 운동이 발발함에 재미 한인은 미주 일대에 한하여 조선의 독립 운동을 선전하고, 또 전기前記(앞서 기록한) 세 명의 대표자를 파리 강화 회의에 파견하기로 하였다. 상해에서는 조선의 독립을 도모하자면 국내, 국외에 있는 한인의 통일을 기하여야 할 터이니 재미 동포 중에서도 그 대표자를 상해로 보내 달라 하여, 대한인국민회에서는 본인을 그 대표로 선출하므로 본인은 정인과 황진남을 수행원으로 동반하여 상해로 갔다.

문 : 피고인은 사기지차전事機至此前에 조선 독립은 아직 그 시기가 아니라며 허기虛氣에 부동符同(좋지 않은 것에 휩쓸려 따름)하는 조선인을 억제한 일이 있었는가?

답 : 그렇다. 강화 회의가 파리에서 열리게 되자 재미 한인 간에

는 차제此際(때 마침 주어진 이 기회)에 한인은 조선 독립을 도모할 것이라고 하고 발기하였으나, 본인의 소견으로는 세계 전쟁은 비록 종국을 고하였다 하더라도 전승국 측에서는 조선 독립의 필요를 인식하지 아니하며, 또 조선 자체로 보더라도 경제적 현상 이하 모든 정세가 아직 독립의 기가 성숙하지 못하였다 생각하므로, '구주 전란 강화 회의와 아등'이라 제題한 반대 의견을 기술한 문서 수백 매를 인쇄하여 재미 한인 교포에게 나누어 주었다.

문 : 그 문서의 내용은?

답 : 지금의 재외 동포를 위시하여 일반 한인이 독립을 희망하고 분기함은 착오다. 왜 그러냐? 조선을 공평한 안목으로 보아 오늘 우리의 자력으로 능히 일본을 배척하고 완전히 독립할 수 있는가? 반드시 타국의 힘, 즉 국제적 원조를 얻지 않으면 독립을 성취할 수 없을 것이다. 남의 힘을 빌린다면 어느 나라가 우리에게 원조를 줄까? 제일로 미국을 꼽을 수밖에 없다. 만일 미국이 조선 독립에 용훼容喙(참견)하면 어찌 될까? 일본이 반드시 창을 내 대어 가로막을 것이다. 그렇게 되면 미국은 대전 직후에 또 일본과 전쟁까지 하여서라도 조선 독립을 원조하지 않을 터이니 자연 조선 문제에서는 손을 떼게 될 것이다. 만일 미국이 이에 손을 뗀다면, 누가 이에 간섭할 것이냐? 하지 않을 것이다. 지금의 무계획한 흥분은 한갓 한인 자신의 손실을 초래할 뿐이니 자중하여야 한다 함이다.

문 : 어떤 점으로 보아 미국이 국제적으로 제1원조의 임任에 당하리라 생각하였는가?

답 : 그것은 미국이 항상 일본과 태평양 상의 이익을 위하여 경쟁하고 있으므로 미국으로는 일본 국력이 확대하여 감을 좋아 아니한다. 따라서 조선이 일본과 분열하여 독립한다면, 그만큼 일본 국력의 감퇴를 도하기 위하여서는 조선 독립을 원조하리라 생각한 까닭이다.

1932. 9. 5 심문조서 중

제 5 부

안창호 일화

"사랑, 이것이 인생에서 밟아 나갈 최고의 진리요,
가정보다 먼저, 사회보다 먼저, 사랑을 믿고 사랑을 품고
사랑을 행하는 그 사람 자신의 마음은 비상한 화평 속에 있으므로
남이 헤아리지 못할 무한한 행복을 받을 것이오."

기독교와의 만남

안창호가 태어난 1878년은 조선뿐 아니라 동아시아가 서구 세력의 확장으로 격변의 시기를 겪을 때였다. 메이지유신明治維新으로 근대화에 성공한 일본은 국내 상황을 정비한 후 밖으로의 세력 확장에 눈을 돌리기 시작했다. 일본에 가장 좋은 발판이 바로 쇄국정책과 내부 권력 대립으로 지배 기반이 약해진 조선이었다. 일본뿐 아니라 중국 역시 조선에 대한 기존의 내정간섭과 중국 중심의 동아시아 정세가 흐트러지지 않도록 조선에 대한 권력의 고삐를 바짝 조였다. 결국, 정치뿐 아니라 일본과 중국의 경제 쟁탈 싸움 사이에 놓인 조선은 힘없이 양국 사이에서 스러져가고 있었다.

안창호가 태어난 평양 역시 대규모 민란과 서양 함대의 출현 등 소용돌이와 같은 격변의 중심이었다. 그곳에서 그가 배운 유교적 가르침은 이러한 상황을 타개하거나 받아들이는 데 적절한 해결책을 내놓지 못했다. 이때 그가 만난 한 사람이 있었으니 바로 황해도 출신의 개화 청년 필대은畢大殷이었다. 안창호에게 필대은은 세상 돌아가는 이야기와 조선 땅에서 벌어지는 서구열강들의 흐름, 그리고 근대 학문과 근대 문물을 보여주는 창窓이 되어 주었다. 1894년 청일전쟁으로 힘없이 고통당하는 사람들과 피폐해져 가는 조선 땅을 보며 그는 힘없는 나라, 문명이 발달하지 못한 민족을 보며 가슴을 쳤다. 그리고 그해 말에 피난을 구실로 신학문을 배우기 위해 한양으로 떠났다.

큰 뜻을 품고 한양에 당도했지만, 며칠이 지나자 가지고 온 여비도 떨어지고, 신학문을 배우기는커녕 학비도 없어 학교에 들어가지도 못하고 있었다. 어느 날 그는 정동 길거리에서 들려오는 한 목소리를 듣게 되었다.

"예수 믿으세요. 누구든지 배우고 싶거든 우리 학교로 오세요. 먹여도 주고 재워도 주고 공부도 시켜 줍니다."

당시 한양에 선교사로 들어와 있던 밀러(閔老雅, F. S. Miller) 선교사였다. 안창호는 신학문을 배우러 왔기에 서양 귀신이라 불렸던 예수를 믿어야 하는 상황이 탐탁지 않았다. 하지만 한편으로는 서양 학문을 배우더라도 공자와 맹자의 도는 속으로 지켜나가면 될 것이라 생각했다. 고민 끝에 밀러 선교사를 따라 구세학당求世學堂(이후 경신학교) 보통부에 입학하게 되었고, 안창호와 기독교와의 만남은 이렇게 단순히 배움과 경제적 필요 때문에 이루어지게 되었다.

맹자와 공자의 도를 지키고자 했던 자신의 다짐과 달리 그는 학교에 들어가자마자, 수업을 마치고 잠을 자기 전까지 교사 역할을 했던 접장(그룹 책임자) 송순명宋順明과 예수를 믿을 것인가, 믿지 않을 것인가를 놓고 매일 논쟁을 벌여야 했다. 열흘 동안 계속된 논쟁 끝에 구세학당의 입학조건이었던 믿음을 받아들일 수밖에 없었다. 이곳에서 그는 신학문과 기독교 사상은 배웠지만 영어는 배우지 못했다. 배움을 통해 힘을 기르고자 했던 그에게는 안타까운 일이었으며 훗날 안창호가 외국 선교사들이 기독교의 전파만을 위하여 오히려 사람들을 우민화하고 있다고 비판한 하나의 원인이 되기도 했다. 그의 이러한 비판 의식은 종종 선교사들과 마찰을 일으키기도 했는데 이런 일화가 전해지고 있다.

만민공동회를 마치고 평양에서 잠시 한가롭게 지낼 때였다. 안창호와 함께 교회를 부흥시키고자 했던 마펫 목사(馬布三悅, Samuel A. Moffett)는 그에게 교회 일을 권유하며 경제적 지원을 약속했다. 하지만 그는 "교회 일이라는 것이 혼자 만들어서 하면 안 됩니까? 꼭 목사님과 같이 해야 합니까? 저는 이미 내용과 실천으로 하고 있지 않습니까? 내가 하나님의 일을 하는 것은 저의 일인데, 누구한테 무슨 돈을 받는다는 말입니까?"라며 단번에 거절했다.

그가 일면으로는 기독교에 비판적이어서 '예수 믿는 사람이 아니다'라는 말도 들었으나 그에게 신학문의 필요성을 알게 해 준 필대은을 기독교로 전도한 사람이 바로 안창호였다. 또한, 정혼자 이혜련의 가족을 모두 기독교로 개종시킨 사람도 그였다. 1899년 고향으로 돌아가서는 교회를 세우고 전도하는 데 힘을 쏟기도 했으며 이후 세계를 돌아다니면서도 성경을 항상 지니고 다녔다. 선교사업에 적극적으로 참여하지는 않았지만, 그가 자주 인용했다는 '너희는 먼저 그 나라와 의를 구하라', '의에 주리고 목마른 자는 복이 있나니', '내가 옥에 갇혔을 때 찾아와 주었고 배고팠을 때 먹을 것을 주었다'라는 성경 말씀처럼 안창호 스스로 자신의 삶과 사상, 그리고 실천 속에서 기독교 사상을 보여주었다. 그가 미국, 중국, 러시아 등 곳곳에 흩어져 있는 민족을 찾아다니며 설교하고 연설할 때 강조한 것은 사랑, 회개, 희생이었으며 그것만이 민족을 바로 세우는 정신이라고 가르쳤다.

청년 안창호의 비상

안창호를 신학문의 세계로 인도해준 사람이 필대은이었다면, 안창호에게 나라를 구할 수 있는 구체적 방안과 실천 의식을 불어넣어 준 사람은 서재필이었다.

"서 박사(서재필)의 연설로 감동을 많이 받았소. 그래서 서 박사가 연설한다면 밥 먹을 시간을 그만두고라도 따라다녔소. 내가 지금 그전보다 얼마나 변했다고 할진대, 그 변한 원인은 유길준의 《서유견문》이라는 책과 서 박사에게 감동한 결과이외다."

<신한민보>. 1925. 9. 3

이 당시 서재필과 직접적인 관계를 맺지 않았지만, 그에게 감화된 안창호는 서재필이 설립한 독립협회에 필대은과 함께 가입하여 평양을 중심으로 하는 관서지부 창립을 적극적으로 추진했다. 독립협회가 소수 지도자들의 조직체에서 민간으로 확대되면서 안창호는 단순히 신학문을 배우는 청년에서 벗어나 윤치호, 이승만, 이상재와 같은 인물들을 알게 되며 자신의 자리를 만들어 갔다.

1898년 7월 25일 고종황제의 생일을 맞이해서 독립협회 평양

지부가 만민공동회를 주최했다. 안창호는 필대은과 함께 이 집회를 성공적으로 만들었으며 여기에서 그가 했던 '쾌재정 연설'은 그를 일약 백성의 가슴을 위로하고 뚫어주는 웅변가로 올려놓아 이름을 알리게 되었다.

"오늘은 백성이 임금의 생일을 축하하니 군민동락君民同樂이요, 지방정부 지도자와 백성이 함께 즐거워하니 관민동락官民同樂이요, 남녀노소가 함께 하니 만민동락萬民同樂이니, 진정으로 쾌재정快哉亭의 3쾌快이올시다. 백성은 어려운 상황에서 새로 부임한 관리들이 어떻게 백성을 잘 살게 해줄 수 있을까 하고 가뭄에 구름 기다리듯이 하늘만 쳐다봅니다. 그런데 여기에 온 관리들은 잠시 머물다가 더 좋은 자리가 나면 돈을 싸서 돌리면서 다른 지역으로 가려고만 합니다. 그러면서 사람들에게 일부러 죄목을 붙여서 돈을 끄집어냅니다. 그리고 밤낮을 구분하지 않고 선화당에 기생을 불러다가 놀이를 즐기니, 이것이 마치 춘향전의 남원부사 변학도의 방법이 아니고 무엇이겠습니까? 이래서 나라 꼴이 어떻게 되겠습니까?"

쾌재정 연설 외에도 일본이 압력으로 독립협회와 만민공동회를 제지하려 하자 그는 단상에서 이렇게 말했다.

"독립협회는 나라를 잘 다스리고 백성을 잘 살게 하기 위해 만들어졌는데, 정부가 보부상을 동원해서 불온한 집단으로 몰고 가면 되겠습니까? 정말로 나라와 백성을 위하는 충성과 용기를 가지고 있었다면 아무리 총칼이 가슴에 들어와도 조금도 물러나지 않았어야 하는 것 아닙니까? 그런 각오를 지니지 못하고 약한 정신을 가지고 어떻게 나라 일을 바로 잡겠습니까?"

그는 곧 구국 청년 활동가로 비상했다. 하지만 민중에 의한 자주적 근대국가 건설을 꿈꾸기 시작하자마자 일제의 탄압으로 독립협회가 강제 해산되고 만민공동회 운동이 실패하면서 좌절을 겪게 되었다. 안창호는 첫 번째 정치적 좌절뿐 아니라 뜻을 같이 한 필대은이 폐병으로 죽는 것을 지켜보아야만 했다. 하지만 그는 주저앉지 않고 필대은과 함께 구상했던 일들을 평양에서 실천으로 옮기기 시작했다. 가장 먼저 관서지역의 최초의 남녀공학 학교인 점진학교를 설립하고 개간사업을 추진하며 교회를 세웠다. 이는 앞으로 그가 민족을 위해 펼칠 근대 교육과 근대 산업의 발전, 그리고 기독교적 사명감 고취를 보여주는 것이었다. 그리고 그 사명의 실체를 경험하기 위해 1902년 24살의 나이로 배를 타고 일본을 거쳐 미국으로 건너갔다. 평양에서 태어나 한양에서 신학문 교육을 받고, 고국을 떠나 마침내 전 세계를 향해 내딛는 첫 발걸음이었다.

노동주선소로 시작한 공립협회

1902년 10월 14일 고국을 떠난 안창호가 미국에 도착했다. 태평양 망망대해를 지나고 하와이를 지날 즈음 그는 자신의 호를 '도산島山'이라고 정했다. 그는 훗날 자신의 호에 대하여 이렇게 회고했다.

"망망한 수평선 저쪽에 조그마한 섬 하나가 있더군요. 그 섬을 바라보니 여간 반갑고 그립지 않습디다. 표망 한 대해 중에 홀로 서 있는 그 섬의 기개, 나는 그 섬을 바라보고 어떤 '대양의 선구자'나 만난 듯하여 여간 감격하지 않았습니다. 그래서 내 호를 도산 이라고 정하였습니다. 일반 세상 사람들은 내 호가 도산이라고 하니까, 혹은 반도강산을 의미한 줄 생각하는 모양이나 사실은 그렇지 않습니다. 내가 태평양 일소도一小島에서 느낀 바를 잊기 어려워 그렇게 이름한 것입니다."

<소광> 1937. 8.

바다 건너 선진 문물과 교육학을 배워보리라 다짐했던 그의 눈앞에 보인 미주 한인들의 모습은 안타까움 그 자체였다.

"상항에 내려 하룻밤을 자고 거리에 나가니, 조선 사람들이 서로 상투를 붙잡고 뺨을 치며 싸움을 하는구려. 해외 수만 리를 와서 조선인끼리 싸움을 하다니요? 기막힌 일이 아닙니까? 그래서 그들의 싸움을 말리고 그 이유를 물으니, 그들은 인삼을 파는 사람들로 서로 딴 곳으로 엇갈려 다니며 인삼을 팔자고 하였는데, 그 사람이 자기 가는 곳으로 살짝 먼저 가서 인삼을 팔았다고 괘씸하여 싸우는 것이라고 합니다. 그래서 나는 그때부터 도산 노릇을 하였지요. 그들에게 좋은 말로 설명하고, 해외에 와서 고생하는 우리들이니 상부상조하고 서로 위로하자고 권하였습니다. 그래서 나는 공부도 공부려니와 재류조선인을 도와주자는 주의 아래서 '공립협회'라는 것을 조직하여, 그들의 살길을 열어 주고 생활 개선과 융화의 정신을 가르쳐 주었습니다. 그래서 조선 사람이라면 집을 더럽게 관리한다고 하여 일반 미국인에게 평판이 나빴지만, 그 후부터는 집을 정 하게 거두고 품행이 단정하여 일반 미국인에게 칭찬을 받았지요."

<조광> 1937. 8.

도산 안창호는 미주 한인들의 생활 안정과 개선이 시급하다고 판단하고 공부를 몇 년 미룰 결심을 하고는 동포 사업을 시작했다. 이듬인 1903년 샌프란시스코에서 LA 리버사이드로 이주한 후에도 그는 동포들의 협동과 생활개선을 위한 일을 착수했다. 한인 동포들의 생활이 힘들었던 데는 이유가 있었다. 비단 언어나 문화의 차이뿐 아니라 한인교포들이 농장에서 일자리를 얻기 위해서는 이민의 역사가 긴 일본인과 중국인들이 주도하는 안내소를 통해야 했기 때문에 일본인과 중국인들이 일자리를 먼저 얻은 다음에야 기회를 얻었고, 쉬는 날도 제대로 못 챙기고, 밥값

도 제때 받지를 못했던 것이다.

"우리 한인끼리는 싸우지도 말고 속이지도 맙시다."

그가 동포들을 향해 가장 먼저 외친 말이었다. 일이 없을 때는 자기가 사는 지역을 깔끔하게 청소하자고 사람들에게 제안했다. 주일에는 중국인 교회를 빌려 설교도 했다. 그러자 한인동포들의 삶이 서서히 바뀌었다. 이때 이런 상황을 유심히 보고 있던 한 미국인이 한국 사람들끼리 한번 자유롭게 일을 해보도록 돈을 빌려 주며 한인들을 격려했다. 도산은 그곳에서 만난 이강李剛과 함께 노동주선소를 조직했다.

처음에 8명으로 시작하던 주선소도 금방 18명, 마침내 35명이나 되었다. 1903년 4월 5일 공립협회가 정식으로 창립되었다. 공립협회를 통해 한인들은 노동공급뿐 아니라 생활 개선, 야학을 통한 공부와 기독교 교육까지 받을 수 있었다. 한인 사회의 질서와 생활훈련을 위한 여러 규칙과 함께 경찰제도도 도입했다. 한인들이 속옷 차림으로 돌아다니지 못하게 하고 긴 담뱃대를 물지 않도록 했다. 또한, 각자 버는 돈은 빈곤으로 허덕이는 고국으로 보내도록 했다. 비록 자신들은 이주 노동자들이지만, 품성을 단정히 하자고 했다. 〈공립신문〉을 발간하여 국내외 상황과 자주독립의 필요성을 알리기도 했다.

그는 리버사이드에 있을 때 오렌지 농장에서 일하는 동포들에게 항상 이렇게 말했다.

"이 미국의 과수원에서 오렌지 하나를 정성껏 잘 따는 것이 우리나라의 일입니다. 오렌지 하나를 정성껏 따는 것이 우리를 성실한 인격자로 키우고, 우리 민족을 세계에서 가장 우수한 민족으로 만드는 것입니다.”

공립협회를 통한 의식개조와 생활개선은 점차 지역 내에서 효과를 나타내기 시작했다. 한인들의 근면성과 열심을 지켜보고 있던 미국교회가 한번은 도산과 한인들을 초대했다. 한인들의 헌신적 자세를 칭찬하고 감사하기 위해 미국교회가 만든 일종의 축하모임이었다. 모임이 시작되자 그 교회 목사가 나와 말했다.

“나는 당신들이 부지런히 돈을 버는 대로 우체국을 통해 고국으로 보낸다는 사실을 알았습니다. 그리고 차이나타운 같은 유흥업소에는 들리지도 않는다는 소문도 들었습니다. 야학에서 영어도 잘 배우고, 주일학교에서는 성경을 우리 미국인보다 더 잘 배운다고 들었습니다.”

목사의 말이 끝나자 오렌지 농장 사장이 나와 말을 이어갔다.

“도산 선생이 한국 형제들에게 자기 일 이상으로 정성껏 오렌지를 따라고 이야기해서, 우리 농장의 사업이 잘 되었습니다. 때문에 가위질을 잘못해서 상하거나 팽개쳐진 오렌지도 적어졌습니다. 이것은 다 한국 형제들의 덕입니다.”

미국교회 교인들은 자기들이 준비한 성경책과 찬송가를 각각 40권씩 나누어 주었다. 한인들은 그제야 “귤 하나 따는 것이 나랏 일이다.”라고 외친 선생의 가르침을 이해할 수 있었다.

도산의 지도력으로 공립협회는 안정화되어가 샌프란시스코, 리버사이드를 넘어 하와이 등 한인들이 재류하고 있는 곳이면 조직이 되었다. 1902년 미국으로 건너와 1907년 그가 미국 땅에서 체험하고 스스로 실현했던 공립협회 경험은 그를 민족 지도자로 이끄는 기반이 되어 주었다.

간다 간다 나는 간다
너를 두고 나는 간다

도산이 미국에서 공립협회를 조직하여 한인 동포들의 생활에 안정을 갖출 때 국내 상황은 일본의 지배욕이 만들어낸 소용돌이 속으로 휘말려 들어가고 있었다. 일본은 영국, 미국, 러시아 등 외부 세력들과 조약을 맺어 한국에 대한 지배권을 인정받으며 그 야욕을 실현하고 있었다. 1905년 을사늑약이 체결되자 도산은 귀국을 결심하게 되었다. 그가 귀국하는 길에 일본을 경유했을 때 한인유학생들에게 한 연설에서 조국의 상황에 대한 그의 참담한 심정과 포부를 엿볼 수 있다.

"나는 고국을 떠난 지 만 8년 만에 귀국하는 길에 동경에 잠깐 들러 여러분과 대면 또는 말할 기회를 얻은 것을 무한한 영광으로 생각합니다.

'포츠머스조약'에서 중재자인 미 대통령 테오도어 루스벨트 씨는 일본이 한국과 만주에 대한 특수권익이란 것을 인정하여 버렸고 영국도 동시에 승인하였습니다. 그러면 일본은 우리 한국에 대한 숙망宿望이 점점 달성하게 되고 우리 대한을 교량 삼아 대륙 진출의 길을 열었으니 금일 일본의 정책은 명약관화합니다.

그런데 우리 국내의 정부는 무엇하고 있습니까? 마치 지당池塘에 춘초몽春草夢을 미각未覺하였는데 계전오엽階前梧葉에는 이미 추성秋聲을 고하는 것 같습니다(연못의 풀은 봄 꿈에서 깨지도 않았는데 뜰 앞의 오동잎은 벌써 가을 소리를 낸다는 의미).

지금 세계가 민족 경쟁시대라 독립한 국가가 아니면 민족이 서지 못하고 개인이 있지 못하는 것입니다. 국민 각자가 각성하여 큰 힘을 발하지 않고는 조국의 독립을 유지할 수 없다는 것과 큰 힘을 발하는 길은 국민 각 개인이 각자 분발 수양하여 도덕적으로 거짓 없고 참된 인격이 되고, 지식적으로 기술적으로 유능한 인재가 되며 그러한 개인들이 국가 천 년의 대계를 위하여 견고한 단결을 지어야 합니다. 어떤 급진론자는 국가의 존망이 눈 깜짝할 사이에 달린 이때 국력·민력의 배양을 말하는 것은 백년하청百年河清의 길을 기다리는 것이라 하나, 나는 힘없는 혁명은 불가능함을 단언합니다. 왜냐하면, 과거 갑신정변의 김옥균 일파의 독립당 운동도 그러하였고 정유의 서재필, 이승만의 독립당 운동도 그러하였습니다. 번번이 '시급'을 말하고 백년하청을 탄하면서 '있는 대로 아무렇게나'로 거사하였던들 벌써 20여 년의 적축積蓄이 아니겠는가! 정유년부터 국력운동을 하였어도 벌써 10년 생취(生聚, 백성과 군사를 길러 나라를 부강하게 함) 10년 교훈이 아니었겠습니까? 오늘부터 이 일을 시작하면 십 년 후에는 국가를 지탱할 큰 힘이 모이고 쌓이지 않겠습니까! 이 힘의 준비야말로 독립 목적 달성의 유일무이한 첩경이라고 나는 절대 주장합니다.

만일 우리 국민 각자가 실력이 없이 일시 외세에 의하여 얻은 독립이란 마치 사상沙上에 누각을 지은 것 같아서 어떤 풍파에 파괴를 당할지는 모르는 것이니 백년대계의 집을 지으려면 강철 콘크리트에 벽돌집을 지어야 할 것입니다.

만장 여러분, 마관조약(시모노세키조약)에서 일청 양국으로부터 승인된 소위 독립, 금일의 우리 대한을 보십시오. 국고는 고갈하여 매관매직으로 충용하고 국민은 허세과장과 기만과 허위로써 상쟁相爭을 일삼으며 국정에는 탐관오리가 횡행하여 국제적 지위는 미약하고 풍전등화 격이니 우리 이천만 민족이 총 궐기, 총 발분하여 스스로 고칠 것은 고치고 스스로 힘쓰지 아니하면 망국망민을 뉘 있어 막겠습니까? 그러나 우리 민족의 본연의 우미성優美性과 선인의 공적을 칭양稱揚할 만한 것이 많습니다. 우리가 하려고만 하면 반드시 우리나라를 태산 반석 위에 세우고 문화와 부강이 구비한 조국을 성조할 수 있습니다."

1907년 2월 조국 땅에 다시 돌아온 도산은 전국을 순회하며 연설을 하고 비밀결사 단체인 신민회 결성을 위해 사람들을 만났다. 그가 전국적으로 명성을 떨치자 당시 반일감정으로 거세진 민심을 포섭하기 위하여 통감이었던 이토히로부미伊藤博文 역시 그를 만나고자 했다. 이토통감은 그에게 다음과 같이 이야기했다.

"내 평생의 이상이 셋이 있으니 첫째는 일본을 열강과 각축할 만한 현대국가를 만드는 것이오. 둘째는 한국을 그렇게 하는 것이오. 셋째는 청국을 그렇게 하는 것이다. 일본에 대하여서는 이미 거의 목적을 달達하였으나 일본만으로는 도저히 서양세력이 물밀 듯 아세아에 침입하는 것을 막을 도리가 없으매 한국과 청국이 일본만한 역량을 가진 국가가 되도록 하여서 선린善隣이 되어야 한다. 그러므로 나는 지금 재건에 전심력을 경주하고 있거니와 이것이 완성되면 나는 청국으로 가겠노라."

도산은 대답했다.

"삼국의 정립 친선이 동양평화에 기초라는 데는 동감이다. 또 귀하가 귀하의 조국 일본을 혁신한 것은 치하致賀한다. 또 한국을 일본과 같이 사랑하여 도우려는 호의에 대하여는 깊이 감격한다. 그러나 귀하가 한국을 가장 잘 돕는 법이 있으니 그대는 그 법을 아는가? 일본을 잘 만드는 것이 일본인인 그대인 모양으로 한국은 한국인으로 하여금 혁신케 하라. 만일 메이지유신明治維新을 미국이 와서 시켰다면 그대는 어떻게 생각하겠는가, 절대적 명치유신은 안 되었으리라 믿는다. 일본이 한국인이나 청국인에게 인심을 잃는 것은 큰 불행이다. 그것은 일본의 불행이요, 동시에 삼국 전체의 불행이다. 이것은 그대가 열심히 막으려 하는 서세동점西勢東漸의 유인誘引이 될 것이다. 일본의 압박 밑에 있는 한인은 도움을 영미나 아俄(러시아)에 구할 것이 아닌가.

일본의 강성을 기뻐하지는 않는 열강은 한인의 요구를 들어줄 것이다. 이리하여 일본은 열강에 적이 되고 동양 제 민족의 적이 될 것을 두려워하노라. 그대가 만일 선린의 손님으로 한양에 오셨다면 나는 매일 그대를 방문하여 대선배로 사장司長으로 섬기겠노라. 그대가 한국을 다스리러 온 외국인이매 나는 그대를 방문하기를 꺼리고 그대를 가까이하기를 꺼리노라.

한국의 독립을 재삼재사再三再四 보장하고 일청日清 · 일아 日俄 전쟁 후에도 한국의 독립을 위함이라던 일본에 대하여 한인은 얼마나 감격하고 신뢰하였던가. 그러나 전승의 일본이 몸소 한국의 독립을 없이할 때 한인은 얼마나 일본을 구시仇視하는가. 한일 양국의 이 현상이 계속되는 동안 한인이 일본에 협력할 것을 바라지 말라. 또 그대가 청국을 부액扶掖하여 도울 것을 말하나 그것은 한국의 독립을 회복恢復한 뒤에 하라. 청국 사억 민중은 일본이 한국에 대하여 보호관계를 맺은 일사一事로 하여 결코 일본을 신뢰하지 아니할 것이다."

통감 정치에 협력하기를 바랐던 이토통감의 뜻과 다르게 도산은 자신의 뜻을 피력하고 미국에서부터 품고 온 계획대로 신민회 조직에 더욱 힘을 가하였다. 신민회의 목적은 다음과 같았다.

① 국민에게 민족의식과 독립사상을 고취鼓吹할 것
② 동지同志를 발견하고 단합하여 국민운동의 역량을 축적蓄積할 것
③ 교육기관을 각지에 설치하여 청소년 교육을 진흥振興할 것
④ 각종 상공업 기관을 만들어 단체의 재정과 국민의 부력富力을 증진할 것

또한 신민회는 비밀결사로서 각 도에 한 사람씩 책임자가 있고 그 밑에는 군 책임자가 있어서 종으로 연락하지만 횡으로는 서로 동지가 누군지를 잘 모르게 되어 있었다. 신민회 그 자체는 비밀결사였으나 그 사업은 공개했는데 가장 크게 드러난 것이 평양대성학교 설립, 마산동자기회사 설립, 청년학우회 조직, 태극서관 운영 등이었다. 도산이 조직한 이 신민회는 1911년 105인 사건으로 체포될 무렵 검거된 수만 600명에 달하는 등 큰 조직으로 발전했다.

독립세대를 양성하기 위한 청년교육은 그에게 중요한 사업이었다. "오늘날 우리에게 가장 큰 희망은 청년이다. 낙망은 청년

의 죽음이고, 청년이 죽으면 민족이 죽는다. 나 하나를 먼저 좋은 인격자로 만드는 것이 우리 민족을 좋은 민족으로 만드는 것이오."라고 외치며 또한 청년들에게 기독교의 희생적 정신을 함양시키기 위해 노력했다. 그는 학교에 성경연구회를 두고 수요일마다 오후에 수업을 마친 후 유명한 목회자와 선교사들을 초대해 교육했다. 전덕기 목사, 게일James S. Gale 선교사 등을 초대하여 학생들에게 기독교 정신을 강조하고 교회에 나갈 것을 권유했다. 심지어 교회에 다니지 않는 학생들을 강당에 따로 모아 놓고 친히 설교도 하고, 그들을 교회에 데리고 오기도 했다.

근대교육, 근대산업, 자주적 발전을 통한 문명 부강한 국가, 독립국가로의 준비 등 그가 꿈꾸었던 것들이 하나둘씩 이루어지고 있었다. 하지만 한창 강해진 일본의 감시와 통감부 정책으로 인한 교육 및 산업 활동의 어려움, 무엇보다 안중근의 이토 히로부미 암살사건의 배후로 지목되어 수감되면서 국내에서의 활동이 힘겨워지게 되었다. 결국, 그는 다시 고국을 떠나 해외로의 망명을 선택했다.

간다간다 나는 간다 너를두고 나는간다
잠시뜻을 얻었노라 까불대는 이시운이
나의등을 내밀어서 너를떠나 가게하니
이제부터 여러해를 너를보지 못할지나
그동안에 나는오직 너를위해 일하리니
나간다고 서러마라 나의사랑 한반도야

언제 다시 밟게 될지 모르는 조국을 향해 '거국가'를 남기고 중국으로 가는 배에 몸을 실었다. 1910년 4월, 그의 나이 32세였으며 조국의 주권을 일본에 완전히 빼앗기기 불과 4개월 전이었다.

다시 미국으로

도산이 1910년 한국을 떠나 미국 땅에 도착한 것은 이듬해인 1911년 9월이었다. 그 사이 1년 반 남짓한 시간 동안 그는 타국에서 망국의 소식을 접해야만 했다. 도산은 망국의 현실에 대하여 다음과 같이 개탄했다.

"강도 일본 너희들아, 한국을 병합한 것은 너의 역사에 가장 큰 죄악이다. 혈통으로는 동양 황인종인 동일한 근원이요, 문화로는 전수해준 스승이요, 지리적으로는 이웃 나라인 우리나라에 대하여 마치 문명국이 야만 미개한 지역에 대함과 같은 죄악을 범한 것이다. 하늘의 이치로 보아 일본은 조만간 이 죄악에 대한 보복을 받을 운명에 있다. 그러나 사욕에 눈이 어두워 천리天理를 보지 못하는 일본은 더한 죄악으로 이미 저지른 죄악의 소득을 확보하고 소화하려 했다.

일본 너희들의 한국합병은 자살적 행위이다.

첫째로는 일본이 한민족韓民族의 원한의 대상이 되었고, 둘째로는 사억 한민족漢民族의 의구疑懼와 증오의 적이 되었다.

우리나라의 독립이란 것이 마관조약에서 승인된 지 15년, 대한제국이라 칭한 지 13년, 일본이 을사의 한일협정으로 침략을 개시한 지 5년 만에 부끄럽게도 소멸하고 말았구나.

그러나 소위 합병조약이란 무력의 협박 밑에서 씌워진 일 편의 서면書面이었다. 그것은 우리 민족의 양심의 승인을 받은 것이 아니었다. 이동휘 형이 경무총감에게 잡혔을 때에 신문관訊問官에게 "너희가 같은 동양인으로서 우리 한국에서 이러한 불법, 불도를 행하니 너희 일본이 서양인에게 맞은 채찍 자국에서 구더기를 파내는 것을 내 눈으로 볼 테다."라고 호령하였던 말과 같이 조화造化는 반드시 일본을 통하여 인과율이 추호도 어긋나지 아니함을 우리에게 보여주리라.

그러니 남에게 오는 인과만 보고 우리 자신의 인과에 눈을 가려서는 안 된다. 최근 우리나라 이조 500년간에 시기 질투와 매관매직과 탐관오리와 사대사상과 유교로 말미암아 문약文弱(글만 받들고 실천하지 못하고 나약함)에만 치중한 이 모든 것이 오늘에 이 모양 이 꼴이 된 것을 잊어서는 안 된다.

나는 이 망국의 책임을 국민 각자가 가질 것이라 말한다. 조국을 망하게 한 것은 이완용만이 아니라 나도 그 책임자다. 내가 곧 그 책임자다.

우리는 망국의 책임을 일본에 돌리고, 양반계급에게 돌리고, 유림에게 돌리고 민족 운동자에게 돌린다. 그리고 그 책임을 안 질 자는 오직 나 하나뿐인 것같이 장담한다. 그러나 우리 민족 각원이 힘 있는 국민이었을진대 일본이 어찌 덤비며 이완용이 어찌 매국 조약에 도장을 찍을 수가 있으랴. 그러므로 우리는 이완용을 책하는 죄로 우리 자신을 죄 하여야 한다.

우리 민족이 저마다 내가 망국의 책임자인 동시에 복국復國의 책임자라고 자각할 때가 우리나라에 광복의 신생맥新生脈이 돌

때이겠다.

그러면 우리 망명들은 위선 서북간도, 아령俄領, 미주 등에 재류하는 동포의 산업을 진흥시키고 교육을 보급시켜서 한 기회가 도래하면 큰 힘을 낼 수 있도록 준비 공작을 하자. 일상 준비하는 자에게 기회는 반드시 도달하는 것이다.

집을 지으려도 재목이 없다. 재목은 외국에서 사서 들여올 수 있다. 나라를 세우려는데 사람은 외국에서 사 올 도리가 없으니 세월이 걸리고 힘이 들더라도 국내에서 양성할 도리밖에 없다. 학교가 국가를 위한 인재를 양성하기 위한 묘포이지만 그것은 오직 묘포다. 정말 인물이 되고 안 되는 것은 자기에게 달렸다. 그러므로 우리나라에 인물이 많이 나는 길은 오직 하나다. 그것은 저마다 인물이 될 결심을 하고 공부를 하는 것이다. 저마다 성현을 기期하고 인격을 수양하는 것이다. 최저한도로 저마다 한 국민을 구실할 만한 자격을 갖추기 위하여 덕, 체, 지를 수양하는 것이다. 이 밖에는 길이 없다. 더구나 모든 것에 있어서 열강에 뒤떨어지고 세계적 빈천자인 우리 민족으로서는 속성급취速成急就하는 모든 방법을 강구하지 않으면 안 된다. 그리하여 민족 신용의 한난계寒暖計(온도계)의 영하에 떨어진 수은주를 우리 성의 열로 비등점에 인상하지 않고는 도저히 국제적으로 존경받는 평등하고 유력한 일원이 될 수 없는 것이다."

첫 번째 유학을 목적으로 고국을 떠나 미국에 갈 때 도산은 일본을 거쳐서 갔으나 두 번째 망명길로 미국에 갈 때는 중국, 러시아, 독일, 영국을 거쳐 뉴욕을 통해 미국으로 들어가므로 서구 열강 제국들을 살펴보며 지구를 한 바퀴 돈 셈이었다. 그동안 미국에서는 그가 세운 공립협회가 대한인국민회로 발전하여 대표적인 한인동포조직이 되어 있었다. 도산은 미국의 대한인국민회를 다른 해외 지방총회를 망라한 동포들의 자치기관으로 만들어 중아총회를 조직하여 초대회장의 자리에 올랐다. 그리고 멕시코, 하와이를 순회하며 나라 없는 동포들의 단결과 협동, 생활개선, 독립의지를 고취시키며 여권 없는 유학생들에게는 보증을 서 주는 등 국가적 소임을 맡았다.

대한인국민회로 해외 동포들을 결집시키는 한편 자신의 숙원사업이자 자주적 근대 민족과 국가를 위한 기초사업인 청년 육성 독립 단체를 조직했으니 바로 '흥사단'이었다. 1913년 5월 12일 흥사단 연설에서 그는 "우리 흥사단의 인격, 단결, 수양운동이 곧 유일무이한 독립운동이요, 또 모든 정치 운동의 모체라고 생각합니다. 우리 민족이 도덕적으로는 거짓과 속임이 없어서 안으로는 동족끼리, 밖으로는 열강의 이민족에게 신념을 받을 만하고 지식적으로 국가의 정치, 경제, 산업, 교육, 학술 각 부문을 담당할 만한 능력을 갖추도록 많은 개인이 수양되고, 또 그것만으로는 안 되니 이러한 유력한 개인들이 신성하게 뭉쳐서 민족의 중심이 될 단결을 이룬 뒤에라야 완전한 독립이 될 수 있고, 또 이런 독립이야말로 어떤 폭풍우에라도 흔들리지 않는 반석 위에 영원히 설 수 있습니다. 국가를 건축하고 운영하기에 필요한 재목을 준비하는 곳이 곧 흥사단입니다. 여기는 주인도 없고 중심인물도 없습니다. 단우團友 저마다 주인이요, 중심인물입니다. 그 중에 유덕한 사람은 중망衆望에 의하여 중심인물로 할 수도 있겠지마는 그것은 오직 모범으로 세우는 것이지 그에게 권력을 주는 것은 아닙니다. 흥사단을 다스리는 것은 오직 흥사단의 약법과 거기 의하여 선거된 임원이 있을 뿐입니다."라고 외쳤다.

또한, 1917년에는 북미실업주식회사를 설립했다. 독립협회 해산 후 평양으로 돌아가 이루었던 그의 지난날의 결실이었던 평양 대성학교, 마산 자기회사, 귀국 후의 청년학우회, 태극서관 운영 등과 같은 맥락의 실천이었던 것이다. 그가 발 딛고 서 있던 곳 어디서나 다음 세대를 위한 교육, 그 추진체가 되어 줄 사업, 그리고 자주독립의 운동이 이루어지고 있었다.

첫 도미 시절보다 도산의 역량과 단체, 사업의 규모는 매우 컸었다. 그리고 도산 외에도 많은 지도자들이 각자의 자리에서 독립을 모색하고 운동방향을 설정해 나갔다. 그 과정에서 독립방침 노선을 달리하는 이승만과 박용만의 갈등과 같은 내부 분열, 1918년 제1차 세계대전 종결로 인한 국내의 독립운동 조짐 등 흔들리는 국제정세와 바람 앞의 등불과 같은 조국의 운명은 그를 다시금 미국 밖으로 움직이도록 했다.

1919년 3월 1일, 천도교와 기독교, 불교 등 종교인들이 중심이 되어 일어난 3·1 만세운동이 국내에서 일어났다. 3·1 운동과 같은 가시적이며 폭발적인 독립운동은 다시금 독립운동가들과 지도자들을 결집시키도록 했으며 도산은 대한인국민회에서 모금한 6,000달러를 들고 임시정부가 있는 중국 상해로 떠났다.

민족 개조와 끝없는 단결

1919년 상해로 간 도산은 임시정부에 내무총장으로 합류하면서 독립운동의 강력한 힘을 더하여 주었다. 그는 그간 자신이 세워온 독립 운동의 방침을 사람들에게 심어 주었다.

"순전한 애국심. 내가 방침을 말하기 전에 말할 것은 우리가 3월 1일 독립 만세 부르던 그 순전한 애국심을 잊지 맙시다. 이 순전한 애국심만 있으면 다투나 싸우나 근심이 없습니다. 금후의 방침이란 별 다른 방침이 없고 다만 독립뿐입니다. 단결하자, 외교하자, 군사 행동하자, 이것이 3월 1일에 반포한 우리 방침입니다."

1919년 6월 25일 연설 중

독립 방침을 세우고 흥사단 원동지부를 결성하면서 미국에서 추진했던 그의 독립 운동들이 중국 상해에서 다시금 이루어지게 되었다. 그리고 1925-1927년 잠깐의 미국 활동 후 다시 중국으로 돌아와 1932년 체포되기까지 격정적인 정치·독립활동을 벌였다. 하지만 동시에 독립지도자들의 분열과 이념 갈등 속에 좌우로 갈리고, 지역으로 갈리며 반임시정부 세력이 나타나는 등 그가 외쳤던 단결을 통한 독립은 요원해지는 듯했다. 각 지역과 단체의 대표들로 구성된 합일된 조직인 국민대표회의를 추진했지만 이렇다 할 성과가 나타나진 않았다.

"조선 민족의 사활에 관계되는 문제—무정無情한 조선의 사회를 유정有情하게 만들어 무정으로 거꾸러진 조선을 유정으로 다시 일으키자." 도산이 민족의 사활을 논하며 내놓은 해결책은 정의돈수情誼敦修(사랑이 더 충만해지고 두터워지도록 갈고 닦음)였다.

"정의는 친애와 동정의 결합입니다. 돈수라 함은 있는 정의를 더 커지게, 더 많아지게, 더 두터워지게 한다는 것입니다. 다시 말하면 친애하고 동정하는 것을 공부하고 연습하여 이것이 잘 되어지도록 노력하자는 것입니다. 우리 조선사회는 무정한 사회입니다. 다른 나라에도 무정한 사회가 많겠지만, 우리 조선사회는 가장 불쌍한 사회입니다. 그 사회의 무정이 나라를 망하게 하였습니다. 여러 백 년 동안을 조선 사회에 사는 사람은 죽지 못하여 살아왔습니다. 우리는 유정한 사회의 맛을 모르고 살아왔으므로 사회의 무정함을 견디는 힘이 있거니와 다른 유정한 사회에 살던 사람이 하루아침에 우리 사회 같은 무정한 사회에 들어오면 그는 죽고 말리라고 생각합니다. 민족의 사활 문제를 앞에 두고도 냉정한 우리 민족입니다. 우리가 하는 운동에도 동지간에 정의가 있어야 할 노력이 더욱 많아야겠습니다. 정의가 있어야 단결도 되고 민족도 흥하는 법입니다.

그 나라의 애국자를 결우 하는 것도 무정한 사회와 유정한 사회가 다릅니다. 우리 무정한 사회에서는 애국자의 흠집만 집어내다가 위기와 어려움에 빠질 때는 구원치 않습니다. 그러나 유정한 사회에서는 그렇게 하지 않습니다. 또 어떤 이가 공익사업에 돈을 내다가도 다시 더 안 내면 그 전에 낸 것을 고맙게 생각하지 않고 돌이켜 욕을 합니다. 또 후생들이 어느 선배를 숭배하여 그를 따르면 사회가 욕을 합니다. 이런 무정한 사회가 어디 있습니까.

유정한 국민은 아무리 젊지 않은 신사나 부인이라도 노상에서 환난 만난 사람을 보면 그 체면과 수고를 돌아보지 않고 기어이 구원하여 줍니다. 여기는 귀천의 구별도 없습니다. 자기의 좋은 옷을 찢어서라도 상한 사람의 상처를 싸매 주고 간호하여 줍니다. 정의가 없는 우리 민족의 고통은 실로 지옥 이상입니다. 조선인의 사회는 가시밭입니다. 아무 쾌락이 없습니다. 우리 정의를 길러서 화기 가운데 살아봅시다. 다시 하는 말은 정의가 있어야 화기가 있고, 화기가 있어야 흥미가 있고 흥미가 있어야 성공이 있습니다. 그러야 무슨 사업이든지, 무슨 의무든지 다 하고 싶어서 하게 됩니다. 우리는 어디를 가든지 오직 이 정의돈수 네 글자에 의지하여 삽시다."

<동광> 1926. 6.

도산은 이러한 정의돈수를 배양한 청년 인재가 이 땅에서 나타나길, 그리고 길러지길 언제나 꿈꾸어 왔다. 학교를 세우고 청년 단체를 만들어 교육과 인재양성이 어디에서나 이루어져야 한다고 여겼다. 이러한 청년들이 사는 세상은 현재의 시급한 독립만큼 나라를 세우는 가장 큰 주춧돌이라 생각했다. 일각에서는 눈에 보이는 구체적 실천이 아니라고 비난했지만, 청년들은 도산의 사상과 인격에 감화를 받았다.

나는 민족의 죄인이올시다

1932년 4월 29일 윤봉길의 상해 홍커우 공원 폭탄 투척사건으로 안창호는 상해에서 체포되어 일본경찰에 압송되어 고국으로 돌아오게 되었다. 1910년 일본의 압력과 감시로 망명을 선택하며 떠난 청년 안창호가 다시금 고국 땅을 밟게 된 때는 54세의 나이가 되어서였다. 일본으로서는 당대 독립운동가의 핵심인물 중 최고 지도자였던 도산을 체포하게 된 것이니 총독부뿐 아니라 국내 언론들의 관심도 집중되었다. 취조와 심문 끝에 12월 29일 4년의 징역형이 선고되었다. 이후 감형 조치가 있은 후 3년 만에 대전 감옥에서 수감생활을 끝냈으나 출감 후에도 그에 대한 일본의 감시는 엄했으며 만나는 사람들을 감시하고 식사를 포함하여 20명 이상이 모이는 집회도 모두 엄금했다. 사람들은 출감한 도산이 있는 자리에 함께하기 위해 20명 안팎으로 그룹을 지어 매일 그를 찾아오거나 만났다.

이광수, 주요한을 비롯해 장리욱, 백낙준 등 문필가, 종교가, 경제인 등의 사람들이 그를 찾아왔다. 그가 미처 못 이룬 민족사업, 독립 기초를 위한 교육과 경제, 의식 발전을 위해 다시금 일하고 싶었지만, 더욱 강압적으로 변한 일본의 통치체제와 옥고로 인해 쇠약해진 몸이 그의 마음을 따라주지 못했다.

한번은 도산이 남강 이승훈의 묘소를 참배하고 정주에 내렸다. 날이 저물자 그는 백영엽 목사의 집에 묵게 되었다. 백영엽은 잠자리를 마련하기 위해 병풍과 옆집에 갓 시집온 새댁의 비단이불을 빌려다 준비했다.

이에 도산은 눈시울을 붉히며 말했다.

"내가 동포를 위해서 무슨 일을 했다고 이런 존경을 받는단 말인가."

그러면서 의복을 단정히 하고 꿇어 앉아 백 목사와 함께 기도했다.

"저는 우리 민족의 죄인이올시다. 이 민족이 저를 이렇게 위해주는데 저는 민족을 위해 아무것도 한 일이 없습니다. 저는 죄인이올시다."

민족을 위해 아무것도 한 일이 없는 죄인이라고 고백했던 도산은 대전 수감 중 얻은 병과 쇠약해진 몸을 이끌고 다시금 청년들을 모으고 '동우회'를 결성했다. 그리고 출감 후부터 준비한 평양의 '송태산장'에서 청년들과 사람들을 만나고 수양의 장소를 마련했다. 그는 송태산장과 전국을 돌며 청년들에게 말했다.

"중용에 성자誠者는 천지도야天之道也요, 성지자誠之者는 인지도야人之道也라 하였고 또 불성不誠이면 무물無物이라 하였으니, 성誠이란 참입니다. 천지가 참으로 유지되어가니 한 번 참이 깨어지면 천지는 즉각 부서지리라 생각합니다. 모든 별들이 제 궤도를 벗어나 딴 길을 가고 때가 어그러져 봄이 되는 척하고 겨울이 된다면 천지는 파괴되고 혼란되리라 생각합니다. 나라도 그와 같아서 모든 벼슬아치와 모든 백성이 다 참을 지키는 동안 결코 망치지 아니할 것이요, 그와 반대로 그중에 어느 하나가 참을 버리고 거짓의 길로 가면 벌써 그 나라는 어지러워진다고 생각합니다.

참이라는 것은 거짓이 없다는 것입니다. 그러면 우리 민족을 망하게 한 것은 이 거짓과 공론에 큰 원인이 있는 것입니다. 중국인들도 근대에 타락하여 허위가 많지만, 그들은 그래도 상업에만은 신용을 지킵니다. 그래서 그들은 남양제도와 북미주까지도 상권을 장악하고 있지만, 우리 민족은 상계의 신용까지도 잃고 말았습니다. 이민족에 대한 신용 없이 어찌 우리의 상공업이 발달되며, 상공업의 발달 없이 어찌 우리가 빈약을 면하고 부강을 획득할 수 있겠습니까. 그런데 민족 자체 내의 상호신용이 없이 어찌 국제적으로 신용을 받을 수 있으며 민족의 자존인들 보장할 수 있겠습니까. 거짓 많은 국민으로 안 망하는 국민이 어디 있으며, 거짓 많은 채 부흥한 국민이 어디 있습니까. 단언하건대, 우리 민족이 거짓에서 벗어나는 날이 곧 쇠망의 비운에서 벗어나는 날입니다. 한인의 말은 믿을 수 있다 하고 외국인에게 신뢰받게 되는 날이 우리 민족이 창성하는 날이라고 확신합니다.

그리고 우리 민족성의 타락에서 찾아낸 둘째 문제는 '입'입니다. 공담공론입니다. 남 비평입니다. 빈말로만 떠들고 실천 실행이 없는 것입니다. 저는 아무것도 안 하면서 무엇을 하고 있는 남을 비평하기만 일삼는 것입니다. 과거 우리나라 대신은 입으로는 수신제가 치국평천하라고 하면서 교육이나 산업이나 치산치수, 국방에는 아무 여념이 없고 마치 '소'에게 무엇을 먹여야 가장 좋다고 토론의 세월을 보내다가 '소'만 굶겨 죽였습니다.

그러므로 나는 3년 전 국내에서 청년학우회, 30여 년 전 미국에서 흥사단을 통하여 부르짖는 것이 하나 있었으니, 건전한 인격이었습니다. 이 건전한 인격이 없이 민족을 완성할 수 없고, 개인으로나 민족으로나 힘 있는 자가 되지 못하며 이 힘이 없이는 결코 목적하는 바 소원을 성취할 수 없습니다. 만일 민족 전체가 다 건전한 인격자가 되었다면 그야말로 어느 곳에서든 무적이요, 일 치고는 못할 일이 없을 것이나 이것은 오직 긴 세월의 쉬지 않는 노력으로만 달할 것이어서 성급한 우리 생각으로 백년하청을 기다리는 감이 없지 아니합니다. 끊임없이 하나씩, 한 명이 한 사람씩 동지로 끌어넣는다면 이 인격수양 동지의 수는 기하급수적으로 약진할 것입니다."

그는 자신의 말처럼 인격을 수양하고 동우회 청년, 동지들과 함께 새로운 세상, 독립을 위한 건실한 민족을 만들기 위해 실천한 삶이었다. 그러나 그의 노년의 노력에도 일본은 동우회 간부들과 함께 그를 송태산장에서 체포했다. 그리고 이것이 그의 마지막 활동이 되었다. 체포 후 병보석으로 풀려나 병원으로 이송되었지만 1938년 3월 10일 병든 육신의 무게를 이기지 못한 도산은 그렇게 눈을 감았다.

스승이 그리운 시대, 도산 안창호

이승종 목사(미국, 어깨동무 사역원)

겨레를 가슴에 품는 삶으로

세상을 이끌어 가는 사람에는 지배자와 지도자가 있다. 땅에서의 다툼과 경쟁을 통해 얻은 힘으로 일어선 자를 지배자, 삶으로 시대를 섬기며 인격화된 자를 지도자라고 할 수 있다. 그러므로 지배자에게는 무력의 힘이 있지만, 지도자에게는 사람을 이끄는 힘이 있다.

도산은 시대의 스승이며 지도자였다. 그의 인격적 향기와 실천적 삶을 통해 보인 힘은 수많은 사람을 그의 가슴 아래로 모이게 했다. 기독교인으로서, 민족 지도자로서 그를 따르는 사람은 나이, 성별의 구분이 없었다. 도산보다 14살이나 위인 남강 이승훈 역시 '한 번 사는 인생, 시시한 자기 몫에 목숨을 거는 것만큼 허망한 일이 없다'는 도산의 한마디에 감화받은 사람 중 하나였다. 남강이 세운 '오산학교'가 그 감화의 결실이었으며 사상가 함석헌, 목사 한경직, 시인 김소월, 목사 주기철, 화가 이중섭 등 수많은 민족의 인물들이 이 오산학교에서 가르침을 받았다.

도산은 자신이 숨 쉬었던 시대를 넘어 오늘날까지 사람들을 감화시키는 지도자로 기억되고 있다. 언제나 그가 행했던 나라와 민족을 위한 업적과 그의 인격 때문에 지금도 많은 사람이 자신의 삶의 멘토로 그를 내세우고 있다. 지금은 민족과 역사 앞에서 그리고 하나님 앞에서 한 시대의 조명탄과 같이 '이 시대를 밝힐 도산의 후예'가 나타났으면 한다. 그래서 한없이 그가 그리운 시대이다.

가치관을 따르는 지도자

도산은 1878년 대동강 하류 평안남도 강서군 초리면에서 농부의 아들로 태어났다. 누구나 입신양명과 출세를 위해 살아가지만, 도산은 정치가도 장군도 아니었으며 더구나 공직자의 길도 걷지 않았다. 자신의 고향에 다음 세대를 위한 학교를 세웠으며, 1913년 미국 샌프란시스코에서는 역사에 길이 남을 '흥사단'을 창립했다. 그리고 1919년에는 상해에서 임시정부를 수립했다. 하지만 그는 어떤 명분으로든 자신의 이름으로 단 한 번도 높은 직위를 챙긴 일이 없었다. 1919년 9월 그를 따르던 청년들이 그를 대통령으로 옹립하려고 강권했으나 그는 오히려 이승만을 대통령으로, 이동휘를 국무총리로 지지했으며 자신은 책상도 없는 말직인 노동 총판의 자리에 잠시 머물렀을 뿐이다.

대신 그는 성공이나 실패와 상관없이 그가 꿈꾸었던 세상, 그가 품고 있던 가치관을 따라 실천하는 데 힘썼다. 그는 '무실역행務實力行'을 생명으로 여길 남녀를 단합하여 정의돈수情誼敦修

(사랑이 더 충만해지고 두터워지도록 갈고 닦음), 충의忠義, 용감勇敢의 민족정신을 고취하고, 잃어버린 민족의 얼을 회복하도록 가르쳤다. 나라가 온통 지리멸렬한 분파와 분열을 일삼을 때 도산은 차라리 단결과 통합 그리고 희생을 요구하는 대공주의大公主義라는 제3의 길을 제시했다. 사람마다 넓은 뜻이 있어야 한다는 취지였다.

그의 주장과 외침이 그의 삶을 '성공'이라는 대열에 올려놓은 것은 아니었다. 일부에서는 그를 지방 열이 가득한 사람, 그리고 야심가로 몰아 비난했으며 단원들이 저지른 사고를 수습하는 중에 공금횡령의 누명을 받기도 했다. 그의 외침과 노력에도 독립을 위한 민족지사들 역시 이념과 지역에 따라 분열되고 흩어졌다. "30년 독립운동에 4년 징역밖에 남은 것이 없소."라고 웃으며 말했던 그의 말처럼, 어찌 보면 그의 삶은 성공보다는 '좌절과 실패'의 연속이라고 볼 수 있다.

하지만 오늘날 다른 누구보다 도산의 가르침이 우리에게 더 다가오는 것은 그가 삶 자체로 보여준 가치관의 실현이 있었기 때문이다. 그의 가치관은 자율경쟁 시대를 살아가는 우리의 심장에 화살처럼 내리꽂힌다. 양보보다 다툼이 더 쉽고 질투가 화합을 깨뜨려버리는 우리의 삶에 내가 먼저 빛나기보다는 필요한 인물에게 응원과 배려를 하는 것이 바로 도산이 주는 도전정신이다.

세계 속에 세운 민족 공동체

도산은 그 삶의 발자국만으로도 20세기 한국인으로는 단연 최장의 여행 행적을 가진 세계적 인물이다. 비행기가 없던 시대, 그는 여러 날 거친 파도를 가르며 증기선으로 태평양을 다섯 번, 대서양을 한 번 건넜다. 그리고 흩어진 우리 민족의 흔적을 찾아서 기차로 시베리아를 달려 러시아, 독일을 거쳐 영국까지 두루 다녔다. 그리고 일본, 중국, 미국, 멕시코, 오스트레일리아 등 12개국을 무려 37년에 걸쳐 다니며 나라와 겨레를 위하는 일에 여념이 없었다.

그의 발걸음을 옮기게 한 것은 바로 일본의 학정으로 시달림을 받아 쇠퇴해져 가던 국가의 운명과 고달픈 민족의 현실을 안타까워하는 마음 때문이었다. 그는 뿔뿔이 흩어져 있던 민족과 지도자들과 함께 동지同志적 규합과 통합을 이루고자 했다. 중국, 러시아, 미국, 일본의 한인 교포들이 하나의 네트워크를 형성하고 통합을 이루어 스러져가는 국가를 일으키고자 했으며 조국 독립의 유일한 길은 국민의 의식 개조와 단결이라 여겼다.

그가 만들고자 했던 것은 지리적으로 흩어져 있지만 통일된 민족공동체였다. 생활개선과 교육 및 신앙교육을 위해 만들어졌던 공립협회는 이후 대한인국민회大韓人國民會가 되어 미국에 흩어져 있던 한인들을 결집했다. 그리고 1919년 만세운동이 일어나자 십시일반으로 돈을 모아 독립운동을 후원했으며 이 기금은 상해 임시정부 수립에 큰 도움이 되었다. 지리적 거리보다 민족

공동체로서의 거리가 더 가까웠기에, 그리고 그 결집력이 이루어낼 수 있는 민족의 힘을 알았기 때문에 도산은 자신의 발걸음이 닿는 곳마다 민족의 공동체를 세우려고 노력했다.

"죽더라도 거짓 없어라."

"농담으로라도 거짓말하지 마라."

도산이 자신과 우리 민족을 향해 평생 외쳤던 말이다. 거짓은 언제나 관계성을 비인격화하며, 금이 간 깨어진 관계의 공동체는 언젠가는 무너질 것이 뻔하다. 문제의 핵심은 서로 진실하지 못한 관계인데, 흥사단이 미주에서 시작된 이유도 민족정신의 깨우침과 사랑의 구체적인 발현이었다.

우리 시대의 가장 절박한 과제는 관계성 회복이다. 어느 한 곳 성하지 못한 것은 우리 모두 뿌리 깊은 불신의 병마에 시달리기 때문이다. 부모와 자식, 위정자와 국민, 스승과 제자, 부부 사이, 하물며 우정의 맑은 관계성까지 허물어지고 있다. 개인이나 공동체 모두 관계성의 추락으로 시름시름 앓고 있다. 기독교인으로서 안창호를 볼 때면 현재 한국 교회에서조차 그가 그린 공동체를 따라가지 못하고 있음을 볼 수 있다. 한국 교회는 관계성 회복의 치료캠프Healing Camp이어야 한다. 하지만 교회 공동체 속에서도 허울과 거짓으로 포장된 부분을 얼마든지 볼 수 있다. 조직과 제도가 잘못되어 있기 때문이 아니다. 한마디로 거짓 때문이다. 기독교인마저도 거룩한 얼을 잃고 역사의식 없는 혼절 상태로 살아가고 있다면 심한 폄하일까.

도산이 설파한 것처럼 거짓 없이 살자는 민족 캠페인의 횃불을 들어야 한다. 지구촌 변방 발걸음 가는 곳마다 마땅한 곳이 없을까 노심초사했던 이상촌 건설의 꿈마저도 사람답게 살려는 의지의 발현이었다.

기독교인 안창호

도산 사상의 뿌리는 기독교 신앙이다. 시인 김동환은 그를 가리켜 '한국의 예레미야'라고 불렀다. 본인의 이력서에서 종교를 기독교라고 밝히고 있는 그는 새문안교회의 장로가 된 송순명의 소개로 기독교인이 되었으며 1894년 언더우드 선교사가 세운 지금의 경신고등학교(구세학당)에서 가르침을 받았다. 학창 시절의 사고와 의식에 기독교 영향이 컸다.

도산은 내세보다는 민족 현실을 생각하는 신앙을 강조했고, 일부 선교사들이 끼친 우리 민족의 우민화愚民化 영향을 경계했다. 이광수에 의하면 도산은 신앙의 합리성과 실천성을 강조했으며 민족과 하나님 앞에서 죄인임을 회개하면서 겸손한 기독교적 인격을 고양했다고 한다. 또한, 도산 자신의 영향으로 고향에 여러 교회가 세워졌는데, 탄포리 교회와 송호리교회가 그 대표적 예이다. 그와 동지적 관계였던 임기반, 필대은, 이강 등은 도산의 기독교적 인격의 영향을 크게 받았다. 한국 사람은 정치가나 교육가, 종교가, 문학가가 되기 전에 먼저 하나님 앞에서 올바른 사람이 되어야 한다는 그의 철저한 신앙고백을 접한다.

도산은 '너희는 먼저 그 나라와 의를 구하라'마 6:33는 말씀을 좌우명으로 삼고 살았다. 성경을 시대의 나침판으로 믿고 그 믿음으로 민족과 나라를 가슴에 품고 살았으니 기독교는 평생 도산의 삶의 뿌리가 되었다.

또한, 그는 시간상으로 '크로노스의 시간'(연대기적 시간)이 하나님의 시간인 '카이로스의 시간'을 잠식한다고 믿었다. 이에 따른 민족 에너지의 불필요한 누수 현상을 안타까워했다. 청년들이 벽에 걸린 시계의 시간이 아니라 심장에서 피가 걸러지는 생명의 시간을 보기를 원했다.

따라서 한국 교회는 우리나라의 유일한 소망의 그루터기이어야 한다. 국가가 마련하지 못하는 청사진을 제시해야 하며 구체적인 인물 양육의 매뉴얼을 만들어야 한다. 양적인 무조건적 성장보다 건강한 교회가 무엇인가를 위해 기도하고 투자해야 할 시점에 있다. 한국 교회는 나라와 민족의 미래를 준비하는 책임 있는 공동체로 거듭나야 한다. 도산이 지적한 인물 양육은 국가와 교회의 화급을 필요로 하는 사명이다. 동네마다 서 있는 번듯한 교회 건물을 보면서 한국 교회의 차세대가 다듬어질 신앙의 도장, 서벽사棲碧詞를 그려본다.

스승이 그리운 시대

도산은 당대에 누구도 견줄 수 없는 걸출한 웅변가였으며, 가슴 속은 언제나 조국 독립과 민족 사랑으로 불탔다. 선각자는 미래를 내다보는 시각의 소유자이다. 도산은 나라의 국격國格을 높이기 위해서는 국력과 함께 문화적 의식이 고양되어야 한다고 믿었다. 이런 맥락에서 그는 우리 민족의 내일을 준비할 차세대 양육을 위해 대성학교를 세웠다.

도산의 지도자 양성 철학의 핵심은 '힘'이었다. 민족의 힘이 미래의 관건이라고 확신했던 것이다. 다음 세대에게 그가 가르쳐 준 힘은 바로 세상을 바로 세우는 가치관이었다. 그리고 도산 자신의 삶이 그것을 말해주고 있다. 특히 강직하고 흔들림 없는 가치관과 더불어 겸손했던 그의 삶은 오늘날 우리들에게도 그를 멘토요, 스승이라 여기게 하는 것이다.

도산의 민족과 나라 사랑은 스스로 "나의 직업은 독립운동이오."라고 할 만큼 굳건했다. 자기 입지가 세워질 만하면 당장 오만불손하고 유아독존적인 소영웅주의에 빠져 사는 사람이 많은 세상에서 역사적으로 도산만큼 겸허한 지도자도 없으리라 생각한다.

1919년 상해 임시정부의 대통령 대리로 선정되었을 때 그는 "나는 잠시라도 대통령 대리의 명분을 지니고는 몸이 떨려서 시무할 수가 없소."라고 고백했다. 이 모습이 바로 목민牧民의 선한 청지기 정신이다. 나라의 위정자와 공복이 이 얼을 잃어버린 지 오래인 지금, 되새겨볼 만한 말이다.

한번은 춘원 이광수가 도산을 모시고 여관방을 얻으러 갔다가 여관 사환의 불손한 태도에 춘원이 사환에게 언성을 높이며 성을 냈다. 그때 도산은 "춘원, 성낸들 무엇 하겠소."하며 환한 웃음을 지었다. "우시는 모습과 안타까워하시는 모습은 여러 번 보았지만 노여워하시는 모습은 선생을 모시는 수년이 넘도록 한 번도 보지 못했습니다."라고 춘원은 회고했었다.

도산은 나이가 들수록 먼저 해야 할 일은 인격 수양이라고 믿었다. 도산이 남을 향해 성내는 모습을 목격한 사람의 이야기가 없다. 누구에게나 '훈훈한 마음, 빙그레 웃는 얼굴'을 권장했다. 그런 도산에게 청년들은 언제나 모여들었다.

대전 감옥에서 건강이 나빠져 출소 후에도 오랫동안 고생했지만, 그는 평양에서 삼십여 리 떨어진 대보산 기슭의 '송태산장' 근처에 여덟 칸짜리 집 한 채를 지었다. 본래의 목적은 농가 건축의 모범적 본보기를 위해서였다. 언덕 위에 서남향으로 지붕에 기와를 얹어서 채광이 잘되도록 하고 직접 도면을 챙기며 건축 현장을 지켰다. 장차 흩어진 동지들의 수련장으로 쓸 계획이었다. 그리고 이 집의 이름을 '서벽사'라고 지었다. '푸름이 깃드는 집'이라는 뜻이다. 도산은 평상시 풍치 좋은 곳을 보면 감탄을 아끼지 않고 수련장 후보지로 꼽았다. 서벽사가 지어진 후 수많은 젊은이가 찾아온 것은 두말할 필요도 없다.

그의 짧은 59년 4개월의 단아한 삶은 겸손의 허리띠를 띠고 민족 사랑의 구두끈을 여미는 것이었으며, 역사의 부름을 피하지 않고 의연한 자세로 민족 선도자의 길을 용기 있게 걸었다. 그리고 1938년 3월 10일 밤 12시, 그토록 그리워하던 조국 해방의 감격을 보지 못하고 간경화와 만성 기관지염으로 서울대학 병원에서 눈을 감았다. 나라 잃은 험한 길을 걷다가 민족의 제단에 안긴 것이다.

요즘 학교의 선생님, 교회의 목회자가 그리운 것은 무엇 때문일까. 꽁꽁 얼어붙은 성탄의 절기, 꺼진 난롯가에서 듣던 주일학교 선생님의 구연동화가 아련하게 아직도 가슴에 남아 있다. 그리움이란 갈망과 채움의 마음 밭이다. 고당 조만식 선생이 도산의 연설 현장마다 만사를 제치고 찾아 나선 이유도 영혼의 타는 목마름 때문이었으리라.

스승이 없는 시대, 도산 같은 스승이 그리운 시대를 우리는 살고 있다. 세도 있는 실력자와 재주꾼들이 판을 치는 세상이다. 그런 세상이나 세월은 오래 가지 못하고, 결국 진리가 승리하기 마련이다. 도산의 정신적 유산은 이슬을 머금은 사막의 한 송이 야생화요, 그 청아한 모습과 단호한 버팀은 이 시대가 눈여겨봐야 할 진정한 힘이다. 도산이 존재하므로 우리 민족의 내일은 한없이 밝고 희망차다. 스승이 그리운 시대, 그는 진정 우리 민족의 정신적 나침판이다.

이 책의 구성

도산 안창호의 연설, 설교, 일기, 서한 등 관련 자료들은 현재까지 많은 양이 기록으로 전해지고 있다. 수많은 평전과 기록, 전집들이 기념사업회와 홍사단 등 관련 단체에서 나오고, 그를 기억하고 기리는 많은 사람이 이를 책으로 엮어냈다. 이 책은 그 중에서도 기독교인 안창호에 대해 초점을 맞추어 구성했다.

소년 시절에 기독교를 접하고 기독교인이 된 도산은 실제로 고향에 교회를 짓고 북미 한인 동포들을 위한 성경강습소를 만들며, 한인교회에서 설교하는 등 기독교와 관련된 많은 일을 했다. 하지만 기독교인 안창호로 인식되고 있지 못하는 것은 기독교인들의 무관심한 역사의식의 결과일 수도 있다. 이때 그를 기독교인으로 재조명하려고 하는 것은 현재 무릎만 꿇고 기도하며 일어나 실천하지 못하는 현대 기독교인들에게 도전과 교훈을 주기 위함이다. "한 번 사는 인생, 시시한 자기 몫에 목숨을 거는 것만큼 허망한 일이 없다."라는 도산의 말이 우리의 삶을 돌아보게 할 것이다.

제1부는 그가 교회에서 한 설교와 기독교인으로서의 면모를 볼 수 있는 글들을 모아 정리했다. 그가 외친 단결과 협동의 밑바탕에는 '사랑'이 있었다. 그리고 인격 완성을 위한 첫걸음으로 그는 '회개'를 말했다. 그런 도산의 독립운동과 삶에 기독교 사상이 깔렸음을 그의 연설과 설교 그리고 편지로 볼 수 있다.

제2부는 동포들에게 보내는 연설과 글을 모아 정리했다. 안창호는 동포들에게 위로를 주는 지도자였다. 나라 잃은 설움에 고국을 떠나 타향살이를 하는 모든 동포에게 그는 위로와 격려, 그리고 다시 일어설 수 있는 도전을 주었다. 60평생 중 자신의 가족들과 보낸 시간은 13여 년에 불과했다. 도산에게는 동포들이 가족이었으며 고국이 지키고 가꾸어야 할 가정이었던 것이다. 우리가 도산을 지도자로 뿐만 아니라 스승, 멘토로 여기는 이유는 겨레를 가슴으로 안은 그의 삶 때문일 것이다.

제3부는 다음 세대, 겨레의 지도자로 키워질 청년들을 향한 그의 외침을 담았다. 도산은 민족의 희망은 청년이라고 말했다. 그의 발걸음이 닿는 곳 어디서나 학교와 청년 단체들이 세워지고 조직되었다. 건전한 인격을 갖춘 인재들이야말로 민족을 부강하게 하는 가장 큰 요소이자 유일한 요소였다. 현재를 살아가는 많은

젊은이가 꿈을 잃고 현실의 틀에 얽매여 낙망한다면 이 나라 민족은 희망을 잃어버릴 것이 아닌가. 이 3부에서는 그가 꿈꾸었던 세상을 위해 청년들에게 외친 그의 이야기들을 만나 볼 수 있다.

제4부는 도산이 남긴 노래와 1932년 체포 당시의 심문기록을 정리했다. 망명 직전에 지은 '거국가'를 비롯해 많은 노래가 아직 보존되어 있으며 국내뿐 아니라 미주동포들 사이에서도 널리 불렸다. 나라 잃은 설움보다 이를 이겨내고자 하는 의지의 노랫가락 속에서 그의 희망을 엿볼 수 있다. 또한, 윤봉길의 폭탄 투척 사건으로 체포된 후의 심문기록은 그의 독립운동과 공립협회, 신민회, 흥사단 등의 단체 결성의 이유를 도산의 고백으로 들어볼 수 있다.

제5부는 도산에 대한 동지들의 회고담과 그가 남긴 연설문을 토대로 일화를 정리해 묶었다. 한 사람의 삶이 민족과 오늘을 사는 우리에게 던지는 도전과 감동으로 번져 우리 삶의 나침반이 되길 바란다.

An Chang-ho: The Teacher Our Times Long For

John Lee

Translated by Kent Wells

Towards a Life that Cherishes the People

There are rulers and there are leaders. Rulers are those who rise to power through the conflicts and competition on this earth and leaders are people of fine character who serve their age with their lives. Thus, whereas rulers have at their disposal the power of arms, leaders possess the power of guiding the people. Dosan was a leader and a teacher of his age. The fragrance of his character and his practical life drew numerous people under his wing. People followed him as a Christian, as well as a national leader, without distinction of age or sex. Namgang Yi Seung-hun, 15 years his senior, is an example of those who were challenged by Dosan's dictum: "There is no life more vain than one lived only for its own paltry sake." The fruit of this challenge was Namgang's Osan School, where numerous national figures received their education, including thinker Ham Seok-heon, pastors Han Kyung-jik and Ju Gi-cheol, poet Kim So-wol, and painter Yi Jung-seob.

Dosan is remembered as a leader whose inspiration extended

beyond the times he breathed in down to the people of today. Even now many regard him as their mentor on account of his character and the abiding fruits of his unceasing work for his country and people. Now is an age when, before our nation and its history, and under God, an heir to Dosan must be raised to lay out the coordinates of this age, like a flare that illuminates every corner of our time.

A Leader True to his Values

Dosan was born in 1878 to a farming couple in the town of Chori-myeon, Gangseo-gun, South Pyeongan Province. Whereas people generally spend their lives seeking their own advancement in the world, Dosan did not pursue a political or military career or even public office. He established a school in his hometown for the benefit of the coming generation and in 1913 founded the historic Heungsadan in San Francisco. Then in 1919 he helped set up the Korean Provisional Government in Shanghai. Yet he never once sought or claimed any entitlement to a position of honour. Although his young followers at the time strongly urged him to run for president, he instead supported Rhee Syngman as President and Yi Dong-hwi as Premier, and took on himself for a while the lowly post of Head of the Labour Bureau, a position that did not even come with a desk for him to write on.

Instead, unconcerned about his own success or failure, he strove to put into practice the values he cherished and the world he dreamed of. He gathered men and women around him who would hold his principle of the honest pursuit of responsible action based on attainment of real ability (*musil yeokhaeng*) as dear as life itself, inculcated national values of warm-heartedness and compassion, trust and courage, and taught them thus to reclaim the lost soul of the Korean people. While the whole country was plunged into a state of factionalism and disunity, he instead proffered a third way of communitarianism, or selfless attention to community life, resting on unity, integrity, and sacrifice. His position was that each person needed to hold a bigger and broader sense of purpose. Yet the things he advocated and urged on the people did not earn him a seat at the table of 'successful' people. Indeed, some levelled criticisms against him as a regionalist and an ambitious character. He was even framed for embezzlement of public funds when he was trying to correct an error made by some members of the Heungsadan. In spite of his public pleas and efforts, many of the nationalists dedicated to the country's independence ended up ideologically split and regionally scattered. As suggested by his own whimsical comment, "All I have to show for 30 years in the independence movement is a four-year prison term," his life could in some sense be seen as a series of 'frustrations and failures' rather than a success story.

Nevertheless, today Dosan's teachings moves our hearts more than anyone else's. This we may attribute to the fact that his life was itself an embodiment of his values and beliefs. In this world of competition to set ourselves up above and independent of others, his values pierce our hearts like an arrow. In our lives, where arguing comes more easily than yielding and where envy destroys harmony, Dosan challenges us to cease pursuing our own advancement and instead support and care for those in need.

Building our National Community within the World

Of all Koreans, Dosan was easily the most travelled, global figure of the 20th century. In the days before airplanes, he crossed the Pacific Ocean five times and the Atlantic Ocean once on steamboat journeys that lasted several days over rough waves. Furthermore, in search of Koreans scattered abroad, he travelled by train across Siberia to Russia, Germany and England. His travelling life extended over 37 years, during which he visited 12 countries, including Japan, China, the USA, Mexico and Australia.

What caused him to start his journey was the troubled condition of his country and its fall into weakness that accompanied the tragic reality of the nation under Japanese tyranny. He aimed for a unity founded on a sense of comradeship. He desired to build up the foundering nation by strengthening the networks among Korean immigrants in China, Russia, the USA and Japan. He believed that remaking and uniting the people's consciousness was the only route to the independence of the fatherland. What he wanted to attain was a unified national community despite its geographical division around the world.

The *Gongnip Hyeophoe*, which had been formed initially to promote reform of lifestyle, education, and instruction in the Christian faith, turned into the *Daehanin Gungminhoe*, or Korean National Commission, which brought all the Koreans around the USA under one umbrella. When the March First Independence Movement took place in 1919, this organization sponsored independence activities by collecting donations from its members, and this fund was of great assistance in establishing the Provisional Government in Shanghai.

Because forging a national community would form bonds close enough to mitigate the geographical distances and because he was confident of the unified potential of the people, Dosan endeavoured to build communities among the Koreans wherever his steps took him.

'Do not be dishonest even at the cost of death.'
'Do not tell lies even as a joke.'

These are the words Dosan proclaimed to our people and to himself. Dishonesty always debases human relationships. A community of broken relationships is bound to collapse. The core problem is untruthfulness in relationships. The reason the Heungsadan was founded in the USA was to awaken the national spirit and provide a concrete expression of love.

The most urgent task of our times is to restore our relationships. The fact that there is hardly any area of human relationship that is not damaged is because we are all suffering from a sickness; namely, deep-rooted distrust of each other. The relationships between parents and offspring, rulers and ruled, teachers and students, husbands and wives, even between friends, are all being destroyed. Not only individuals but communities, too, are becoming more and more sickly due to this breakdown in relationships. When I consider An Chang-ho and his values as a Christian, the churches in Korea today fall far short of the Community that he envisaged. They ought to be Healing Camps, where human relationships are restored.

But we see a lot of vanity and tangles of lies even in the church communities. It is not a matter of improving the institutional structure. In short, it all stems from falsehood. Would it be too harsh to say that even Christians have lost their sacred soul and lapsed into an unconscious state, oblivious of their historical role?

As Dosan preached, so we also need to raise the torch of a national campaign to live without falsehood. Wherever his steps took him around the globe, he anxiously pondered whether that might be the place he could build the ideal village. This dream was the expression of his desire for every person to live a truly human life.

An Chang-ho as a Christian

The root of Dosan's thought is his Christian faith. The poet Kim Dong-hwan called him "Korea's Jeremiah." He was introduced to Christianity by Song Seon-myeong, who later became an Elder in Saemunan Church, and was educated at Guse School, now Gyeongshin High School, which the missionary Dr. Underwood founded in 1894. Christianity deeply influenced Dosan's thinking and consciousness during his student days.

Dosan emphasized faith that attended to the nation's present situation rather than the after-life, and he cautioned against the trend among some missionaries to keep our people ignorant. According to Yi Gwang-su, Dosan emphasized the rationality and practical utility of the faith and encouraged the nurturing of humble Christian character through repentance of one's sins before both nation and God. Under his influence a number of churches were built in his hometown, most notably Tanpori and Songhori churches. His fellow-workers Im Gi-ban, Pil Dae-eun, and Yi Kang, among others, were influenced by Dosan's Christian character.

For Dosan, it was a central item of faith that a Korean should put being a straight and true person in the eyes of God before becoming a politician, educator, religious person, or literary figure. He regarded "Seek first the kingdom of God and His righteousness" (Matthew 6:33) as his motto. He believed in the Bible as the compass for his times, and he lived by this faith, holding the people and country close to his heart. Thus Christianity was the root of his living throughout his life.

An Chang-ho believed, moreover, that secular, immanent time, or *chronos*, impinged on God's sacred, eternal time, or *kairos*. He therefore regretted that the nation's energy was draining away needlessly. He wanted youths to measure the time of life not by the clock ticking on the wall but by the pulsing of blood through their hearts.

Nevertheless, the Korean church must serve as the unique cornerstone of our country's hope. It must put forward a blueprint for action that the state cannot. It must propose a concrete plan on how to nurture the people. Rather than striving for unconditional quantitative growth, it is high time we prayed for and invested in the qualities of a healthy church. Korean churches must be reborn as responsible communities preparing for the future of the country and its people. What Dosan meant by nurturing people of character is a calling that the nation and churches must respond to urgently. Looking at all the well-maintained churches in every suburb, I imagine what might be the key ingredient of faith that will groom the next generation of churches in Korea.

An Age in Search of a Teacher

In his time, Dosan was an orator without peer, and a fire was always burning in his heart with love for Korea and its independence. Pioneers such as Dosan have the ability to see into the future. He believed that in order to raise the nation's standing in the world, cultural consciousnesses had to be cultivated together with national power. It was precisely to train the coming generation, so that it could prepare for the country's future that Daeseong School was founded. The kernel of his philosophy of raising up leaders is "strength." He was certain that a nation's strength was the point on which its future rested. The strength that he taught the coming generation consisted of a system of values that would construct the world in the right way. His own life embodied these values. It is his humble life combined with the unwavering integrity of his system of values in particular that explains why we regard him today as our mentor and teacher.

Dosan's love for his people and country was so firm that he was want to say, "My occupation is the independence movement." But in this world where people so readily turn proud and vainglorious the moment they gain any recognition, a leader as modest as Dosan is historically very rare indeed. When selected as Acting President of the Shanghai Provisional Government in 1919, he confessed, "I was so nervous, I could hardly carry out even a moment's work." This is indeed the spirit of the Good Steward, a spirit that today's rulers and public servants have long lost.

Once, when Chunwon Yi Gwang-su accompanied Dosan to reserve a room at an inn, he encountered an impolite staff member. Chunwon reacted angrily, raising his voice. Thereupon Dosan smiled brightly, saying "Chunwon, what is the point in getting angry?" Recalling this incident, Chunwon remarked, "I have seen the teacher weeping and lamenting many times, but never once over the years have I seen him show anger."

Dosan was convinced as times went on that the most urgent

task was the cultivation of character. No one ever witnessed Dosan acting with anger towards someone. He encouraged everyone to have a 'warm heart and smiling face'. Such a man was always surrounded by youths. When released from Daejeon prison, though troubled with poor health, he had an a 8-room-house built near Songtae Villa at the foot of Mt. Daebo, about 12 km away from Pyeongyang. His original intention was to create a model farmstead. He drew up the plans himself and supervised the construction of the building, located on top of a hill, graced with a tile roof and facing south-west, to ensure the rooms got plenty of light. In the future, he hoped to use this house as a training centre for his colleagues. He named this house "Seobyeoksa," meaning a house imbued with the freshness of youths. Whenever Dosan came across a place with a good view, he expressed warm appreciation and often marked it as a potential site for a training centre. Needless to say, numerous youths gathered at Seobyeoksa.

During his short but worthy life span of 59 years and 4 months, Dosan wore the belt of humbleness, tied up the shoelaces of love for his people, and walked the rough road of his lost country until he reached the altar of the nation. He did not turn away from the call of history, but walked resolutely and with courage along the pathways of the guide of the people. At midnight on 10 March 1938, he closed his eyes for the last time at the Seoul National University Hospital, having succumbed to cirrhosis of the liver and chronic bronchitis, and was thus not able to see with his own eyes the memorable day his country gained its independence.

I miss the school teacher and the church minister. Is it because they evoke memories that will never return? During the freezing Christmas season, the story telling of the Sunday school teacher around the cold stove remains still so vivid in my heart. Nostalgia is the field in the heart that is filled with longing. What made Godang Jo Man-sik go and listen to Dosan's speech, dropping everything else at hand? I wager it was the burning thirst of his spirit.

Our age is in need of a teacher. We are living in times that long for a teacher like Dosan. The world is busy with competent and talented people wielding secular power. But it is to be expected that this world and era will be short-lived. And in the end, the truth wins out. The spiritual heritage of Dosan is an enduring strength like that of a dew-covered wild flower standing alone in the desert, pure in form and resolute in survival, that the current age failed to pay close attention to. The fact alone that Dosan existed makes our nation's future eternally optimistic and hopeful. Our age is in need of a teacher. He is truly our nation's spiritual compass.

The Structure of This Book

There are many documents passed down to the present, such as Dosan An Chang-ho's speeches, sermons, diary, letters, and related materials. Numerous critical biographies and collections of his works have been published as a result of memorial projects and by organizations such as the Heungsadan and various people who respect him. Among these publications, this book has focused on An Chang-ho as a Christian.

Dosan, who first encountered Christianity at a young age, actually built churches in his home town, initiated Bible Study centres for Korean immigrants in North America, preached at Korean churches, and carried out a multitude of works related to Christianity. But that An Chang-ho as a Christian has not been properly understood is probably a result of the indifference of Christians to historical matters. Moreover, our re-focusing on him being a Christian is designed to offer challenges and lessons to today's Christians, who spend time only on their knees praying, without knowing how to get up and put their faith into practice. "Life is lived only once. It is a waste to spend our life on something trivial." His words will make us look anew at how we are living our lives.

Part 1 consists of his sermons at churches and other writings that show his Christian character. At the bottom of his urging for unity and cooperation was "love." And as the very first step of perfection of one's character, he spoke of "repentance." Through his speeches, sermons and letters, we will see the Christian thought that lies at the base of Dosan's independence movement and life.

Part 2 consists of his speeches and writings sent to Korean compatriots. An Chang-ho was a leader who comforted his compatriots. To all the Koreans who left their native land in sadness at its loss and made a living abroad, he gave comfort and encouragement, and challenged them to stand up firm again. In his 60 years of life, he spent a mere 13 years with his family. For Dosan, Koreans were his family; Korea, his home to cherish. The reason we consider Dosan as more than a leader but a teacher and a mentor as well, is because in his life he held his fellow country folk so close to his heart.

Part 3 consists of his exhortations to the next generation of youths who would be the future leaders of Korea. Dosan claimed that youths were the hope of the nation. Wherever he went, he built and organized schools and associations for youths. Talented individuals with high personal integrity were the most important and indeed the only factor that could make the nation wealthy and strong. If many of the youths today lose their dreams and are disillusioned by the reality that surrounds them, our nation also will lose its light. We will be able to read his exhortations to youths concerning the world he dreamed of.

Part 4 consists of songs that Dosan left, and the interrogation records of his arrest in 1932. Many songs have been preserved including the National Anthem that he composed just before being exiled. These were sung widely by Koreans within Korea and in the States. Rather than sorrow at the loss of his country, his songs reveal hope and his will to overcome the tragedies. Also, the interrogation records after his arrest, related to Yun Bong-gil's bomb throwing case, reveal his independence movement activities as well as his intentions in forming the Gongnip Hyeophoe, New Citizen's Society, and the Heungsadan, among other organizations.

Part 5 consists of reflections and writings by Dosan's colleagues and a compilation of anecdotes and events relating to Dosan's speeches. I sincerely hope that the challenges and inspiration that emanate from one person's life will become the compass that guides us in our lives.

도산 안창호 연보

1878년 11월 9일

평안남도 강서군 초리면草里面 봉상도鳳翔島에서 아버지 안흥국安興國과 어머니 황씨의 3남으로 출생.

1885년

평양 대강동변으로 이주. 한문 공부 시작.

1889년

부친 안흥국 별세.

1899년

평안남도 강서군 동진면 암화리에 한국인에 의해 설립된 최초의 사학교이자 관서지방 최초의 근대학교인 점진학교漸進學校를 설립. 탄포리교회灘浦里敎會를 설립(기양교회의 전신)

한국－미국

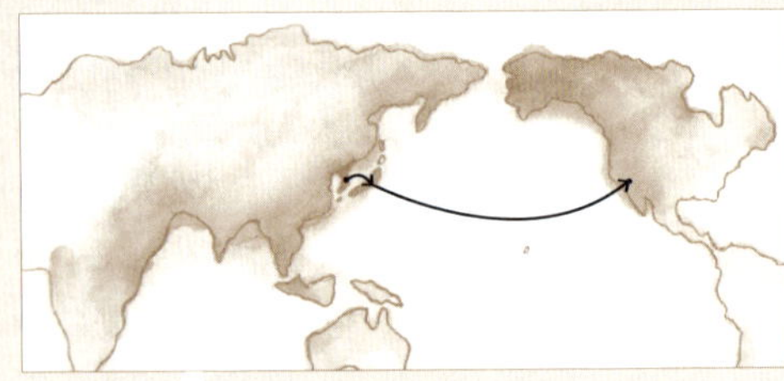

1902년 9월 3일

구세학당의 교장이었던 밀러 목사의 주례로 서울 제중원(세브란스)에서 이혜련과 결혼. 다음날 부부 동반으로 인천항을 출발하여 미국으로 유학.
태평양을 건너는 중 하와이 근처에서 망망대해에 떠 있는 섬을 보고 자신의 아호를 도산島山으로 정함. 1차 도미 시대 시작.

1903년 9월 23일

재미교포의 단결과 계몽을 위한 샌프란시스코桑港 한인친목회韓人親睦會 조직.

1904년

샌프란시스코에서 로스앤젤레스 인근의 리버사이드로 이주.
기독교 경영의 신학강습소에서 영어와 신학 수업 받으며 오렌지 농장에서 노동.

*1984. 청일전쟁

91년

남도 남부산면으로 이주.
에서 황해도 안악安岳 출신 청
필대은畢大殷과 교류하며 신
수용.

1894년

서울로 올라와 구세학당救世學堂 보통부에 입학.
영어와 서양 학문을 배우고 기독교 교육을 받기 시작. 필대은을 전도.

*1896. 〈독립신문〉 발간.
독립협회 결성.

1896년

구세학당 졸업.
고향으로 돌아가 조부의 주선으로 이혜련과 약혼.

*1898. 12. 25. 독립협회 강제 해산

1898년

평양 쾌재정快哉亭에서 만민공동회 연설(정부와 관료를 비판하고 민중의 각성을 촉구)
11월에는 서울 종가鐘街에서 만민공동회 연설(7대신大臣을 탄핵하고 6개조의 정치혁신안 건의)

1897년

서울로 이주. 독립협회 가입.
필대은과 함께 만민공동회 관서지부 발기.

1905년 4월 5일

한인친목회를 발전시켜 공립협회를 창립(초대회장).
11월 20일 기관지인 〈공립신문〉 발행.

*1905. 일본이 한국 지배를 위해 미국(가쓰라태프트 밀약), 영국(제2차 영일동맹), 러시아(포츠머스조약) 등과 조약을 맺어 한국 지배의 우월권을 인정받음.
*1905.11. 17. 을사늑약이 체결.

미국–일본–한국

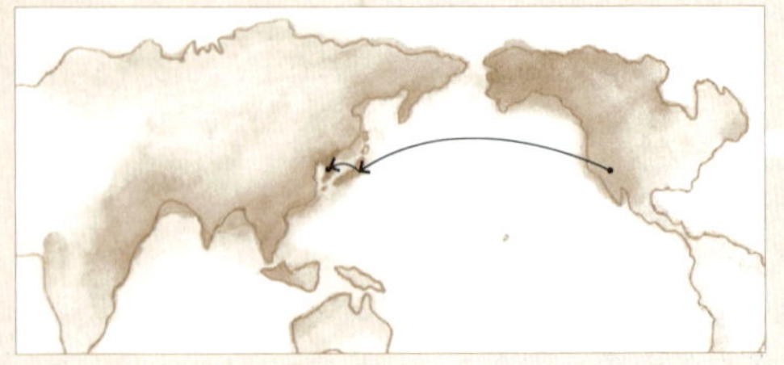

*1907. 헤이그 특사사건으로 고종 강제 퇴위. 군대 해산. 한국의 외교권 박탈을 위한 정미 칠조약(한일신협약) 체결.

1907년

재미 한인 단체인 공립협회 외 국내의 단체결성을 위해 대한인신민회를 발기한 후 귀국. 2월 20일 5년 만에 한국으로 귀국.
4월에는 비밀결사단체인 신민회를 조직.

1911년

러시아 곳곳의 재러 한인과 신문간행, 합법적인 단체 결성 등을 위해 노력.
8월 영국을 거쳐 뉴욕을 통해 다시 미국 도착. 뉴욕, 시카고, 새크라멘토, 샌프란시스코의 경로를 따라 미주 한인들을 만나며 2차 도미 시대가 시작.

1912년

11월 샌프란시스코에서 해외 지방총회를 망라한 대한인국민회Korean National Association 중앙총회를 조직(초대회장 임명).
민족성 부흥운동을 위해 청년 엘리트를 양성하는 흥사단 조직 준비.

1909년

이토히로부미 암살 배후 세력으로 수감.

*1909. 한국의 사법권을 박탈하는 기유각서 체결.
안중근의 이토히로부미 암살.

908년

!국 각처를 순행하며 신민회를 조직.
!민회 주체의 사업 추진(평양 대성학교 설립, 평양 마산동에 기회사 설립, 평양, 서울, 대구에 태극서관을 설립, 동아시아의 독립운 기지 개척을 위해 아세아실업주식회사를 설립)

한국-중국-러시아-미국

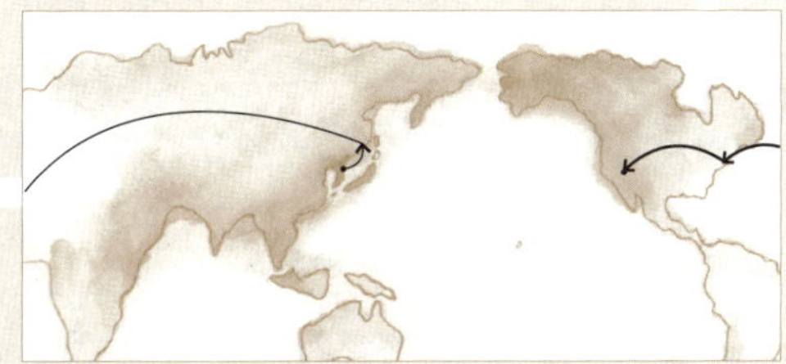

*1910.8. 29. 일본에 강제 병합(경술국치).

1910년

망명의 길. 망명의 한을 담은 '거국행去國行'을 남기고 4월 7일 한국을 떠남.
중국을 거쳐 블라디보스토크에 도착. 러시아에 있는 한인 동포들에게 민족의식을 고취시키고 독립운동을 전개.

1913년

국내에서 결성했던 청년학우회 후신으로 흥사단을 창립. 대한인국민회는 미국으로부터 일본의 간섭을 받지 않고 재미 한인에 관한 것을 미국과 직접 교섭한다는 약속 체결. 대한인국민회의 클래어몬트 학생양성소를 설립.

1914년-1918년

1914년 대한인국민회는 캘리포니아 주정부로부터 정식 사단법인 인가 받아 재미 한인을 대표하는 단체로 성장. (각 지부를 망라한 중앙총회장으로 선임).
하와이(1915), 멕시코(1917) 등 순회 및 연설. 독립을 위해 준비되어 있는 민족으로 부강해질 것을 강조.
1917년에는 송종익, 임준기 등과 함께 북미실업주식회사를 창립.

1922-1923년

서울에서 이광수와 함께 수양동맹회를, 평양에서 동우구락부를 결성. 도산이 조직한 국민대표회의는 세력 간의 대립으로 결렬.
이후 이상촌 건설 계획.

1924년

중국 남경에 동명학원을 설립.
11월 미국으로 다시 떠남.

중국–미국

미국–중국

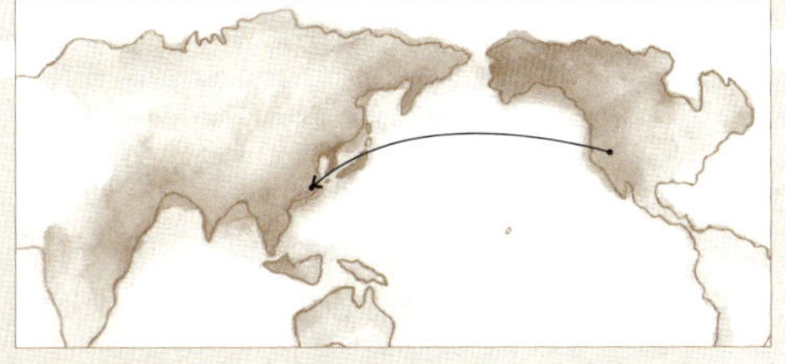

*1919년 독립만세운동

1919년

미주 지역의 독립활동 및 임시정부 수립 추진. 미국 전역에 국내의 독립만세운동 소식 전파 및 김규식을 파리강화회의의 한국 대표로 보내어 대한제국의 독립을 국제사회에 표명.

미주 지역에서 모금한 6천 달러를 가지고 중국 상해에서 대한민국임시정부 수립에 참여. 7월 상해임시정부와 미주 대한인국민회의 통합을 결의. 9월 15일 통합된 대한민국임시정부가 탄생(이승만은 임시 대통령, 이동휘는 국무총리로 선임, 도산은 노동국 총판에 선임).

1920년

대한민국임시정부 중심의 합동된 조직 활동을 주장. 이 시기 일부 세력에 의해 야심가, 연고주의자라는 비난을 받기 시작.

상해 프랑스 조계지에서 사제폭탄을 제조하던 단원들이 일으킨 폭발 사고를 수습하는 과정에서 쓴 경비에 대해 공금횡령이라는 비난 받음.

임시정부 세력 통일에 실효를 거두지 못하고 1921년 대한민국 임시정부 노동국 총판직을 사임. 여운형과 함께 상해에서 국민대표회의를 발기.

1925년

미국의 동부와 서부의 한인 교포 사회를 순회하며 몰몬교의 본산인 솔트레이크를 답사하여 이상촌 건설 계획을 추진.

미국–호주–중국

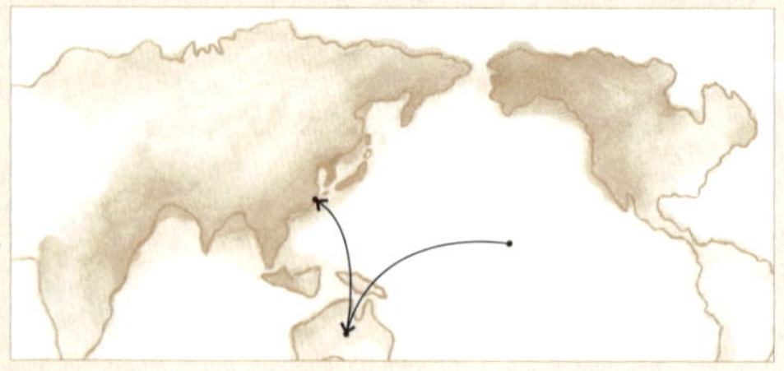

1932년 4월 29일

윤봉길 의사의 상해 홍구 폭탄 사건에 도산 역시 그 배후세력으로 지목되어 상해에서 체포. 일본 경찰에 인도되어 서울에서 4년 실형을 받고 서대문형무소와 대전형무소에 수감.

1935년

석방 된 후 자신이 세웠던 기양교회(탄포리교회)에서 설교.

1937년

동지들과 결성했던 동우회 단원들이 체포될 때 송태산장에서 동지들과 함께 체포. 12월 24일 폐결핵 증세로 보석 출감.

1926-1931년

하와이 교포 사회를 살펴보고 호주를 경유하여 중국으로 다시 돌아와 잡지 〈동광〉을 발행해 산옹山翁이라는 필명으로 기고.
이상촌 건설을 위해 남경과 만주, 천진, 상해를 돌아보면서 통합을 위한 유일당 운동을 시작.
1930년 한국독립당이 만들어지고 흥사단원들을 중심으로 한 도산의 활동이 활발해졌으나 신민회 동지였던 남강 이승훈의 별세, 1931년 손정도 목사의 별세 및 신간회의 해산과 만보산 사건, 만주사변 등 강력한 일제의 탄압으로 활동은 어려워짐.

중국–한국

1938년 3월 10일

경성대학 부속병원에서 60세의 나이로 소천. 이후 중국과 하와이, 로스앤젤레스 등 한인교포 사회 곳곳에서 추도회가 거행.
(그가 마지막으로 체포된 동우회 사건은 증거불충분으로 기소된 전원에게 무죄 판결이 내려졌음.)

Chronology of Dosan An Chang-ho

November 11, 1878

November 11, 1878 An Chang-ho born to An Heung-guk and Lady Kang as third son in Bongsang-do, Chori-myeon, Gangseo-gun, South Pyeongan Province.

1885

Family moves to near the Daedong River. Starts to study Chinese characters.

1897

Brings fiancée Yi Hae-ryeon to Seoul and enrolls her in Jeongshin Girls' School. Joins Independence Club. As the Independence Club expanded to Manmin Gongdonghoe, he and Pil Dae-eun establish Gwanseo branch in Pyeongyang. (Official title of country changes to Daehan Empire.)

1898

Hosts Manmin Gongdonghoe at Quaejaejeong, Pyeongyang. In his speech criticizes government officials and calls for awakening of the masses. In November at the the assembly of Manmin Gongdonghoe in Jonggak, Seoul, he impeaches seven ministers of the government and proposes six-point proposal for political reform. On December 25, 1898, the Independence Club is dissolved by force.

1899

Establishes Jeomjin School, the first private school built by a Korean and the first modern school in Gwanseo. Also founds Tanpo-ri Church. (predecessor of Giyang Church.)

1889

Father dies.

1891

Moves to Nambusan-myeon. Meets Pil Dae-eun, a young man from Anak, Hwanghae Province. Acquaints himself to Western studies through him.

1894

Moves to Seoul and enrolls in regular program at Guse Academy. Starts to study English, Western studies and Christianity. Evangelizes Pil Dae-eun.

1896

Graduates from Guse Academy. Returns home and gets engaged to Yi Hae-ryeon (13 years old at the time) through arrangement by his father. (*Independence Newspaper* is published and the Independence Club is organized.)

Korea - America

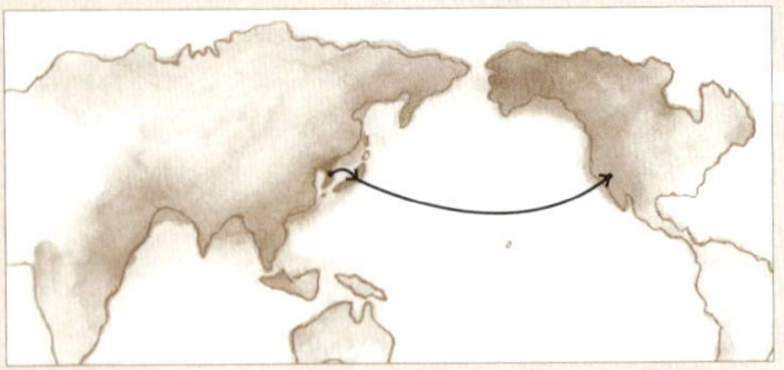

September 3, 1902

With Rev. Miller, principal of Guse Academy, as presider, Mr. An marries Yi Hae-ryeon at Jejungwon (Severance) in Seoul on September 3. The couple depart from Incheon Port to study in the United States. While crossing the Pacific he sees an island in the open sea near Hawaii and adopts Dosan as epithet. First period in the United States begins.

America - Japan - Korea

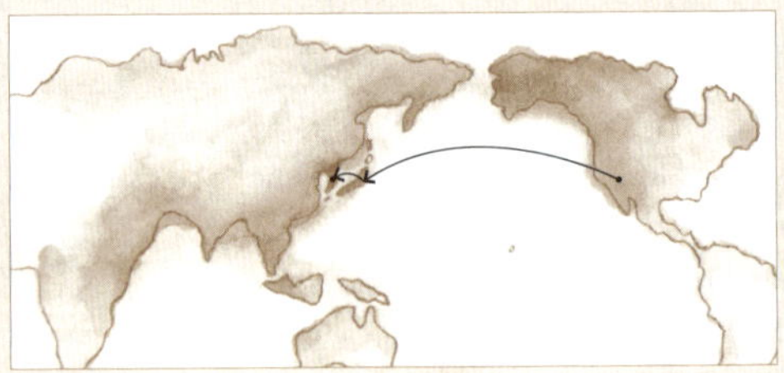

1907

Feeling need to establish similar organization as Gongnip Association in Korea, founds Daehanin Shinminhoe (New People's Association) and returns to Korea. stops in Japan to give speech to Taegeuk Scholarly Society, a Korean internation students' gathering. Arrives in Korea on February 20 after five years. In April, organizes Shinminhoe, a secret organization. (1907: King Gojong is dethroned due Hague Secret Emissary Affair. Military is disbanded, and Japan-Korea Treaty of 19 is estbalished to deprive Korea of its diplomatic rights.

September 23, 1903

Organizes *Dongwuhoe* [Friendship Society] of San Francisco to unify and enlighten Koreans.

1904

Moves from San Francisco to Riverside near Los Angeles. Receives English and theology lessons at a Bible school run by Christians. Works at orange farm.

April 5, 1905

He expands Friendship Society to establish Gongnip Association (becomes first president. Publishes newsletter *Gongnip Newspaper* on November 20. (1905: Japan solidifies its right to govern Korea through agreements with the United States (Taft-Katsura Agreement), Britain (Second Anglo-Japanese Alliance), and the Soviet Union (Treaty of Portsmouth). Eulsa Treaty is signed on November 17.

1908

Travels the country to organize and expand Shinminhoe. Promotes projects by Shinminhoe (Establishes Daeseong School in Pyeongyang, Masan Ceramic Company in Masan-dong, Taegeuk Press in Pyeongyang, Seoul, and Daegu. Establishes Asia Industrial Company to create a base for the independence movement in Eastern Asia.

1909

Incarcerated for being involved in assassination of Ito. (Giyu Memorandum established to deprive Korea of its legal rights. An Jung-geun assassinates Ito Hirobumi.)

1912

In November organizes Korean National Association in San Francisco as umbrella organization for all regional chapters of Korean expatriates and becomes its founding president. Prepares to organize Heungsadan to train young elites and awaken nationalism.

1913

As succeeding group to Young People's Learning Society, Mr. An founds Heungsadan. Obtains agreement from American government that Korean National Association can address concerns regarding Koreans directly with America without Japan's interference. Korean National Association establishes Claremont student training center.

Korea - China - Russia - America

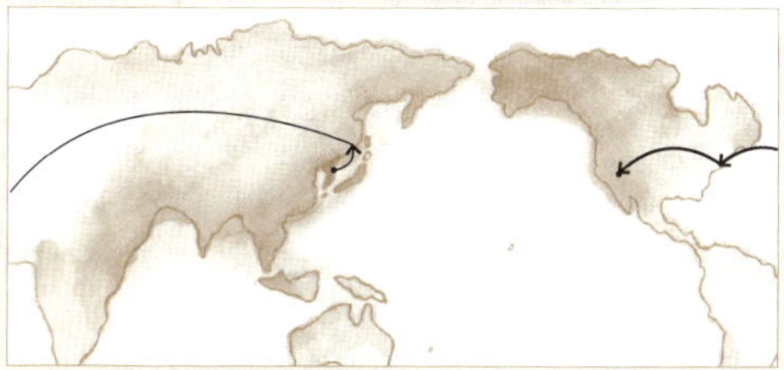

1910

Seeks refuge. Writes Geogukhaeng on April 7 to express his sorrow of leaving homeland. Arrives in Vladivostok by way of China. Awakens nationalism in Koreans and promotes independence of Korea. (Korea is annexed by Japan on August 29).

1911

Strives to publish newspapers and set up legitimate organizations with Koreans in the Soviet Union. In August, travels to America by way of England. Travels through New York, Chicago, Sacramento, and San Francisco to meet Koreans. Second period in America begins.

1914-1918

Korean National Association obtains from state government of California status of official non-profit organization and grows into representative organization for Koreans in America. (Dosan is elected president of the organization, overseeing all regional chapters.) Travels to Hawaii and Mexico giving speeches. In 1917 founds North American Industrial Company with Song Jong-ik and Yim Jun-gi.

America - China

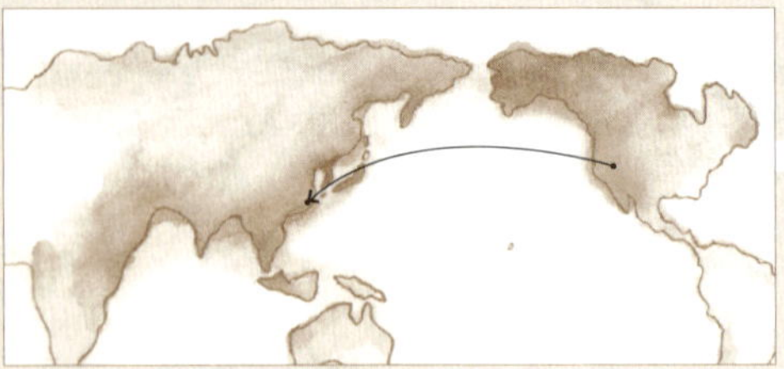

1919

Promotes independence efforts to establish interim government. Reports news of declaration of independence and independence rally. Dispatches Kim Gyu-shik as representative of Korea to Paris Summit of World Powers to express independence of Greater Korean Empire to world community.

With six thousand dollars raised from Koreans in America, An participates in establishing interim government of Korea. In July, Shanghai interim government merges with the Korean National Association of America. Interim government of Korea is officially created on November 15. (Rhee Syngman as president, Yi Dong-hwi premier, and Dosan himself minister of labor.) Independence rally takes place.

China - America

1924

Establishes Dongmyeong Academy in Namgyeong, China. Leaves for America in November.

1920

Calls for unified approach in carrying out activities of interim government. Criticized by some factions for being overly ambitious and idealist. He is also accused for embezzlement when he used funds to clean up aftermath of accidental explosion caused by colleagues producing gun-power bombs at a French-owned factory in Shanghai. In 1921, failing to gain realistic results in unifying interim governments, Dosan resigns from minister of labor. With Yeo Un-hyeong, he founds Citizen Representatives Committee in Shanghai.

1922-1923

Founds Suyang Dongmaenghoe in Seoul with Yi Gwang-su, and Dongwu Gurakbu in Pyeongyang. Citizen Representatives Committee, founded by Dosan, disintegrates due to internal factions. Afterward Dosan plans to build *Yisangchon* (the Village of Ideals).

1925

Travels to western and eastern regions of America. Visits Salt Lake City, home of Mormonism, and pursues plan of constructing *Yisangchon*.

America - Australia – China

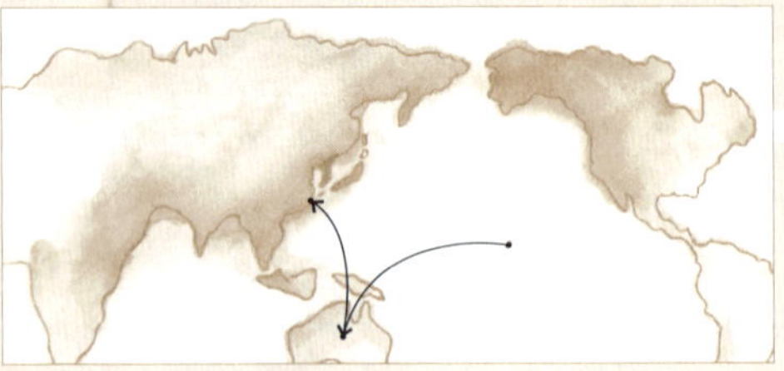

1926-1931

After some time in Hawaii, he travels to China by way of Australia. Publishes magazine *Donggwang* and writes under pseudonym *San-ong*. Visits Namgyeong, Manchuria, Cheonjin, and Shanghai for construction of *Yisangchon* and begins the work on Yuil Party with emphasis on unity. With creation of Korean Independence Party in 1930, Dosan becomes active in Heungsadan. But the death of colleagues Namgang Yi Seung-hun and Rev. Son Jeong-do, disbanding of Shinganhoe, the Manbosan Incident, the deaths of other colleagues, and forceful persecution by the Japanese makes situation worse.

1935

After release from prison, preaches at Giyang Church (Tanpo-ri Church), which he had founded previously.

1937

Along with comrades from Dongwuhoe Mr. An is arrested at Songtae Mount Retreat. Due to the symptoms of tuberculosis, he is released on bail on December 24.

China - Korea

1932

Implicated in Honggu bomb incident in Shanghai as co-conspirator to Yun Bong-gil. Receives sentence of four years and is incarcerated in Seodaemun Jail and Daejeon Prison.

1938

Dies at Gyeongseong Branch Hospital at the age of sixty on March 10. Memorial services are held in his honor in China, Hawaii, Los Angeles, and other Korean communities. (Charges for the Dongwuhoe incident, which led to his imprisonment, were dismissed for all persons implicated due to lack of evidence.)

참고문헌 References

단행본 Books

도산안창호선생기념사업회, 《도산 안창호》, 삼협문화사, 1947.

Dosan An Chang-ho Memorial Foundation, *Dosan An Chang Ho*, Sam-hyeop Cultural Press, 1947.

강재환, 《도산 안창호 웅변전집》, 웅변구락부출판사, 1950

Kang Jae-hwan, *Dosan An Chang-ho Wungbyeon Jeonjip* [The Speeches of Dosan An Chang-ho], Wungbyeon Gurakbu Publishing Co., 1950.

이광수, 《도산 안창호》 대성문화사, 1956

Yi Gwang-su, *Dosan An Chang-ho*, Daeseong Cultural Press, 1956.

전영택, 《도산 안창호 선생》, 대한기독교계명협회, 1967

Jeon Yeong-taek, Dosan An Chang-ho Seonsaeing [Mr. Dosan An Chang- ho], Daehan Christian Literary Association, 1967.

안병욱, 《(민족의 스승) 도산 안창호》, 대성문화사, 1968

An Byeong-uk, *Minjokeui Seuseung Dosan An Chang-ho* [The Teacher of the Nation: Dosan An Chang-ho], Daeseong Cultural Press, 1968.

장리욱, 《도산 안창호》 태극출판사, 1970
Jang Rhee-uk, *Dosan An Chang-ho*, Tae-geuk Press, 1970.

안창호, 《도산 안창호 논설집》, 을유문화사, 1974
An Chang-ho, *Dosan An Chang-ho Nonseljip* [The Writings of Dosan An Chang-ho], Eulyu Cultural Press, 1974.

안창호, 《나의 사랑하는 젊은이들에게》 동서문화사, 1977
An Chang-ho, *Naeui Saranghaneun Jeolmeunideulege* [To My Beloved Young Friends], Dongseo Cultural Press, 1977.

흥사단출판부, 《도산 안창호》, 흥사단출판부, 1983
Heungsadan Press, *Dosan An Chang-ho*, Heungsadan Press, 1983.

임중빈, 《도산 안창호 : 그 생애와 정신》, 명지사, 1983
Lim Jung-bin, *Dosan An Chang-ho Geu Saengewa Jeongsin* [Dosan An Chang-ho: His Life and Thoughts], Myeongjisa, 1983.

안병욱, 《나의 사랑하는 젊은이들에게 : 도산 안창호》, 지성문화사, 1987
An Byeong-uk, *Naeui Saranghaneun Jeolmeunideulege Dosan An Chang-ho* [To My Beloved Young Friends: Dosan An Chang-ho], Jiseong Cultural Press, 1987.

이광수, 《도산 안창호의 생애》, 일신서적출판사, 1995
Yi Gwang-su, *Dosan An Chang-hoeui Saenge* [The Life of Dosan An Chang-ho], Ilshin Book Publishers, 1995.

윤병석, 《안창호 일대기》, 역민사, 1995
Yun Byeong-Seok, *An Chang-ho Ildaegi* [An Chang-ho, Biography], Yeokminsa, 1995.

안장환, 《내 아들 딸들아 세상은 너의 것이다. : 도산 안창호 편》, 큰산, 1998

An Jang-hwan, *Nae Adeulttaldeula Saesangeun Neueuigeutida, Dosan An Chang-ho* [My Sons and Daughters, The World is Yours: Dosan An Chang-ho], Keunsan, 1998.

안창호, 《(항일독립운동관계)도산안창호자료집》 1-2, 국회도서관, 1998

An Chang-ho, *Hanil Donknipundong Gwangae*, Dosan An Chang-ho Jaryojib [The Collection of Materials on Dosan An Chang-ho (Related to his anti-Japanese activism)], No. 1–2, Library of Congress, 1998.

도산안창호선생기념사업회, 《수난의 민족을 위하여 : 도산 안창호의 생애》, 도산안창호선생기념사업회, 1999

Dosan An Chang-ho Memorial Foundation, *Sunaneui Minjokeul Wihayeo, Dosan An Chang-hoeui Saenge* [For the Nation in Hardship: The Life of Dosan An Chang-ho], Dosan An Chang Ho Memorial Foundation, 1999.

주요한, 《안도산전서》, 홍사단출판부, 1999

Ju Yo-han, *An Dosan Jeonseo* [The Chronicle of An Dosan], Heungsadan Press.

도산안창호선생기념사업회, 《도산안창호전집》 1-14, 도산안창호선생기념사업회, 2000

Dosan An Chang-ho Memorial Foundation, *The Biography of Dosan An Chang- Ho*, 1–14, Dosan An Chang-ho Memorial Foundation, 2000.

이태복, 《도산 안창호 평전》, 동녘, 2006

Yi Tae-bok, *Dosan An Chang-ho Pyeongjeon* [The Critical Biography of Dosan An Chang- Ho], Dongnyeok, 2006.

윤병욱, 《그대 가슴 속에 살아 있고 싶다 : 사랑하는 아내와 조국에게 띄우는 영원한 청년 안창호의 러브레터》, 샘터, 2007

Yun Byeong-uk, Geudae Gaseumsoke Salgosipda: Saranghaneu Anaewa Jokugege Tteuunen Youngwonhan Cheongnyeon An Chang-hoeu Reobuleteo [I Want to Live in Your Heart: The Love Letter that Young An Chang-ho Sends to His Beloved Wife and His Country], Saemteo, 2007.

학술 논문 Theses and Artcicles

유준기(Yu Jun-gi), "미주지역에서의 안창호의 독립운동－1910년대를 전후한 시기를 중심으로"[Chang Ho An's Independence Movement in America in the 1910s], 〈한국민족운동사연구〉[The Study on the History of Korean Nationalism] 38집, 2004.

장규식(Chang Kyu-sik), "1900-1920년대 북미 한인유학생사회와 도산 안창호"[Korean Student Communities in North America and Dosan An Chang-ho Between 1900s and 1920s], 〈한국근현대사연구〉[The Study of the History of Modern Korea] 46집, 2008.

박의수(Park Eui-soo), "도산 안창호의 서번트 리더십 연구"[A Study of Servant Leadership of Dosan Chang-ho An], 〈교육문제연구〉[Research on Educational Problems] 33집, 2009.

박명규(Park Myeong-gyu), "도산 안창호의 사회사상"[On the Social Thought of An Chang-ho], 〈한국학보〉[Korea Hakbo] 9-4, 1983.

이만열(Yi Mahn-Yol), "도산 안창호와 기독교 신앙"[Dosan An Chang-ho and Christian Faith], 〈한국근현대사연구〉[The Study of the History of Modern Korea] 22집, 2002.

신일철(Shin Il-chul), "도산 안창호"[Dosan An Chang-ho], 〈사상〉[Sa-sang], 23호, 1994.

박윤재(Park Yun-jae), "1920년대 초 민족통일전선운동과 민족대표회의" [The National United Front Movement and the National Representative Conference in early 1920's], 〈학림〉[Hakrim] 17집, 1996.

이명화(Lee Myung-hwa), "도산 안창호 연구의 성과와 과제"[The Outcome and the Mandate of the Study on Dosan An Chang-ho], 〈한국근현대사연구〉[The Study of the History of Modern Korea] 6집, 1997.

박만규(Park Man-gyu), "도산 안창호의 대공주의에 대한 일고찰"[A Study of the Principle of Non-of Dosan An Chang-ho], 〈한국사론〉[The Korean History] 26, 1991.

이명화(Lee Myung-hwa), "도산 안창호의 이상촌운동에 관한 연구"[A Study on the Development of Ideal Village Movement by An Changho], 〈한국사학보〉[The Bulletin of the Korean History] 8호, 2000.

최관경(Choi, Kwan-gyung), "영원한 스승 도산 안창호의 교육 사상"[An Eternal Teacher: An Chang-ho's Thoughts on Education], 〈교육사상연구〉[The Research on Educational Ideology] 4집, 1995.

Dosan An Chang-ho

The Teacher Our Times Long For

1878–1938

The KIATS Press

Seoul, 2012

Section 2

[English Version]

Part 1: Love and Repentance • 281

The Way of the Christian

Today is the Time for Us to Work

Relief Work for Fellow Koreans in Gando, Who Were Massacred by the Japanese

Love (I)

Love (II)

An Chang-ho's Letter to Cha Gyeong-sin

Repent of Your Sins

Part 5: Anecdotes • 461

愛己
愛他

島山

Love and Repentance

"I have sinned against my people.
My people have done so much for me,
yet there is nothing I have done for them. I am a sinner."

The Way of the Christian

(Pyeongyang, 1936)

Abstract of a speech given by Dosan An Chang-ho at Namsanhyeon Church during a joint worship service of Pyeongyang Methodist Churches on October 4th, 1936. Namsanhyeon Church was the first Methodist church in Pyeongyang. It was planted by the Rev. Kim Chang-sik, ("the Paul of Korea"), and it played a seminal role in the evangelization of Pyeongyang.

Having read the words in the invitation to the gathering, "Even if you do not give a speech, the church members would be utterly grateful just to see your face," I was humbled, for you desired so earnestly to see me, the lowliest person in Pyeongyang.

To put it simply to all of you tonight, "My dear fellow countrymen, let us march on. Let you and me march on. Let us march on today, tomorrow, and the day after. We will die if we don't, but we will live if we do." These words seem to be ringing in my ears. "Why are you sad? Let's march on. If we don't, we will die." These words seem to be ringing clearly in my ears. "Let's not tremble, but march on. Let's march on with the belief that doing so will save us. Under the circumstances, we have no choice but to do so." To march on means to leave our old footsteps and take new ones. People of Joseon, leave your old footsteps and do not fear. Take new footsteps to march onward. In other words, by shedding off the old person and putting on the new, as if putting on new clothes, let us depart from that place of calamity and march on. We must reform ourselves.

The destination of the Christian is heaven. Then, on what path must we march? Jesus said, "The road of eternal life is narrow and troublesome." In other words, what must the Christian do? Christians must live pious lives and their ambition must be great. Christians, in order to save this sinful world, must make Jesus their leader and move forward courageously. Christians must first reflect upon themselves and acquire a peacefulness of conscience. After having arrived at a peaceful heart, or an assurance of salvation, the Christian must in turn think of saving others. In other words, one must have such courage and possess a great ambition to be able to say, "I shall save the world." One cannot be considered a Christian without such a conviction.

We must progress from sin to piety. Since all kinds of hardship come from sin, we must first leave sin and move toward piety. This must be done from one's family to one's town, from one's town to one's society. What is sin? There are many kinds of sins. Adultery, robbery, envy, resentment, and slander are all sins. But the foundation of all these sins is the absence of love. All kinds of sins stem from not loving. Then what is the foundation of piety? This also is love. Jesus said, "I give you a new command. Love one another. Love one another as I have loved you." From the beginning of the New Testament to the Book of Revelation, the essence of the entire book is love. The Lord's words, "Repent from your sins," means to move from the place of no love to that of love.

Nowadays, people talk about being orthodox, unorthodox, spiritual, and unspiritual. They write their own commentaries according to their ideas, calling others' commentaries unorthodox if they are different from theirs. When someone's actions differ from that of their own, they declare the other to be unorthodox. In plotting against each other they call each other heretics. How will you judge orthodoxy and unorthodoxy? In my opinion, those who act in love are orthodox. And those who do not do so, even if they have written thousands of commentaries on the Old and New Testaments, are unorthodox heretics.

Recently, people from my town came to me and asked, "Is it true that Jonah spent three days in a whale's belly and came out alive?" So I answered, "Don't ask about such things. Love others as yourselves. Since it is said that love abolishes all laws, love is everything. This is truth before God. This is orthodoxy. One shouldn't talk about heresy based on a Bible passage, but one should judge by whether there is love or not."

And what about being spiritual and unspiritual? Listening to a certain pastor's sermon, a lady exclaimed, "His voice even trembles when he preaches. He's so pious." These things are all fantasies. Living according to God's will is being spiritual. God's will is love. The reason God sent Jesus to this world was to move humans from non-love to love, and Jesus' thirty-three years of life had the purpose of moving humanity from sin to love. To create a world transformed into love is God's purpose, and also our purpose.

Our purpose will be achieved if we show our love in our minds, our faces, and our actions, whether to our families at home or to our neighbors in town, and whether to good people or bad people. How lonely a life would it be if there were no one to love and if no one loved me? It is sad to see a world of non-love, but delightful to see a world of love. It is incredulous that the world, which should be saved through us, commonly makes a mockery of our misdeeds. This is because there is no love.

Jesus' severe rebuke of the Pharisees' hypocrisy also pointed to their lack of love. He saw their lack of ethical love in their words and deeds, and he rebuked them severely. His lament, "How will you love God who is unseen when you cannot even love men whom you do see? (1 John 4:20)" relates to practical love. The words, "If you have a faith that can move mountains, but have not love, what good is it? (1 Corinthians 13:2)" refers to the absoluteness of love.

When Jesus was talking in parables of what he would do when he returned to this world, he said "Those who served me when I was a stranger, in prison, or sick will inherit eternal life, but those who didn't would be punished." Then people asked, "Lord, when were you sick and in prison and a stranger?" Jesus answered, "As you did it to one of the least of these, you did it to me (Matthew 25:35–40)." This refers to practical love.

If a Christian runs a kindergarten or a school, it seems that many people laugh at this, saying it is work unapproved by God; but this is a big mistake. Is it not true that God's love can be practiced anywhere? I have heard that some people laughed when the church did relief work for those affected by floods in Chungcheong, Jeolla, and Gyeongsang Provinces, saying it was unapproved by God. But this indeed is a great error. The way to live for us is to make this love our goal and to proceed toward it. From the old place to the new, from the old person to the new, we must reform ourselves. Looking at history, countries that thrived were generally those that repented of the past and moved forward by motivating themselves.

From time to time, I tell young men in farming villages, "Sweep clean your front yard and your room." If all the people of Joseon did this, how clean would our living space be? You must all be leaders and move forward. Let us not worry, "How will I catch those who are dozens of steps ahead of me?" but move forward. Some people avoid a life of piety by making the excuse that they really dislike the pastor or the evangelist when in fact it is simply that they do not want to go to church. Even if you are a saint, you cannot put into practice every moral principle you talk about. But you should not be dismayed for not having achieved it. There are faults even in those who lead. But we must also proceed, reminding ourselves and rejoicing that there are those who have love.

Germany was once subjected to pressure by England and France. Indeed, Germany was thousands of steps behind them.

But rather than being discouraged, it moved forward and has become a strong nation today. Caucasians used to look at Japan with disdain, but because Japan, without being discouraged, moved forward after the Meiji Restoration, has it not become a great power today? Humanity progresses. Since we are also humans, why should we be unable to progress? There are those people whose progress is rapid and those whose progress is gradual. People who live in hot or cold regions are slow to progress; places such as the Namyang Archipelago are slow to progress. But since progress is quicker in the temperate zone, progress will be quicker in the 3,000 *li* space of our peninsula .

Since returning to my home country, I am surprised by the passion for education, which produces the fever of school enrollment everywhere every spring. Also, there are many young men and women boldly walking the streets, and the sound of people working in factories is very loud. The songs and the appearance of the choir are much improved than thirty years ago. In the summer, people enjoy the therapeutic sands of the Daedong River, and in the winter people skate on it. This is healthy exercise. Surely, a throng of people waking up early to work each morning is a huge source of pride that is easy to see. Is it not a greater honor that our marathon runner Son Gi-jeong won a gold medal in the Olympics?

We Christians must become leaders of the people and lead in all aspects by living a life of practical love and by becoming renewed. For these things let us move forward with courage.

Today is the Time for Us to Work

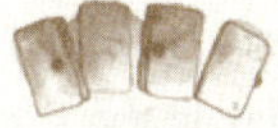

First address given at Bukgyeong-ro Chapel. A welcoming reception was hosted by the church members at Bukgyeong-ro Chapel on May 26, 1919. This is the draft of the speech given at that venue. The article was titled: "Address by President An."

Today is the time for us to get to work. Let you and me work, so that the people of Korea, whether men or women, old or young, will all work. Today is the time for us to work for the sake of work only. Let us not do it for our honor or for our bodies but only for our nation. The English work for England, Americans work for America, and Germans work for Germany; the people of Korea should likewise work for Korea.

The English receive what they should by working for England, Americans gain what they should by working for Americans, but the people of Korea, by not working for Korea, have lost even what they had. When innocent girls died at the hands of the violent Japanese, what were their dying words? They died crying out "If I die like this, my compatriots overseas shall recover my freedom for me."

"Are the people of Korea qualified to become independent?" Our weakness today lies only in the fact that we have become enlightened too late; it does not lie in the inferiority of our people. Koreans in the United States get excellent grades at whatever school they attend. Can we today look at a child in kindergarten and say that he is less smart than a college graduate? We, the people of Korea, cannot stand losing to other people. Hence the people of Korea are a people that will live only in independence. And it is a fact that the Japanese are not qualified to rule over other people. Some lament that Korea was annexed by the forceful Japanese, but I think this is rather a good thing.

Since March,[A reference to the March 1, 1919 Independence Movement] we have been born again. We can only go to the place we are destined to reach. Even a scoundrel who has been spying until now, if he says he will sacrifice himself today, we will gladly receive him. Some say there is a Korean who gets paid by the Japanese and does the work of an assassin, but I know it is a lie. I am convinced that there is no one among the people of Korea who would kill An Chang-ho.

From now on, we should practice good diplomacy. We should pour out our burning blood. We should save the estranged in prison. Financial matters are urgent. There are many urgent matters, but we must first be united. The entire Korean people should unite. The world is paying attention to us, looking to see how much lazier we are than Mexico and China. Therefore we should make this government glorious whatever it may take. We should act so as to be not laughed at by the world.

I do not try to become your head. I have come to serve you. The last thing I want to say is that we should always privately correct our faults before God. We should [not] lose our identity as a fallen people and earn the rights of citizens of an independent nation. Today, it is a sin to hesitate and falter after our brothers have spilt so much blood. You should work and I should work, and let us vow that even if all the people of Korea fall, I will stand up alone and march. Hurrah! Hurrah! Hurrah!

Sinhan Minbo, July 17, 1919

Relief Work for Fellow Koreans in Gando, Who Were Massacred by the Japanese

It has been published in each newspaper that the Japanese, disregarding the objection by the Chinese government, deployed a number of soldiers to Honchun to exterminate the Korean independence forces, but lost each of several battles. Now a report has come in from a correspondent of our provisional government that the Japanese, in resentment over their loss, have massacred our fellow countrymen living in the North Gando area. As a result of discussions by the Korean Relief Group in Shanghai, we have resolved to deliver a speech to the public in the Korean Chapel in Fajie, Shanghai The location of the exiled Korean Provisional Government on Sunday, the 21st of this month, and to pursue means for relief. Thus, laymen have congregated at 6:30 in the evening, concluding the one-hour prayer meeting for independence according to the rules, and the assembly for the relief of the brethren in North Gando started exactly at 7:30.

First, there was a sad chorus sung by Kim Sun-ae, Kim Taeyeon, and Mr. Yang. Then Mr. An Chang-ho stepped up and, with a grim face and a sorrowful voice, explained the correspondent's report. All present, men and women alike, were bitterly mortified and rendered speechless over the incident, and there is no need for more words.

I will only talk about what the correspondent witnessed in one place and reported to the best of his ability . Earlier this month, on the 2nd and the 3rd, the Japanese committed a massacre against our fellow Koreans, whereby 31 schools and chapels and 21 villages were burned down. 590 people were shot to death, and many women were raped. In a Korean village 40 *li* away from Yongjeong, the entire village was massacred by the Japanese. Afterward, [surviving] Chinese and Korean people were hassled and forced to gather firewood into a pile, on top of which the bodies were burned. Then the remaining ashes were swept up and thrown into the river. When they set fire on the villages, and the houses became balls of fire, they stripped our fellow Koreans, tied their hands and feet and threw them into the fire, and if there were two people in a house, both were tied up and thrown into the fire. One father was so overcome he ran into the fire, resulting in the death of the father and his two sons. It is reported that the sound of the elderly wailing at the loss of their children, the sound of children looking for their lost mothers, and the sound of weak women shouting out at the death of their husbands and at the atrocities committed to them shook heaven and earth. Even if a house was not set on fire, clothes and food were confiscated and burned, and people were driven out like chickens and dogs, beaten like cows and horses. Where can they go, and where can they stay? In spite of the rain, they went to the houses of the Chinese, trusting them as they would an elder brother, but the apprehensive Chinese instead closed the doors shut and would not even invite them in.

The Siberian wind stings like the blade of a knife and slices out the soft flesh of the naked, and the mountains of deep snow in the Manchurian fields would snap the bones of an old man. The reporter says that the pathetic sight of people holding and hugging each other, sitting in small groups, freezing and starving to death is the most heart-wrenching thing that he has ever seen, and that it is unbearable. If we do not conceive of ways to bring relief to these people after receiving news of such tragedy, then aren't we irresolute people? I know that our fellow Koreans in Shanghai are not very well off, and some have fallen into deep suffering because of economic difficulty, but we are better off than our fellow countrymen in North Manchuria who have no place to go and whose entire families have been slaughtered.

How sad, my brothers and sisters, who share the blood of Korea! I should save my fellow Koreans. Anyone who recognizes the urgency of this responsibility and is willing to donate one *won* or more, please stand up.

The total congregation numbered about 250, and everyone stood up in response to the challenge. Some donated their overcoats, some even underwear, some their watches and hats, and when added with the 100 *won* given by the new consular Jang Byung-sul and the 7 *pun* donated by some children, it totaled 600 *won*, and we were able to give some small assistance to fill the empty stomachs of our fellow Koreans in North Manchuria.

These are the words of the song we sang in unison that evening:

1. Late fall, the bright moon stains the window to the east,
   I am a crying goose, and the wind blows lonely.
   News from the north brings the voices of my bruised and wounded fellows
   Slaughtered by the enemy.

2. Elderly parents mourning the loss of their children,
   A young child weeping and searching for his parents.
   There is no end to my thoughts, and meaning fades away.
   Who will save from that dreadful enemy?

3. A homeless child, shivering on a mountain of snow under the cold sky,
   A captive, clutching his empty stomach and blocking the enemy's bayonet.
   From the midst of scattered blood and tears, who will save [them]?
   O compatriots gathered today, do not slumber, but stand forth.

Doknip Sinmun [Independence Newspaper] December 18, 1920

Love (I)

(Shanghai, 1919)

Through him all things were made;
Without him nothing was made that has been made.

John 1

I feel very unqualified to come here and lecture on the Way. The lecture on the Way is to speak about the true will of God. I have no experience in morality or philosophy, nor do I have a personal history of living the life of a true Christian. What I will now talk about is the theme, "Let's love each other." This saying can be found in many verses of the Bible. What do you feel when you hear this verse? Those who are Christians say that they should ask for love and work towards it. To speak figuratively, one is very happy when he hears the word "water" in the middle of the Mongolian Desert. But he is not when he hears the same word on the Yangtze River. Therefore, whether one realizes it or not, people are the same when it comes to seeking love.

When our hearts were stirred up with love for our nation, it was comparable to hearing the word “water” in the desert. However, the call to love became more and more insincere and automatic, like hearing the word “water” on the Yangtze. Therefore we ask, what kind of thing is love? No one sees what love is. In this way, we have become corrupted by selfishness, to the enemy of Christianity, whose central tenet is universal love. This is not to say that those who repent for the first time have a special love, but that as Christians we should guard against selfishness in ourselves.

God spreads love.

Why do we take this to be important? Or why do [people pursue] militarism or socialism, politics or commerce, study, or this and that? The answer will be that it is for the sake of happiness. Love is the greatest element for the happiness of humanity. Happiness is survival and comfort. Survival and comfort are the happiness of humanity; and how do humans survive? Through clothing, food, and shelter. And the most necessary thing is wealth. Wealth is needed in all our business. There is either natural wealth or artificial wealth. Any nation that makes good use of its forests, mines, and land will have much wealth. Greater intellectual power will make more wealth. Therefore we need more intellectual power. That is why studying in elementary schools and colleges is all for the acquisition of intellectual power. Intellectual power comes from love. Also, every great politician possesses great talent in politics. Considering this, he is a person with love. Sometimes there are individuals who have intellectual power without love. These people are not able to contribute positively to the world, but rather harm it.

What does comfort mean? One must have love in order to have comfort. If I do not now have someone with whom I can give and receive love, I have no comfort. When I was in my home country, I saw a young woman fall into a well and die. This woman had much wealth and land. But without the love of her husband, or that of her in-laws, she was always in tears, and she killed herself by jumping into the well.

To love others is to be happy. We love the mountains, the waters, and the moon, but what influence do they have? The disciples of Jesus were treated cruelly for their love. But the love of a wanderer is not the same as this love. Therefore the true foundation of comfort is love. That is why God commands us to love. He sent his only son Jesus to shed his blood out of love.

I will stop talking about love and talk about something else. People are referred to as spiritual believers, spiritual elders, and spiritual pastors, but "spirituality" cannot be seen, heard, or touched. In Christianity, people talk about the spirituality of this pastor and the spirituality of that elder. This is especially so in the Korean church. To speak figuratively, if someone holds many bags in his hands and asks you what they are, you would typically refer to the material from which they were made. If made from hemp cloth, it is a hemp bag; if made from cotton, it is a cotton bag; if made from silk, it is a silk bag. If there are things in the bag, then the answer should be, "A bag of beans,"

"A bag of rice," or "A bag of chaff." It is the same bag; it can hold rice as well as chaff. Therefore an unspiritual believer today can become spiritual tomorrow, and a spiritual believer can become unspiritual tomorrow.

Then to what does spirituality refer? It means that God is within me. Is this not the same as my being in this room? If asked how many Gods there are, say there is one. If God is said to be in a certain Korean person, does that mean that God is not in Americans or Europeans? If God is only in one person in this place, is God not in other persons? It is similar to the sunlight shining upon each house. If the Buddha is said to be inside a certain person, it does not mean that the Buddha exists in that person in the same way a fetus does. But it means that the ideals and characters are the same. Also, if Sakyamuni Tathagata were to come alive again, this does not mean the dead Sakyamuni would be born again. This is also true in the case of the Holy Spirit being within me.

When I was in my home country, a certain evangelist said to someone, "God surely would not go into that chimney. Since you enjoy smoking, how could the holy God dwell in a pipe?" Then the person answered that since he ate food and drank water, his mind was all the more impure. One must not say this. To say that God is in me is to say that my spirit and God's spirit commune with each other spiritually.

It says in 1 Corinthians, "If you stay close to a prostitute, you will become one with her, and if you stay close to God, you will become God (1 Corinthians 6:16–17)." Jesus also said in the book of John, "I am in you, and you are in me (John 15:4)," which does not mean that the two enter and exit each other.

What should I do to let my spirit dwell in God and God's spirit dwell in me? It is as if the sunlight comes through only if there is a hole. No one has ever seen God, but when we love each other, God resides in us. Therefore he who has godly love is the spiritual one. It took Jesus thirty years to teach love. Also, while living in this world, he went through hunger, coldness, and not having a place to sleep, after which he was nailed on the cross to testify to his true love through blood.

From Genesis to Revelation, the Bible addresses humility, goodness, and other themes that differ from each other. Ultimately, the theme is love. Since the essence of Christianity is love, we must be earnest in practicing it. Is it spiritual to visit a sick person and only ask for recovery in spiritual prayers without saving him by using your money to buy medicine or rice porridge? Even if you can do nothing [else], it is spiritual to take money from your pocket to save him.

Then how great is the service of reforming society? They say that it is spiritual to give one *won* for one's own display, but not so to save the entire nation. Right now, someone is shaking with fear, saying that his piety will decrease because of the incident of the Independence Movement. But now the one who toils much for the Independence Movement is truly pious. The one who sacrifices his money and life in this precarious age of life and death is truly a spiritual believer.

I have brought something from the government The Korean interim government in Shanghai to show you today. The women who used to wear these gold rings were truly pious people. They did not even say their names when they sent these. These women have no wishes or demands. These women are right now praying with sincere hearts inside some obscure room. To love before God today is to love without any wishes or demands. In the past, to love a government minister was to gain a position as a governor or a magistrate. Whom does the prostitute love? To love for the sake of one's own interest is to do business, not to love. Even though it is called business, it is trickery.

Who will do a great deed this time? We believers should do it. It is a lie to say that to save twenty million is not piety. Then how must we carry out this movement? It is only fitting that we should offer our money and lives readily. Instead, we believers pile up our wealth inside our houses and think that independence is only second to our own survival. In my opinion, there would be many beneficial events if this government could raise a fund of more than 100,000 *won* within one week. Young believers who have come to Shanghai must work not for their own good but for the good of the Korean Nation. What I earnestly pray for is that we work together for independence as we pour out our burning blood onto this land.

Prayer:
If what I have said today agrees with God's will, I believe that many of those who have listened to me will be strengthened for this work and will carry it out.

Love (III)

Excerpted from a letter sent by An Chang-ho to his wife from the Daejon Prison in 1933.

To my beloved wife, Hye-ryeon

(omitted)

In conclusion, what I say to you again is that human life is not something that is eternal, but everyone who is born once must die once. And the duration of life is short. Whether you or I have lived well or poorly during our lives in the world, now this period of life is almost passed, and what is left is little. I have already mentioned this above, but occasionally I suffer greatly from pangs of conscience when I examine my past history for things I have done wrong. But since all that is now past, even if I think of it with great regret, there is little to be done. Therefore, I cut away and release all that has passed, and think only of how I must spend what little remains of my life. Certainly, I resolve not to retrace the wrongful steps of my past, but I wonder what new steps I should take. There is little more than to love.

Love, this is the greatest truth that [should guide] the footsteps of life. This is because all happiness in life arises from harmony among all human beings, and harmony arises from love. Based on what we have actually seen and experienced, a loving family is in harmony, and a harmonious family is a happy family. In the same way, a society in which there is love enjoys the happiness of harmony. It is a matter of course that the happiness of harmony in society will be promoted because of the love of those who believe and apply their belief that love is the greatest truth. The heart of that person who believes and embraces love, even before his family or society [does likewise], abides in an unusual harmony, and will experience a great happiness that others cannot understand. Thus, let us, you and I, regardless of where and in what circumstances we might be, believe and carry out love, so that our hearts may reach a state of complete harmony.

In this quiet place I have thought about many things, and as a result I have come to think much about studying only love, and, at the same time, I wished to give you this as a gift, so I send you the word "love." As for you, please accept this gift that your beloved husband sends you from prison. Receive this, and, to begin with, treat our children at home with a greater feeling of harmony arising from love than you would normally. Set aside any ill feelings you might commonly hold toward our cousin's family and towards various friends, and make a trial of treating them only with love. You will soon see results. Thus, try it out; study and practice an attitude of compassion toward all people.

My words are becoming too many, so I will stop here. I would like to write to our children more often, but the circumstances do not allow it. My desire to see the children is even more fervent than usual.

June 1, 1933

Your Husband

An Chang-ho's Letter to Cha Gyeong-sin

(Excerpted from a letter that An Chang-ho sent to Cha Gyeong-sin)

(June 9, 1921)

Cha Gyeong-sin (1892–1978) : A member of the Independence Movement, Cha was in charge of communications and financial transactions between the Korean provisional government in Shanghai and groups affiliated with the Independence. An sent this letter when Cha was in the hospital with pleurisy, and feeling deeply hurt by the power struggles within the provisional government in Shanghai.

Gyeong-sin, My love,

I will briefly express the feelings in my heart, and I believe you will read this gladly. Earlier, when I saw warm tears flow from your eyes, my heart was greatly moved. Oh, Gyeong-sin, how sad you must be to have soaked your clothes with such tears! And would it be only today that you would lament thus?

How can I wash away those tears? I am one of those who can say that I know you well. It is not a surprise that you shed tears. Although I am not able to wash away the tears you shed, I believe the merciful and almighty God will wash them away. Why? God knows you better than I, and I have thought much about how he loves you more than I do.

...

I think the reason for your sadness is this. First, the future is dim. What was experienced in the past, regardless of good or bad, is already gone, so it does not matter. But when thinking of what to do with the future, everything seems to block the way ahead, and there seems to be no way out, so that you are frustrated from time to time. Feelings of discouragement arise. Second, in [thinking of] the past, a person cannot help but think about his shortcomings. But then, even when you come out into the world, the more you examine the world the more you realize your shortcomings. You think, what shall such a deficient person do? When will I ever learn what I need to? And you have feelings of frustration and shame.

There must be other things that cause worry and sorrow, but these only arise temporarily and then disappear. In actuality, I think [the problem] is the two things I mention above. Being sad due to sickness is not simply because of the sickness, but because of a worry that future activeness will be lost because of the sickness...

Why do I believe with certainty that your road ahead will open widely? Though you say you are lacking, I certainly know that you have indeed received the special grace of God, and that you fundamentally possess the qualifications of a great servant. First, you are very loving; second, you are truthful; third, you are diligent; and fourth, you are generous.

You have already done many things with these four treasures, and I believe you will serve greatly in the future. Whoever it may be, if that person has a doctoral degree but does not have your sympathy, diligence, truth, and generosity, he cannot do anything, and he becomes a dead person. But even if one is lacking in learning, if that person has these four things, he will be a great worker. Since you have early on received and possess such precious treasures, I call you a jewel of Korea, and I not only love you, but I respect you. If you have already received and possess such treasures, thank God for giving them to you, and if you do not lose them, but go forward in the same way you did in the past, you will do a hundred times greater things than great scholars who do not have such treasures. But since you work while learning, I believe your knowledge and ability will advance more and more.

...

Therefore do not think of the present time in which you suffer illness as a time of unhappiness, but use this time wisely. How can you use it wisely? Use it as a long rest in preparation for the great work of your lifetime. Do you not know that a great rest is preparation for a great deed? If you consider it a good rest and determine your will, you will gain greatly. But if not, the illness will not be cured, and you will fear that you might lose something great.

Once you have decided that it will be a time of good rest, give up thoughts of doing or not doing, planning or not planning, and liking or disliking. Only pray with a peaceful will and cultivate the power of that great spirit, and strengthen the courage to believe in yourself. If you use this time correctly, it will be more valuable than graduating from university. I wanted to write more, but I am tired. Gyeong-Sin my love, do not weep. The road ahead of you is bright and great.

God will not abandon you, and our people cannot but demand [something] for you.

June 9, 1921

Dosan

Repent of Your Sins

(San Francisco, 1925)

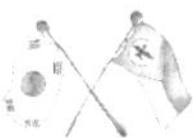

On Sunday, the first of this month, An Dosan preached the gospel at a Korean church in San Francisco. The gist of the sermon was "repent of your sins." He preached that we should repent of the following sins: (1) harming the lives of others, (2) forcefully taking the possessions of others, (3) disregarding the rights of others, (4) hurting the reputations of others, and (5) taking away the joy of others. Such sins exist in all nations and societies, but they are more prevalent in our society, and there are many who do not know that it is a sin to harm the lives and the possessions of others. Therefore, those who have committed the sins listed above will become examples of Christian repentance only if they repent of their sins. When told to repent broadly, then it is difficult for people to know what sin is. How can a person repent without knowing what sin really is? An said that we must give our utmost efforts not to commit such sins, but if we do, we must correct ourselves immediately.

Sinhan Minbo, February 5, 1925

Part 2

A Word for My Compatriots

"Do you love your country?
Then first become wholesome in character.
The reason there are no people of character among us is
that there are none who would determine and strive
to become people of character.
The person who laments the lack of people of character,
why does he himself not study to become such?"

1.

For the Sake of Civilization and Prosperity

(1906)

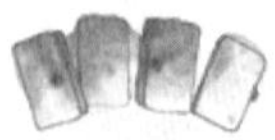

After marrying Yi Hae-ryeon on September 3, 1902, An Chang-ho went on his way to study abroad in America. While in America, he organized the San Francisco Social Association in September of 1903. Through this organization, An Chang-ho promoted the unity of Koreans. Later, in April of 1904, he established an employment agency in Los Angeles for Korean laborers in order to protect Koreans from unfair treatment by Japanese and Chinese employment agencies. Furthermore, he opened up a night school where people could learn English and theology. Such efforts led to the founding of the Public Association on April 5, 1905. The Public Association, which started in Riverside with eighteen Koreans, gradually grew in size, and An Chang-ho arranged for members to attend church through the night school. Also, he had the group establish its own bylaws, thereby assuring the credibility and reputation of Koreans.

This address by An Chang-ho, given in 1906 to commemorate the first anniversary of the Public Association, was published in the April 14th edition of *Gongnip Sinbo* (founded November 20, 1905), the official newsletter of the Public Association.

The reason we have decorated the house with flowers and color and are enjoying ourselves by singing songs is that we have reason to be joyful. But if the foreigners would see us, they would not know our hearts, and would simply laugh at us and say that our mindset is degenerate. Even if they laugh at and slander us, I have no answer to give. Our country has been overturned, our brothers have fallen into all kinds of disaster and have lost their freedom. Their awareness is insufficient, and all they receive is contemptuous treatment and abuse. Our parents and younger siblings are wailing under the hands of the enemy. Then why should they not mock us for enjoying ourselves like this?

But the reason we enjoy ourselves today is that this day is the day our association was founded. Why do we say we are joyful as we observe the founding day of our association? Generally speaking, though there are many purposes for leaving our homeland and crossing tens of thousands of *li* of ocean to come this far, there is one great purpose we share. That purpose is to lament the crudeness and fading of our nation, and to learn and imitate the civilization and material power of the United States. so as to transform ours into a civilized and powerful nation. Therefore, some among our Korean brothers say we should make battleships and cannons like the ones in the civilized United States, and some say we should build nice houses and pave good roads like the ones in the United States. I like all of these things, and wish to make even a flower garden like the ones in the United States. If there is something good that is lacking in our country, I want to learn and imitate it. We will necessarily exert ourselves, study and learn.

But in imitating and learning, there is a distinction of priority between what should be done first and what later. So if we are to learn civilization and prosperity from the United States, what should we do first, and what should we value more? In choosing a good plant, if we were to take flowers or leaves from flowering plants with beautiful foliage or plants that are fragrant, they will be good for a moment but soon they will shrivel and will not thrive again. However, if you first take the root and seed of that tree, then flowers and fruit will grow naturally and prosper. So we should first necessarily take the root and seed to plant them.

If we say we should pursue the civilization, wealth and power of the United States as such, then we should pursue the root and seed of civilization and prosperity. Then what is the seed of civilization and prosperity? The purpose of our association is for people of the same nation to unite and protect each other. On this day last year, our brother acquired that good seed and planted it, and now that we meet on that day again, we delight in it, even though others laugh at us and slander us. Since tens of millions of benefits of civilization and prosperity will be generated through this, why would we not be joyful, since we anticipate and desire great things? The civilization, wealth and power of all countries have been generated through this, and to speak of the United States, the reason they fought with Britain, desiring freedom and independence, is that from early on the people of America had the will to protect each other. Washington did not work alone, but all united and labored together, whether strong or weak, smart or ignorant, competent or incompetent, and this is why they could drive away Britain, become independent, create wealth and power, maintain that civilization and prosperity until today, and, finally, progress. All of this was aligned with the commitment of the people to protect each other. If, for an example, we consider one thing, we sufficiently see that education in this country is becoming more vigorous by the day, and since in every location numerous elementary schools, middle schools, and colleges are established, schools which were not founded by a president or a rich person but are achieved through the cooperation of all, and all other small and big things are achieved through the unity of the strength of many people, does this not indicate the will to preserve each other? Although many years ago our country spoke about, desired, and tried to learn civilization and prosperity, since it only coveted the branch and the leaves without acquiring and planting the roots, it has not achieved civilization, wealth and power but rather engendered corruption. Fortunately the brothers who came to the United States thought uprightly and saw many results within one year of the founding of this association, which is the seed and root of civilization, wealth and power. For this, I certainly believe there will be much fruit due to the abundance of the branches and leaves of civilization and propserity. Let us renew our oath, abandon all ulterior motives and excuses, and strive to make the seed we have planted grow well and swiftly.

[All the members applauded in unison.]

Gongnip Sinbo, April 14, 1906

Joyful News

After going to America and equipping the Public Association, An Chang-ho returned to Korea in 1907. In Korea, he established the New Citizen's Society and was active in education and industry. The result of his activities was the establishment of the Daeseong School in Pyeongyang, a porcelain company, and the Taegeuk Publishing Association. However, as his activities grew more noticeable, scrutiny and suppression by the Japanese authorities increased, and he was linked to the influences behind An Jung-geun's activities and arrested. In 1910, after his release, he applied for political asylum and travel to China and then to Vladivostok. No matter where he went in Russia, he worked to secure the status of ethnic Koreans and encouraged their national consciousness. After completing his activities in Russia, An Chang-ho travelled from the east coast of the United States and arrived in San Francisco on September 28 of the same year to stand once again before the Korean residents of the San Francisco area. This speech was delivered at the welcome ceremony organized for him by the San Francisco Koreans, and was published in the October 4, 1911 edition of the *Sinhan Minbo*.

As I left my homeland and headed back to this place, the reason I felt sorrowful and bitter was that our comrades have all fallen into a dangerous trap and are facing great hardship while I alone have escaped danger. What mountain or stream would not have added to my worry on the 10,000 *li* road through Siberia? But once I dropped anchor in New York, and travelled through the American continent to arrive here, everywhere I went I examined the circumstances of our brothers, and I feel deep joy and delight.

What is it that is delightful and joyful? During the five years I was away from here, our brothers have advanced in each field, they have changed and changed again, and although there were no students in the past, today there are college students, middle school students, and many elementary school students, which shows that the academic world has changed. In the past there was no one who undertook business, but today, everywhere there are farms, stores, and companies, placing endless hope in the future. The world of business has changed, and, in the past, I did not have my own house, and there were no newspapers printed with metal type, but today, clearly printed newspapers are printed in my house with my metal type, and they are widely distributed to the east and west, which shows that the newspaper world has changed. In the past there were no united groups, but today Korean groups in North America, Hawaii, Mexico, and Wondong function under names such as "Citizen's Society" and enjoy a united spirit, which means that the ability to unite has changed. Even the physique and the behavior of fellow Korean men and women, their language and their clothing styles have significantly changed, so that when they go outside they have the confident spirit of grown men, and inside they have the gentle attitude of ladies. This is the change of traditional habits, and what is more joyful is that students in the east, making use of their summer vacation, have started training camps to hone the spirit of martial arts. How is this not a great change compared to five years ago? That is why I say I feel deep joy and delight.

Some say the passion of Koreans living in the United States has grown more feeble than how it used to be, but no, this is not so. In my opinion, it is certainly not true. When we first came here as a group of six to seven hundred people, we had nothing besides our bare fists. However, how great was our material support for various causes and projects! How great was the extent of our efforts for various enterprises! Indeed, the Japanese and the Chinese would not have been able to accomplish such a great task with so few people. Also, if one sees the progress of our enterprises today, it is correct to say that they are increasing daily and growing monthly. But to say our passion is feeble is only to see superficially and not to know the actuality. I tell you, when you first crossed over to America, I was personally worried and anxious whether you would not [be as good as] other peoples. But the fact that you have progressed this much is due to your wise decision to change. And doesn't the fact that you are not lacking in anything in comparison to others show that you have hope to be better than others? Hence, I am deeply impressed by your passion and transformation, and for this I congratulate you deeply.

When we open our mouths to speak face to face with each other, it does not satisfy us even if we wail together. But today when I talk about the conditions in our home country, I want to give you only joyful news. What joyful news could there be when the country is fallen and its people are about to be destroyed? But there is something that is indeed joyful. The world says that the fall of the country is the fault of the king, or the fault of the Five Enemies or the Seven Enemies,[1] but how could a population of twenty million and a land of three thousand *li* be given away by the power of just a few people like Yi Wan-

1. A reference to five ministers who betrayed their country by facilitating the Eulsa Treaty (Park Jae-sun, Yi Ji-yong, Yi Taek-geun, Yie Wan-yong, Kwon Jung-hyun); and to seven men who transferred Korea's national sovereignty to Japan through the Japan-Korea Treaty of 1907 (Yi Wan-yong, Lim Sun-jun, Jo Jung-eong, Song Byeong-jun, Yi Jae-gwon, Yi Byeong-mu, and Goh Young-hee).

yong and Song Byeong-jun? The country is ruined because of numerous anonymous Yi Wang-yongs and Song Byeong-juns, so, without the need to name this and that person, all those who are a part of the Korean race share the guilt of the country's fall. Since I am of the Korean race, I am the one guilty for the destruction of my country.

But the one who has lost his country in the past will today restore it, and seen from many perspectives, there is endless hope regarding current activities and future prospects, and this is the joyful news I want to deliver. Some say believers in Korea have also been placed under the influence of the Japanese, but by no means is this true. This is all political rhetoric coming from Japanese newspapers. In reality, one can find in the church the person most loyal to his country. All of their work is invested in transforming those who lost their country into those who seek to reclaim their country. I will guarantee that the ones with the most accomplishments are believers. They say among the believers there are those who became the henchmen of the Japanese, but these are not the original believers, nor are they the believers of the future. They are those who were sent by the Japanese to be baptized by the church so that they could spy on the church in order to find out about the believers' affairs. If you look at their behavior, even though they deceive others by singing hymns and praying like true believers, how could they harass the true believer who lives according to the will of the Lord?

Know that true believers today are greatly distinguished brothers. And some say Japan's enlightenment came to be before

Korea's, but I say Korea's enlightenment came first. In speaking of enlightenment in two ways, the Japanese were enlightened politically and materially before the Koreans were. However, the Japanese can never match Koreans in terms of moral and mental enlightenment. Now that we are exerting more effort in the material dimension, the so-called civilization of the Japanese is only like a flower without roots. How can Japan catch up with a blossoming flower that is deeply rooted in the ground?

The believer should speak of the evidence by which he will exert more effort in saving his fellow countrymen than others. Not long ago, when I pleaded for donations for Indians at a church, I witnessed a lady taking out even her hair pin. If such a thing is done for Indians whom we cannot see, then how much more will be done when it is a matter of saving our visible brothers who have fallen into misery? That is why the most patriotic among our brothers are believers. It is because although there are many today among our brothers who are suffering, the new youth are those who have a passion that cannot be blocked or broken. That is why the Japanese outwardly say our way is not right, and so forth, but those among them who have knowledge greatly fear the mental development of our brothers.

Let us not only resent becoming the slaves of the Japanese, but whether male or female, young or old, let us each make haste to prepare to fight the Japanese. What does the preparation take? Is it cannons or warships? No, no. What we should make haste to prepare, whether young or old, male or female, is to compare with the Japanese the work you are doing and, with the thought of surpassing them, to do better than them. To do better than the Japanese in studying, in farming, in sales, in labor, or any kind of work. If we get at the point where we do everything better, that day will be the day of victory.

Dear compatriots, male or female, young or old, prepare for this kind of war. The ammunition needed for such a war are knowledge and capital. Only after fostering the production of wealth on the one hand and knowledge on the other can we be content. Do not resent having a smaller number of people. To speak of the history of America, 106 people crossed over and settled. So as we have done for the past four to five thousand years, let us not stop being changed again and again, and let us continue to expand our group daily.

Sinhan Minbo, October 4, 1911

To Gain What We Do Not Have, to Make Great What Little We Have, I Must Rely on My Power, and We Must Rely on Our Power

(1917)

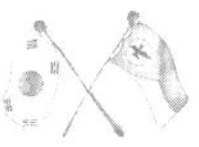

"I express both joy and sorrow in regards to a gathering such as this. The reason for my joy is that, though only a few, there will be bachelors of literature, law, and theology among us, and my sorrow is that while people of other countries produce multiple doctors and bachelors every semester, our Korean student community has produced only two or three bachelors in philosophy and literature, and two or three bachelors in law and theology in about ten years.

Other countries that possess the present of this age talk of war participation, neutrality, secret treaties, and negotiations, but it has become such that we do not have any view or feeling regarding them. Why would we have no view or feeling? We have lost our view and feeling because our power does not reach anywhere. But we now have something special to think about, and that is to generate what we do not have and to make great the little we have. As Jesus said "Although the mustard seed is utterly small among all other kinds of seeds, once it is planted and grows, it becomes a tree where birds come to rest," we should not lament our state of affairs today, but let us work toward multiplying the few scholars we currently have in the fields of literature, law, and theology.

It is a difficult thing to gather like this on this evening. To make an opportunity of three or four hours is not our difficulty, but it is the difficulty of the three graduates who have had to endure directly or indirectly much hardship for the past five, six, or ten years. To endure much hardship in this way and to move forward in self-determination is to accomplish one's studies. The reason people go through such laborious studies is to develop morals, knowledge, and physical strength. This maturation process requires two kinds of abilities, and they are what are called "my power" and "our power." "My power" names the individual's own power, and "our power" names the power of the entire people.

Have the people of Korea developed this power of the individual today? Has the collective power of the nation developed? If someone asks whether we are aware of this, I would answer that we are not. Although we are not moved at the graduation of other people of other countries, the people gathered here this evening do very much delight in your graduation, and this is evidence for that fact.

Today, each country of the world has founded schools and encouraged scholars and inventors with great amounts of money in order to develop the intellectual power of their entire people. Regarding this, although Bismarck of Germany and Li

Hongzhang of China are both politicians, there is a difference.

Those nations whose science is advanced have power in war and gain victory. The reason the Germans have not lost to the allied forces, as you have heard and seen, is that they have already developed the overall intellectual power of the people. Not only Germany, but each country of the world, seeing the overall intellectual power of the people as a necessity, makes efforts to develop, and this is why there are so many doctors and bachelors. But only our people of Korea are not this way, and the only effort they make in their so-called education is that they establish irregular schools in the cities or in the rural area and momentarily make commotions about them. Thus, our people are in the midst of extreme darkness and poverty.

To now speak of the graduation of the three students, one aspect of the accomplishment is their own power, and the other is the support of righteous people. Although we do not help in the maturation process of a people's intellectual power, when we see the support given by the righteous, we naturally have something to think about. If in the past there was such awareness, today we would have seen great results.

When we look at the past sources of income for the Korean community in the United States, we see that one was monthly pensions, another was relief funds, and the last was educational funds. If we had taken the educational funds at the time and developed the intellectual power of the people, there indeed would have been great results. But the income was only nominal and there was no real application, so the attempt to do this only came and went in the daydreams of a few people. In other words, if we Korean people are to gain universal happiness, we must have "my power" and "our power." The reason I have been given the position of president of the Central Headquarters of the Citizen's Association is that I fear its disappearance, even if as an empty title. So if you want to grow "our power," do not keep the Central Headquarters in name alone for so long, but make it a reality. If we estimate the number of Koreans in Mexico, North America, and Hawaii to be around five to six thousand, and if each gives 1 *won* to the educational fund, the foundation for our students' education will be laid. Seen in this way, our power is a great thing. Therefore from now on I will, with my colleagues, plan the growth of the people as a whole. So you must focus on your business and the common good of Koreans.

Sinhan Minbo, July 12, 1917

In addition to working hard to facilitate the settlement of Korean laborers and the protection of their rights, An Chang-ho devoted himself to supporting international students from Korea in their activities and educational affairs. It was because he himself had to study abroad in America, and because Korean laborers and students made up the majority of the early Korean immigrant community. It was Christians who exercised leadership in the early Korean community. While in Korea these individuals had already encountered Christianity through missionaries, and after finishing their studies in America, they jumped into pastoral ministry for Koreans. During the 1910's, as Japan's rule in Korea became stricter, immigration to America became difficult. However, many students seeking asylum found their way to America through the sponsorship of the Korean National Association established by An Chang-ho. A significant portion of these students were the graduates of Christian schools in Korea, including the Pyeongyang Daeseong School, Sungsil Academy, and the Seoncheon Sinseong School. However, among those who came as student refugees were many who were lacked education due to home circumstances. For this reason, some people enrolled at preparatory schools for Koreans and others even enrolled at local junior high schools to study. In this environment, as the Public Association became the North American Regional Headquarters of the Citizen's Association in February of 1909, it was the major educational initiative of the Korean immigrant community in America to set aside a budget for the operation of preparatory schools and to construct buildings where students could study. (Chang Gyu-sik, "The Korean Student Community and Dosan An Chang-ho from 1900 to 1920," *Korean Modern History*, No. 46)
It is likely that this address given at the reception for the graduates of the L.A. Regional Chapter on June 22, 1917, arose from An Chang-ho's reflections on the fruit borne of such voluntary educational efforts on the part of Koreans.

We Poor Koreans Have no Joy

(Los Angeles, 1918)

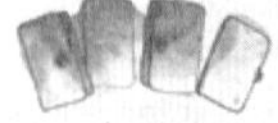

Under the title, "Address by An Chang-ho, Chairman of the Jungang Day of National Disgrace," the article was published in *Sinhan Minbo* on September 12, 19, and 26. In this speech, which took place at a reception hosted by the L.A. Regional Chapter of the Korean community, An Chang-ho looked back on the Japanese annexation of Korea, which was made official on August 29, 1910 under the heavy pressure of Japan. This was recorded by Park Young-ro, the secretary of the L.A. Regional Chapter at the time.

Along with you, in grief I have observed the Day of National Disgrace each year. I observed this day in Danuba last year. On my way back from visiting our brethren in many places across Mexico, it so happens that today is the day, and I am here with you to share this sadness. It is something about which to be joyful and infinitely solemn. After not being able to see each other for a year, and finally getting together today, I have much to say, but I set aside all that and only wish to talk about my sentiments about the Day of National Disgrace.

My dear fellows! Let us look at each other! Our brothers in the United States are to be pitied. Depending on the situation, there are many kinds of pitiful people in this world, but the most pitiful are those who do not have joy. To speak of the extent to which we Korean expatriates lack joy, there is not one single joy [common to] the people of the world that we are able to enjoy.

We Lack the Joy of Having our Own Space

The fish in the sea frolic with seaweed in their mouths, and the animals of the fields rely on plants. Though they are lower creatures, they enjoy the places they live in. People, next to clothing and food, have a taste for shelter. Whether they depend on the mountain or the water, they love the place they live in. They build walls with yellow mud and undertake in heavy labor to enjoy cleanness and spaciousness. They build foundations with marble and make rails with fine wood to boast of their riches. It is a matter of being human to live in such a place and become fond of it until one grows old. But look, we Koreans in the United States do not have joy! For ten years, we have wandered about in the east and in the west with bundles of belongings, today staying at this farm and tomorrow moving on to another, like lost children. If we happen to arrange all our belongings and come into town, we stay in a small room in someone's backyard and sleep with no comfort. They say the North American continent is vast, but we have no place to stay! This is a pitiful situation that only we must suffer.

We Lack the Joy of Making Business

What is the joy of business? Based on the urgent problems facing Korean residents in the United States, I only speak of that aspect which concerns their wellbeing. It is taken for granted that we who have come here to live have failed to learn industry. But farming, selling goods, or accumulating interest by investing capital are not only useful for maintaining a living, but they are a source of pleasure that lets us forget the toil of our bodies. Not only can those who invest tens of thousands of dollars enjoy the profit, but also those who only invest dozens of cents in a small business can enjoy accruing money. However, from what I see, we Koreans are not like this. Although the development in Korean agriculture in northern California is fortunate, since the majority do not have the joy of business, the future prospects for those of us growing older is truly precarious. Accordingly, there is no joy of personal wealth.

We Lack the Joy of Learning

See here, my poor compatriots, have you tasted the joy of learning? They say that whatever a person learns, the reason he exerts himself in learning while young is to make use of it once he has grown up. But that is not all. Whether or not a person can make use of his learning is secondary. It is only right for a person to gain knowledge. Someone even said, "If I learn the Way in the morning, then I can die in the evening!" Do not doubt this! This is really true!

I do not say these things to earn some kind of praise. Look at the scholars of yesterday and today! When they cut down on their cigarettes and receive military support from others while squeezing out what little resources we have, although they were not without a desire to refuse the pain and to retreat, they still endure and wait for success in the future. They say they have courage, but they cannot do this only with youthful courage. When you analyze and deeply study one thing, you learn two things and gradually interpret the principle. Your heart becomes delighted and your mind becomes clean so that you can solve any kind of problem. When you are short of youthful energy, you do not regret even if you sacrifice your life. The joy of the one who learns cannot be traded with anything in this world. My fellows, do we have this joy? Though it is difficult for me to hastily judge that we do not, I think it a fact that after ten years of labor there is no joy of learning!

We Lack the Joy of Morality

When I mention the joy of morality, those outside the laws of this world would see it as an inconvenient restriction. But to think thus is not a small misunderstanding. When I support some party and argue on behalf of it, if I realize right principles and practice virtue, and if I am careful with my words, my walk, and my body, and if I am faithful, and simple and humble in my actions such that I might set a standard for society, then inwardly I will be spared shame, and outwardly I will be respected by others. If a man becomes like this, he will benefit society even if he speaks one word; he will make humanity happy even if he writes one word; and his knowledge will gradually increase even if he thinks on his own. If he opens the Book of Revelation, the golden road and the pearly gates of Jerusalem will open up before him, and if he masters the Diamond Sutra, lotus flowers will flourish and clouds of five colors will shine through the entire universe, and the joy of this could not be exchanged even for a great kingship. It is not unreasonable to say it is difficult for all people to be like that, but, in general, morality is humanity's way of comfort, and if there were no morality of learning, at least there should be public morality. Only then will your mind and body be at peace.

Apart from these, there is no joy of family, which is the first challenge for the life of character, and there is also no joy of socializing. In short, we have not even one joy the people of this world enjoy, so we will naturally fall into pessimism. Then would we be joyful if we had the various joys above? No, no! For instance, even if we had the various joys above, if we did not have the three joys that follow below, we would never be happy. If anyone says otherwise, I would say that something is wrong with that person's internal workings.

How Great is the Bitterness of Having No Country!

I ask you simply, how great is the bitterness of not having a country? Have you not experienced it? What must we do today in order to prevent anything worse than not having a country? What hurts so much is that we who are hurting all over our bodies have spent eight years groaning. But let us set this aside, and look at the situation of those with countries. Consider England, the United States, France, and Germany. They say "our country" when they engage in a just war, and say "our country" when they make a peace treaty. Just because they are able to declare "our country," they are moved to joy, they dance, and they march forward in unified steps despite the sound of cannons shaking heaven and earth, despite their flesh being sliced off by the clashing swords and their blood drenching the earth, and despite those in the front being cut down furiously; this is the unprecedented effect of today's war.

And regarding their peace treaties, they do not refuse even one condition for the sake of their own country. If one demands the restoration of its previous territory, the other demands compensation for it and does everything for "our country." That is why the Americans have the standard of "American Supremacy," and the Germans have their standard of "Prussian Supremacy." Ah, why should they not say "our country" and be so joyful? During the war four years ago, Germany's trade routes were blocked and it suffered a food shortage; half of France's territory was reduced to ashes by artillery barrages, and Belgium and Serbia suffered terrible losses. The reason people rejoice for having a country is that without one they would die, but because they have one, they are able to live; the human instinct that desires life rather than death rejoices over having a country for its own life.

How do people enjoy life? In the life of being born in one's own country and returning to it, when a person is young, he is reared with the love of his parents. As he relinquishes an immature understanding of affection, he begins dating another person, and this becomes the foundation of his family. In spreading their wings in the world, those who are erudite will aspire for success and rise up to govern their country. Those who are in this situation work in agriculture or commerce, they sow in the spring and harvest in autumn, and they trade abundant goods with the world and control the world economy as they see fit. In the sea they catch fish and in the mountains they mine gold, silver, bronze, and iron. They eat whatever they want and decorate their children with accessories. When they are old, they rest their bodies and they hold their grandchildren in their arms under sweetbriers in the mountains. They have all kinds of fun fishing in the rivers and lakes and hunting in the woods. In this way, their consciences become naturally stimulated to love their own countries.

Therefore, those who have advanced learning rejoice in their own country; those who are ignorant rejoice in their country; even hoodlums rejoice in their own country; even drunkards with naughty eyes sway their hips in joy at the thought of their country; and even gamblers with pistols in their pants and gambling chips in their hands cannot help but rejoice at their own country. Look here! Since we have not known such joys for eight years, is not our bitterness great?

How Great is the Bitterness of Having No Freedom?

Generally, those who do not have a country consequently do not have freedom. If one does not have freedom, one is as good as dead. That is why Washington prayed, "Give me liberty, or give me death," This is commonly attributed to the American statesman Patrick Henry (1736–1799), not George Washington which tells us how valuable freedom is. Those who do not have freedom say that reality resembles death. Those who are locked in prison are those whose bodies are not free. They are locked behind iron bars in a cold cell, and they cannot walk about freely with their feet or talk freely with their mouths. To speak of their pitiful situation, instead of saying they are like dead men, it is more correct to say they are worse than dead men. If one simply dies, one would not know anything. But it would be more painful for a live man to act like a dead one. These kinds of people are generally being punished for their crimes. For what reason must we pretend to be dead and be seen as dead people?

My compatriots, you who lack freedom! How great is the bitterness of not having freedom over your own bodies? Earlier, I saw a bird locked in a cage. Its home was colored, and decorated with gold and silver—better than a nest made of mud. Its food was rice scattered about at all times—better than picking at bugs in the cold rain and wind. Then why is it not yet tamed by humans, but tries to fly away whenever it can? It deeply laments that it must sit there with its wings hanging down, and it detests being locked up. If small creatures feel like this, then how can humans live without freedom? If one's country disappears, the person who is a part of that country dies with it at the same time. After that, one lives not because one wants to, but because one is unable to control one's body and is just waiting for it to decay. Now, there is a parable. Would you like to hear it? For a distance of 10 *li*, dead trees are unable to blossom and bear fruit. Then for what is the tree stump standing alone in solitude with its branches and leaves all broken and blown away? Because it has nothing to do in the spring when the flowers bloom, it only awaits to be uprooted in the winter and in the autumn frost.

On my way back from Mexico, I lamented all the more the fact that we do not have freedom. Nogales is at the border of the United States. An immigration officer asked me, "Are you

Chinese?" "No." Then, "Are you Japanese?" "No. I am Korean." Then he said something that displeased me greatly. So I became hopeless about entering the United States, and stayed there for days, doing whatever I could. When I showed them proof of my identification, a kind and gentle person allowed me to enter without difficulty. I thought about this while crossing the border, and it is indeed a painful thing. The world is troublesome and there is no freedom of action; where will I rest my body, and where must I keep my family so that there may be no worries? Away from my body and my family, my thought reached you. Like me, you also do not have freedom; since you have parents, wives and children, to where must we lead our parents, and where must our wives and children live? The bitterness of not having a country is as such. You should recognize the pain of this sadness.

Today, Koreans have no joy either on the individual or the collective level. So they have no joy when they enter their houses and when they are outside. If among the many people there were one person who had joy, people could comfort each other by sharing that joy. But whether we see Mr. Kim or Mr. Lee, or wherever we go, there is no source of joy. The hardship of not having a country spreads more widely than an epidemic, and it is more severe. If you have no joy, you are a sad person. If a person is sad, his thoughts become myopic, his emotions become lopsided, and his energy weakens, and this is harmful for the body. Such truth should not be studied with theories, but instead each person should look into the mirror and find it.

Look! We Koreans today, whether old or young, have our backs bent. Our faces look grim regardless of whether we are sick or healthy. First, we do not have the strength to sprint ahead of others because we lack a healthy sense of self-respect, and we repeatedly retreat because our muscles have shriveled. If such a situation persists, it will be difficult to save one's own body. Then who will save his nation? The more I think about it, the more I tremble in my bones and my hair stands up from fear. So let us sever ourselves from this violent and fearful sadness. If more of our people are happy than sad, then the opportunity to save our nation will open naturally.

One Way to Joy is Through Hope

One might ask with what we might be joyful when we have nothing, so today I would like to speak of how our nation might be joyful. There is no way to joy except by way of hope. Hope is to accept as a fact and wait in the midst of not being able to trust, and see what will be achieved in the future. For example, if a person who had starved for a whole day thinks of eating abundantly the following day, or if a person who had been naked all through the winter thinks of wearing warm clothes the following day, the mind is comforted, and this would discourage the person from ending his own life. Likewise, though we are slaughtered by the Japanese today, we must believe and wait, hoping that tomorrow we will slaughter the Japanese. Such hope cannot be attained without absolute courage and absolute ideals. Let us today exercise our ideal and courage.

I would like to illustrate this with an example. A few years ago, before 120 people were arrested during the persecution of the church, a certain official of the Academic Affairs Bureau of the colonial government went on a tour of the schools. When he reached the Sinseong School in Seoncheon, he realized that the students of the school were energetic and dignified, without any trace of apprehension or subservience. He was astonished, and thought it was extraordinary, and asked, "What is it these people believe that makes them so confident?" Then his suspicion led him to accuse them of a conspiracy, with evidence based solely on speculation.[2] "That they believed in something" does not mean that they believed as fact what they knew, but that they believed through hope. This is how hope is physiologically beneficial. Starting today, let us have hope and look into the mirror called tomorrow. First, our faces will become healthier. Our backs will also become straight. The sadness accumulated in our hearts will thereby melt away, and joy will enter and fill that space, thrusting us into the battle of the world. It is, first of all, hope that we should seize today and instill in the hearts of our people.

2. In order to oppress the secret organization called Sinminhoe and the Christian churches in the northwestern region of the country, a fabricated plot called the "Conspiracy to kill Proconsul Terauchi" was conceived to arrest innocent individuals. Seven hundred people were arrested and 123 were formally charged. Because 105 individuals received the guilty verdict during the first trial, it was called the "105 Incident." The Japanese authorities believed that Christians and American missionaries were behind this conspiracy in which George S. McCune 1872–1941, the principal of the Seoncheon Sinseong Church was one of the implicated.

Shatter Your Doubts!

Think! Do you think we will be able to win independence like this? People will attribute this to be our national character! If we today compare ourselves to the English, American, French, and German, there is nothing we have in common. First, our knowledge is not as advanced, our spirit is not as vigorous, and we have no wealth or power. Because we are unable to catch up with them in any way, people who are unable to look farther into the future despair, and there are more and more of those who say "It's all a lie that we can achieve independence," but this is a great misunderstanding.

To compare today our unlearned people to those who are advanced, thereby despairing of what we do not have, is to scold a seven or eight-year-old body for not being able to do the work fitting for a thirty-year-old man. This is to view one's nation through an unfair perspective.

Then let us subtract what they have acquired recently and again compare ourselves to them so as to arrive at an average value. When making such a comparison, one should not even mention comparing the president of the National Association with the United States president Wilson, or a journalist of *Sinhan Minbo* with that of the London Times. Instead, we need to compare an ignorant person with another ignorant person; the ignorant among Caucasians are more ignorant than the same among Koreans. Having traveled from Europe to the United States and from there to Mexico, I observed that our people dress themselves ostentatiously from head to toe with forty or fifty *won* suits even if they are manual laborers. This of course is an expression of self-conceit, but at any rate their refraining from dressing in shabby clothes like Western laborers shows that their attitude is better. Considering the quality of the people that is a factor for achieving independence, our people can have infinite optimism. Do not be dismayed over what you do not have now.

I will speak allegorically. There were two peach seeds; one was planted ten years ago and has born fruit, and the other was planted a year ago and has just rooted itself in the ground and has no flowers. Then would you cut down this tree because it does not bear fruit? Likewise, if we wait for a certain period of time, because we are naturally of good quality, we can even get ahead of them. My beloved brothers, respect and love yourselves and shatter the doubts that make you weak.

Let Us Work Together!

We who have endless hope have noble character, so let us move forward in the path on which we will progress. The path on which we Koreans will progress calls for three kinds of persons: the ignorant, the wealthy, and those who work together. In summary, let us work together with one heart. What does this mean? It means to partake in a certain event with one mind and one strength.

Reform

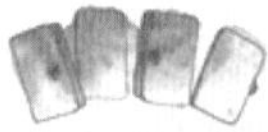

On April 1, 1919, in the immediate aftermath of the March First Movement, An Chang-ho left New York to go to Shanghai with a fund of 6,000 dollars from the central command of the Korean National Association. Most of the fund was used in organizing an interim government in Shanghai. An Chang-ho carried out the seminal work of informing Korean expatriates there about world affairs and of organizing the Wondong committee of Heungsadan. He arrived in Shanghai on May 25 and a welcoming reception was held at a Chinese church on Beijing Road in Shanghai. Until the second half of 1924, he strove to unify the interim governments scattered all over Shanghai, Beijing, Manchuria, and Nanjing. His work of organizing various institutions, establishing educational entities, and engaging in diplomatic relations for the purpose of winning independence included mobilizing Manchurian unification militias and founding the Dongmyeong Academy.

This address, which is well known for conveying An Chang-ho's principle of reform was given in 1919 in Shanghai. An advocated reform for independence and self-empowerment, and he also advocated reform of the Korean landscape and the Korean people. An also connected reform to repentance.

Brothers! What is it that we humans must strive to do during our lives? I state that what we as humans should do during our lives is to reform. Some may think that I say this in order to draw your attention to the problem of reform, but I do not intend my words to be thus. These words are based on what I have thought and learned in life.

What is it that humanity desperately hopes for and has as its final purpose? I say this is "the complete happiness of humanity." The answer to this question will be the same regardless of old times or new, east or west, male or female, young or old.

Then from where will we gain complete happiness? I say the mother of this happiness is civilization. From where will we gain this civilization? The mother of civilization is effort. We can gain civilization by putting effort into whatever we do. That is why I said "What our people should strive for is reform."

Brothers! What did Confucius teach? What did Buddha teach? What did Socrates and Tolstoy say? They wrote much and said many things in their lifetimes, but to sum them up in a word, it would be "reform." What was it that John, who came a little earlier than Jesus, first shouted to the people? It was "repent!" I say that this repentance is nothing other than reform.

So the entire world today cries out for reform. Whether east or west, politically weak or strong, civilized or savage, all cry out for reform. They say they should reform politics, and everyone says they should reform. Whether public discourse or private, there is much talk about reform. How can this be something groundless and irrational? Since it is a matter of fact, no one can stop it even if someone tried.

We the Korean people are now also crying out "Reform! Reform!" But I am doubtful as to how well our 30 million understand this "reform" and how valuable they think it is. Furthermore, I do know how deeply those who write about reform in literary circles and those who talk about reform on the stage have understood it. If, knowing this as a trendy term of the age, we talk about this because others do, and we make a commotion because others do, this is a great misfortune. We cannot gain any good or effect in this way. Therefore, we twenty-million strong need to sincerely understand this reform.

Brothers! Our Korea must be reformed. This Korea, this land of no happiness! This uncivilized Korea! We must necessarily reform it. Our ancestors of old were good at undertaking reforms. Hence, during those times, there was civilization and happiness, but our more recent ancestors and we people of the modern age have not done as well in the project of reform. The past is the past, and we should now start to reform this Korea. It is not something that can be slowly started in one or two years, but it must begin now. If we lose this moment in time, there will be resentment lasting ten million years. Do you truly love your country? If you love Korea as I love Korea, let us unite and reform Korea. Let us reform this Korea and make a civilized Korea.

What is *munmyeong* (civilization)? 'Mun' indicates what is beautiful, 'myeong' what is bright, so together they indicate something splendid and shining. Whatever is civilized is bright and beautiful, but whatever is uncivilized is dark and unclean. Since happiness is originally something valuable and good, it exists in beautiful places but does not exist in dark and unclean places. Hence there is happiness in civilized countries, but there is no happiness in uncivilized countries. Look, the people of civilized countries, in order to preserve and increase their happiness, preserve and develop their civilization. There is no happiness in an uncivilized country, but even if there is a little bit of happiness left, that remaining civilization will pursue destruction and the remaining happiness will gradually disappear. Is this not what we all well know?

We must exert ourselves in the project of reform in order to make our Korea a civilized Korea. What should we reform? We must reform everything in Korea. We must reform our education and religion. We must reform our agriculture, commerce, and engineering. We must reform our customs and habits. We must reform our food, clothing, and houses. We must reform our cities and farming villages. We must even reform our rivers and mountains.

Some may think it strange. Some may ask "What's the point of reforming rivers and mountains?" But it is not so. Do you know what great significance there is choosing whether or not to reform our rivers and mountains? There is great significance.

If we now reform those uncivilized rivers and mountains so that mountains become full of trees and water flows abundantly in the rivers, how great will the happiness be to our people? If we build houses and make various tools with wood and do all kinds of things with the water, all enterprises, including agriculture, industry, and commerce will greatly advance.

Not only with respect to materials, but in respect to the scientific and mental realms there is great significance. If the mountains and waters are reformed, then animals, insects, and fish will naturally multiply. And in the thick forests and calm waters, philosophers, mystics, and poets will naturally gather. Hence people will increasingly enjoy nature and love the universe. It is a proven fact that the arts develop in locations of exquisite landscape.

If we do not reform the mountains and rivers but leave them to nature, trees will disappear from mountains and rivers will dry up. And if it suddenly rains heavily, landslides will occur in the mountains and the rivers will overflow, ruining and burying the rivers and mountains. As the rivers and mountains fall into ruin, the people will grow weak. Then how great is the significance of whether or not we should reform the rivers and mountains? If you look at the rivers and mountains of other countries, the thought of wanting to reform our rivers and mountains will rise up like fire. In everything—not only in the rivers and mountains—there is this connection of significance. That is why I am saying we should reform everything.

I frequently hear the sound of our brothers expressing resentment and complaining. "There should be at least something to read in our newspapers or magazines!" "There should be at least some decent schools in our country!" "All religions in our country are corrupt!" I hear many such statements. Indeed, our country does not measure up to other countries. Whether industry, education, or religion, it is true that we do not measure up to other societies in everything; but I have something to ask you. Each of you, one of the twenty million Korean people, what function do you have? Do you have a specialized knowledge? Can you go out into society right now and sufficiently carry out a job? Think about this.

If you are not in such a position, look around. Among Koreans, your fellow countrymen, how many possess a significant function or specialized knowledge? How many of us can go out into society today and skillfully engage in activities, whether they be in the field of religion, education, industry, or wherever? Although I, you, and we all have mouths, we are speechless when it comes to answering this question. That is why the state of the Korean people today is such, and how could our businesses be the same as that of others? It can only become a project befitting a foolish person.

Foolish people in the world are generally like that. For instance, if a certain group's business goes wrong, people slander and resent the head of that group. If a certain country's project goes wrong, people slander and resent a few among the officials as traitors and conspirators. Those few undoubtedly would not be free from the responsibility for it. But it is not true that the government's responsibility lies only in the few officials or heads and that the people have no responsibility. Even if the ruler or leader is a hero and an outstanding man, nothing can be done if the followers lack righteousness or sincerity. And even if the ruler or leader were an evil person and ruined the group or country, it was the followers who did not detect those evil deeds until they were already done and left them to be done. So the general public and the people are not free from culpability.

Therefore, from now on, let us stop purposelessly resenting and arguing with someone. This kind of thing is not something Koreans of the new generation should do. I think Smiles' statement "There is no government above the people or below the people" is right.

Therefore we must reform our people. We must reform our incompetent people and turn them into competent people. How can we reform our people? To say that Korea is reformed is to say that each constituent individual in Korea has been reformed. So in order to reform a whole called the Korean people, we must first reform each individual who is a part of the whole. Who will reform each individual? Someone else does not reform me, but I should reform myself. Why so? That is because the right to reform oneself lies only in oneself. Even if someone says things that sound good to the ears, and even if a valuable text is open before him, if he himself does not listen and see, it cannot be done.

Then let us each reform ourselves. You reform yourselves, and I will reform myself. Do not lament that Mr. Kim or Mr. Yi next to you does not reform, but let us consider it hurtful and shameful that I am not able to reform myself. Is not the first step to reforming our people to reform myself? From this, we will have the hope of reforming our entire selves.

Then what is there about me that I should reform? I answer "Reform your habits." Civilized people are thus because their habits are civilized. Barbaric people are thus because their habits are barbaric. Therefore let each of us reform our bad habits and make good habits. Let us reform that mouth that likes to lie and make it say only the truth. Let us reform that eye that hates reading and make it enjoy reading. Let us reform those limbs that have a lazy habit and make them into active and diligent limbs. Let us reform all other uncivilized habits and enjoy civilized habits. We should reform even the smallest things, such as opening our eyes, paying attention, opening our mouths, and moving our form.

Some people say "What's the big deal about habits?" and think they are unimportant, but that is not true. It is rather easy to attack and defeat a thousand soldiers and ten thousand horses, but one must prepare for it for a lifetime. Some may think it laughable because I start with something big and conclude with such a small thing in the end. But that is not so. All the big things in this world started from the smallest thing, and greatly difficult things should be solved starting from the easiest thing. We must sufficiently realize this. If someone thinks of this as an ordinary saying and laughs at it, he will greatly fail. "That is only an empty idea and an empty discussion; how can that be done?" Some may think like this. But let us not think like that but make an effort. Let us do it today, and tomorrow, and if we fail this time, let us do it again next time, and let us advance like this.

Brothers, how much have we continued our project of reforming since the time we humans lived in caves until we could live in splendid houses, and since the time we covered ourselves with leaves until we could wear silk clothing? Therefore I refer to human beings as animals that reform. Here lies the difference between us and beasts. If someone were not able to do the work of reforming, he would not be a person, or even if he were, he would be a dead person.

Brothers, let us think deeply about the saying "If we worked continuously, would we not finally become gentlemen?" Today among the Christians of our country, there are the following kinds of people. They say "What can we do with the power of man? God has to help us." And they pray out loud with empty words. But they are in great misunderstanding. They did not realize that Jesus said "Only to those who ask will be given, only to those who knock will the door be opened." To them,

I want to say "First work hard, and then pray for help." They should realize the precious saying "Heaven helps those who help themselves."

Brothers! Now I would like to conclude. Brothers! Do you indeed love Korea? Do you indeed want to save our people? Then let us not wander and hesitate uselessly, but let us march on this road. Our only way to go is this way. With a sincere heart, I ask out loud.

"You Korean people! Do you have the confidence to reform yourselves?"

If we say we do have the confidence, let us quickly apply our power jointly to swiftly run to the open road ahead of us.

A Message to Fellow Koreans

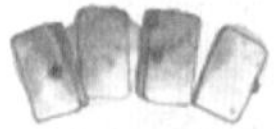

The article titled "A Message to Fellow Koreans," which conveyed clearly the thoughts of Dosan, was published in the *Dong-A Ilbo* in January of 1925. Previously, in 1924, An Chang-ho met Yi Gwang-su who had come to Beijing. The two men discussed the matter of publishing a magazine, and whether or not to make the Suyang Dongmaenghoe, organized by Yi Gwang-su, a branch of the Wondong Heungsadan that would be active in Korea, China, Russia, and Japan. This draft, which was based on An Chang-ho's words that were dictated to and written down by Yi Gwang-su, was published in the *Dong-A Ilbo* in January of 1925. However, the original manuscript did not survive, and the article published in the *Dong-A Ilbo* was censored and discontinued by the authorities, thereby remaining in an incomplete form. An Chang-ho parted with Yi Gwang-su in Beijing and returned to San Francisco in December. He founded the magazine *Donggwang* in 1926 and re-published the *Dong-A Ilbo* article. The following excerpt was taken from the introductory part of the article.

My elderly father, my brothers and sisters in the fatherland: a child away from home, I miss my fatherland. A while ago, when I was reading the following passage of a letter from a sister in the fatherland, I was stirred by an extraordinary feeling. "Sir, why are you taking so long to come back? Even the mountains, rivers, grass, and trees in the fatherland are waiting for you."

Furthermore, now is a time when your fathers, brothers and sisters are feeling sorrow and pain. It is difficult to suppress my frequent thoughts of longing for the fatherland. I wish to see in person the work you do, I wish to hear in person the words you speak, and I wish to let you know in person the resolve I have inside me. But I cannot go back yet. Earlier, I left my fatherland in tears, but unless the opportunity comes for me to see the mountains and rivers of my fatherland and be able to laugh wholeheartedly again, I do not want to go back. But I do want to at least indirectly give you words of comfort for your sorrow and pain, and words of praise for your good deeds in the midst of such suffering. I also want to ask and discuss with you for the benefit of our future, but did not have the chance. After the appearance of the *Donga Ilbo*, our mutual institution of correspondence, I did have many things to say to you through it. However, since I worried that even if I wrote about my thoughts and sent it to you, it might not reach you, I was not able to say anything yet. But now, I cannot any longer suppress my desire to do so, so I would like to share a word with you to the extent that it is deliverable.

1. I ask you whether you are pessimistic or optimistic. Have you embraced pessimism or optimism regarding the road lying ahead of us? If you have embraced pessimism, what is the reason, and if you have embraced optimism, what is the reason? Are your standards current with the circumstances and cases? I think success and failure first of all depend on what the purpose is. If our established purpose is wrong, we will always fail, but if our established purpose is right, we will always succeed. Therefore if you believe with certainty that our established purpose is right, there will not be pessimism at all but only optimism. Reflecting on the history of this world, those who established wrong purposes did succeed momentarily, but eventually failed, and on the other hand, those who established right purposes did fail momentarily, but eventually succeeded.

But if a person who established a right purpose failed, a major cause of that failure is that whenever there was some obstacle or difficulty on the way toward that established purpose, he had pessimism instead of optimism regarding that purpose. What I mean by pessimism regarding a purpose is to say the established purpose has collapsed. The one who does not doubt at all the success of his purpose when momentary obstacles and failures arrive, but who optimistically holds on and pushes forward to the end will certainly succeed. This is something knowable by anyone who correctly sees the history of humanity.

But what I want to tell you regarding this is that we should think deeply about the fact that in order to succeed in achieving a right goal, we must do right deeds without ceasing, and in order to do right deeds, we should become righteous persons. On reflection, the reason we are in this unwanted predicament is that we did not do what we ought to do. If we do not with our intellect do right deeds that accord to the achievement of our goal, it may be late to say that we have established a goal that is not actual, and it will fail because it is established falsely. Only a righteous person can do right deeds with the intellect.

Therefore I take caution for myself and sincerely ask of you to first exert yourselves to become righteous persons who can do right deeds, like in the old days. Even though we are heading toward our point of hope, it may be said that the trend of the age and the state of affairs are very difficult; but on examination, the trend of the age and the state of affairs before us are not that difficult.

But I do not make a great deal out of this trend and these circumstances, but since I firmly believe that if we as a group exert ourselves, make righteous goals as righteous people, and consistently do right deeds, there will be success; I have no pessimism but only optimism.

I believe that if only ten or twenty of our fellow Koreans would move toward the goal and advance with the spirit of truly righteous persons, in the future, one thousand or ten thousand people will advance together with the same spirit.

2. I ask you whether you complain about or pity the society of our people: do you complain about or pity the social conditions? This is a problem worth asking. In my observation, the degree to which our people complain about our society is increasing daily. I think this is a great danger to us.

It is true that the conditions within Joseon's society present much to complain about. Among us, those that are at the level of middle school have more complaints. As their level of knowledge increases, the degree to which they observe skillfully becomes enlightened, and it is easy for people to have complaints when they see the dirty, evil, and lacking aspects of our society close-up. But this is very dangerous. The result of complaining is that one eventually disdains and excludes one's own people. If people exclude their own people, they cannot avoid the curse of ruin. That is why I say it is dangerous.

Therefore at that moment when a complaint about our society comes to mind, we should change direction and move toward pity. No matter how incompetent, how evil, and how corrupt, if we have pity, we will want to save and help others and will have the passion to sacrifice and work for them.

In case of any group of people, if people truly want to hold, help, and save their own kind, then their countrymen will be saved.

Brothers! Are we saying that our people deserve our complaining but that we should force ourselves to pity them? No. It goes without saying that no matter how weak, incompetent, and unattractive one's own kind might be, one should consider them with affection. Besides, it is fitting for us to have pity for our own people. Although some of us are disrespectful of our own kind, saying that we currently lack in morality, knowledge, and conduct, our people are fundamentally not a people to be disdained. To speak of our people, we are a people that grew up with a beautiful temperament in beautiful rivers and mountains within the cultivation of a beautiful history and we are a people with an excellent foundation.

But the reason we have fallen in this momentarily miserable case is that we have imported American and European cultures later than others. To speak of Japan, since it is situated at the first entrance of Asia for communicating with America and Europe, it received new cultures earlier than we did because of its early communications with America and Europe. To speak of China, since it possesses a great area in the middle of Asia, various nations in Europe and America focused on communicating with China, and so China has also received the new cultures before us. Only we are not in such a situation, and because those who were in power in East Asia were ignorant, the new cultures have arrived later. If our people had received the new cultures when the culture of Europe and America came into Japan and China, our people would have been much better than Japan or China. The Japanese have the nature of pirates and the Chinese have a continental nature, but we are a people who have a peninsular nature, which is most appropriate for development.

As a people originally in an excellent position, we cannot but be indignant about ourselves and have pity on each other for being in such a miserable state and being misunderstood by others as an inferior people. Therefore, if the spirit of mutual help swells up by steering our spirit away from complaining and toward having pity, it is here that the salvation of our people will begin. Therefore I further urge our youths not to open their eyes to anger and to steer their tongues away from cursing their own people, but instead to let their warm tears that flowed five years ago continue to flow.

3. When asking, “Are you the owner? Or are you a guest?” dear brothers, how many are there in Joseon society that regard themselves as owners? It is strange to ask about something like this since all the people of Joseon are the owners of Joseon society. Though in name alone every Korean is an owner, we do not know how many owners there are in the truest sense of the word. Any house without an owner would come to ruin or be taken over by someone else. Any society without owners would likewise collapse and some other society would take over the sovereignty that was reserved for the original people of that nation. Therefore, we have no choice but to see if indeed there are

owners in our society and, if yes, then how many owners there are as we think about the future of our race. Starting with each one of us, we should ask ourselves whether or not we are true owners of this society.

If not owners, then we are guests. How can we distinguish an owner from a guest? Anyone who does not have a willing spirit of investment in society is a guest. There were times when we cried passionate tears for our society and there were times when we blurted out our cries. Besides our tears of sorrow and our cries, if we think we are owners just because we offer even our bodies for our society, then it would be a misunderstanding. Even a passerby can cry tears when witnessing a tragedy unfolding in someone else's home, or one can cry out or even jump in to save the household in danger. However, that person is not the owner. Because that person is a guest, this kind of altruism would eventually cease without an enduring sense of responsibility.

The type of owner that I want to know and demand is someone who embodies an authentic spirit of investment in our society. Anything more than this, whether a person is pessimistic or optimistic, critical or compassionate, can be directed at our circumstances just once. Such a thing, in any case, should be directed at a guest and not at a true owner. A true owner cannot abandon the work of the household, whether the household affairs are in a state of fairness or disrepair; a true owner does not abandon the household, whether its members are good or bad; a true owner depends on trust and ability in devising plans and guidelines for the growth of the family by taking into account the circumstances of the household, whether knowledge or financial resources are abundant or scarce; a true owner is someone who is responsible in taking care of the household, and strives to do his best until the point of death.

The deeper a household falls into hardship, the stronger the owner's concern grows and he never fails to devise a plan for leading it out of the predicament. Likewise, those who regard themselves as lawful owners of society do not forsake the efforts of building up the nation but come up with specific methods and plans for saving their nation and strive to follow through with these plans unto their death. These are true owners, whether their fellow countrymen are lacking or in the wrong, whether how many times previous efforts of nation-building have failed, whether their abilities are adequate or not.

Inheriting the March First Movement

(San Francisco, 1919)

This address was given at a committee meeting of the Korean National Association Central Command on March 13 in the immediate aftermath of the March First Movement of 1919. With the collected fund of 6,000 dollars, he went to Shanghai on April 1 of the same year.

Today, it is difficult for us to calm our minds since joy and sadness radiate together and our hot blood boils to an extreme degree. For a long time we have received a heart-wrenching sorrow and humiliation, and finally today we have begun an event of historical proportions. As we stand up in joy, we simultaneously experience a desperate emotion and even grieve. Moreover, we worry that success before us might be extremely untenable.

Before the great event of our declaration of independence, we hesitated, looking forward and backward, not knowing the inner workings of our countrymen back in our homeland. But in a time when people nationwide sacrifice their lives for the country, we, who are a part of the people of Korea, should advance with all our ability and power, sacrificing our lives courageously unto death. If we swear unto death and advance, we will be moved by each other's loyalty. I believe that if we have a generous and strong mind, pour out affection passionately, and form deep relationships, there will be no jealousy and hate, and no fear and dread; rumors that say Yi Seung-man and An Chang-ho are such and such, and Yi Dae-wi and Bak Yong-man are such and such will already be destroyed on their own, and, hence, brothers in the provinces will feel and love each other, showing sincerity to each other; brothers who gamble will stop playing cards; and brothers who drink will throw away their cups, stand up in unison, and, under God's command, they will succeed in the future through death or independence. When seen in light of the evidence of world history, it is rare that a country's independence succeeds with one fight, and even if we look back at ourselves right now, our Korea's independence will completely succeed if we bleed endlessly to lock up Japan's islands in the ocean. Let us restore independence by dying and dying again, using what we can, first using our fists and later sacrificing our lives. The courageous are bold and solemn when faced with great deeds. Hence they go to take on the responsibility mentioned above, so let us who are courageous be cautious of vanity, deal with all matters seriously, and cheer for our independent country until the end. I will now talk about my ideology.

1. We will achieve our purpose only after we shed our blood. We will not keep any secrets any other than those that must be kept in preparation for this,

2. Koreans living in North America, Hawaii, and Mexico should realize a special responsibility. The special responsibility is one imposed on us for being in the United States. The United States is the most holy republic in the world, and an advocate

for freedom and justice, so if the United States acts in the future, it will be significantly connected to us.

We should start preparing now, campaign widely, gather up public opinion using newspapers and magazines. The religious sector should widely report the cruel executions of Korean believers and ask for others to pray for us. In this way, if every person in the entire United States knows about the situation of Korea and shows much sympathy, in the future we will gain powerful support for our activity. This indeed is diplomacy and is a responsibility I ask of the brothers in the United States.

3. Financial support is also the greatest responsibility of Koreans living in North America, Hawaii, and Mexico. In a time when 20 million people rise up, since we are not able to freely travel to Korea due to the ocean, we take on the responsibility of financial support instead of devoting our bodies, so let us think of ourselves as soldiers who fight with money. Our independence forces who have risen up with bare fists are waiting for the support of their brothers overseas; they have nothing to eat or wear, so to fight with money is as important as fighting with our lives. That is why I say financial support is our greatest responsibility.

Regarding the collecting of donations, there was the opinion of direct-proportion donation, and in view of the public sentiment about money, some think each person's blood will boil up and they will donate everything, and if they do not they think they can coerce it. But a great deed cannot be accomplished in this way. In view of the abandoned condition of the independence forces, one year is likely and two years are also likely, so they will request endlessly for funds. If we at once shake the living foundation, we will not have room for continuing in the future, so at this time we should choose an economical policy, encourage more strongly the businesses of our brothers, and collect donations according to their profits, but however much they make, let us collect each month or each week a twentieth of their income.

In order to carry this out, it will inevitably have to start in April, and let us in this month have people make a special donation of an average of more than 10 *won* per person among the brothers in the Americas, Hawaii, and Mexico. To sum up, in a time when there is trouble in our country, lives and possessions are not ours but the country's, and whenever we devote it, let us devote everything to the country. On behalf of all the fellow countrymen in the Americas, Hawaii, and Mexico, I impartially state that I have determined to help our country by mustering up all my loyalty.

[March 13, 1919] *Complete Works of An Dosan*

Pyungyang Taisung Academy Korea

Our Nation, Our Younger Generation

"Truth most certainly has its followers,
And justice most certainly has its day.
Though you may die, may you be without deceit.
Disappointment is the death of the youth,
And when the youth die, the nation dies."

An Chang-ho's Letter to An Pil-lip

Among the various different kinds of learning, the learning that makes the mind peaceful is the greatest. Why? Because it is the greatest happiness. The one who is in a painful circumstance should learn the peace of mind.

Keep your smile at all times.

My son Pil-lip,

I saw your mother's letter, which said you have grown much, and I am happy. I miss you very much. I am at peace. Since you are growing, you will naturally leave the ways of the child and become an adult. What you should work hard at is studying. Learn diligently with all sincerity. Also, start learning about what the Young Korean Academy [Seoul Young Korean Academy] is, and start thinking about what a man should rightly do, and choose the right way.

May 18, 1920

Your father

...[Omitted]

My son Pil-lip,

As I have said before, as you get older, you are growing taller, and your body is getting bigger; you should try to be a better man than when you were young and small. I very much want to see you in person as you try to become a better person.

Since your temperament is one that does not deceive others, does not lie, and is truthful, I think it would be easier for you than others to become a good person. Being truthful and clean are the first qualities in becoming a good person. Practice being diligent and enduring hard things. Do you read diligently? Read without ceasing. But do not read any kind of book, choose books that are especially good. In becoming a good person, two things are important: to make good friends and read good books.

Choose two kinds of books. The first are books that are helpful in cultivating the work and the character of good people, and the second are books that are helpful for your purpose and learning. Read books according to these two standards, and learn well the language of Korea. I believe you will receive with a pleasant mind my words to you.

August 3, 1920

Your father, from Hong Kong

To the Young People of This Land

1. The Exhortation at the Convocation of Pyeongyang Daeseong School

I take the principle of setting examples very seriously. Regardless of the goodness of a theory, unless it is put into practice and actualized as an example, I believe that there would be no impact. It is more important to establish one exemplary school for the reason that people would try to model after it than speaking thousands of words about the so-called school education. As generating theories requires extraordinary creativity, using it for concrete applications also requires individuals with extraordinary intelligence and courage. For this reason, even great theories often go for naught, because of the lack of those who could actualize them. However, if an example is constructed, then all that it requires is those who have the power to copy it. By taking the principle of setting examples seriously, if we could turn this Daeseong School into a good school with much hope, then many schools would appear all over the place to become like it.

Besides this school, I have this principle of setting examples in relation to building good character. If a certain person develops authenticity, then there would emerge many authentic people. Therefore, more than anything else, turning oneself into a person of healthy character is the way to make our nation healthy. Why don't we listen to ourselves the best? Let us first make ourselves anew so as to be coachable. Then, even if we remain quiet, others would look at us and model after us.

In this sense, Daeseong School needs to be made into an exemplary school so that many other schools of the same spirit may be established all throughout our land. To do so is the truth, goodness, and beauty of the progress of the school's education. Its eight hundred students should each become an exemplary person, thereby being examples to twenty million Koreans. To do so is the truth, goodness, and beauty of the progress of our character as citizens.

The educational policy should focus on the development of a patriotic citizenry with healthy character. Then, what is a healthy character? It has in its center, diligence. It is to be without cheating words and deceitful deeds. The greatest sin for students is to lie, and this should never be allowed.

"Even if you die, be without falsehood."

This is my greatest request to you all, students. Keeping promises, being on time for the assembly, is a lesson in diligence. Breaking promises, not being on time, is an application of falsehood.

Therefore, from this day and on, more than anything, keep the practice of arriving in the classroom five minutes before the beginning of the class. Whether it is a meeting with colleagues or a speaking engagement, take care to be punctual so as to open the gathering without having to announce the beginning. Thinking about study during study sessions is to be diligent. It is of falsehood to think about or do any other thing. During study sessions, be as quiet as wooden or stone statues and fixate your eyes on the teacher. Being cloudy in thinking and lukewarm in disposition as in disingenuousness is what brought decline to our country and our greatest enemy.

When it is time to move, give your all to compete and move about. When it is time to be quiet, give your all to quietness.

Our ministers are ministers in name alone. Since they do things [other than what they need to do], our country is in this mess. The only way to recover from the decline of the country is through diligence. I ask you, eight hundred students, to become trustworthy individuals so that our nation could be a nation trusted by the world. I believe that there is no other way to rehabilitate and bring glory to our country.

2. Self-Innovation (From a Speech to the Students' Association)

Students!

Without a country, there is no family or individual. When our nation is being mistreated, I cannot enjoy glory alone. From history, we know that a nation that starts to decline falls deep into the pit of destruction unless it brings itself onto the path of revival. For a nation in decline to hope to become a nation on the rise without having to change is the same as trying to build a new house with rotten wooden beams. Therefore, in my eyes, our nation's rise or fall depends on its political will for obtaining independence. If the power and the spirit of the people are empowered, then the country's independence and prosperity will necessarily follow. But in the current state of our nation, the possibility of progress is unclear. The most urgent need is to achieve reform for the nation through personal reform.

What are the elements of personal reform? Our country will reach the level of the world powers only if we, each a member of our nation, bring ourselves up to the level of Great Britain or America in our morals, knowledge, and economy. To speak of wanting independence or loving the nation in words or wits alone is the same as lying beneath a persimmon tree with an open mouth.

Since I believe that a complete, autonomous independence can only come from the power of our strength as individuals and its mobilization, I can declare that our independence movement lies in our reform as individuals. First, I should make myself a healthy character. Developing healthy individuals provides the foundation for building an independent country. However, our country collapsed because its foundation was not strong enough, can we build our new country on this broken foundation? Do I listen well to myself only? First, turn yourself, who listens to yourself very well, into a new person.

Then, even if I remain quiet, other people would look at me and model after me. Then, what kind of person does become an example for others? It must be a diligent and earnest person without falsehood, a person of integrity and voluntary action, a person of compassion, a self-sufficient person who takes care of his or her own need for food, a credible person of friendly affection, a person who promotes the interests of the nation and the welfare of the people, a person of truthfulness and authenticity, and a person of faithfulness and courage. This is the picture of a healthy character. If such individuals were to be brought together sacredly so as to provide the foundation of the grand work of evangelizing the nation, if our people were to become morally honest and without deceit to the extent that they are deemed credible among themselves as well as by other races in the world, if many individuals with intellectual competence to lead in the areas of politics, economy, business, education, and arts among others have been developed, if our people were to engage in robust trading with many nations in the world, if our people were to become self-sufficient through their labor and the improvement in manufacturing skills, such independence can withstand any kind of storm and guide our country to be an exemplary people to all humanity.

This is not in theory alone. The reason that our nation can be an ideal nation that is uniquely special in the world is the beauty and strategic position of our land and the homogeneity and excellence of our heritage and culture among other things. Furthermore, since our nation is at the geographical and historical intersection of the cultures, east and west, old and young, if our people were to recognize this responsibility and continue in our efforts, then soon there would be the fullness of time. If our nation were to work hard to become united, then there would ultimately come a day of fulfillment.

In their discouragement for having lost our national sovereignty, our fellow countrymen are often moved to the thought of wanting to obtain independence even if it means in status and reputation alone or even if there were many things lacking. I try to watch out for such ideation.

The independence that I talk about is not an embarrassing kind obtained through the power of others but an authentic one actualized by the power of the people. The kind of new country that I think about is not dirty, nameless, weak, and insignificant but one that can be an example unto the world and that has the right to speak to the world and the power to inspire. To paint a picture of this new and ideal country to you, students, there would be high-ranking Korean officials in every major city that fly our flag. The flag of Korea would be the marks of the excellence of our products and our credibility and Korean ships carrying people and freight would be docked at each port with their flags flying in Pacific and Atlantic Oceans. These ships would be the safest and fought over by many nations for their comfort. Our Mount Geumgang would be visited by the visitors from all around the world. Though people today are reluctant and embarrassed to tell others that they are Koreans, the day will come when the word "Korean" will signify virtue, wisdom, and fame.

Dear students, with such hope and determination, give your lives to this cause. Therefore, in my perspective, I see and treat each one of you, though a member of a certain student association, as a person who carries a great historical mission of building a new country. It is because all of you are the seed planters who spread the seed of this precious vision wherever you go. As this vision spreads and expands, you will find tens of thousands of comrades, and I believe that among them countless national heroes will be born.

In order for our nation to become such a nation, our race has come this far in our history of over five thousand years and to create this glory is solely based on our personal cultivation and efforts.

Upon returning to Korea in 1907, An Chang-ho organized Shinminhoe, a secret organization. Despite being a secret organization, its businesses were publicly known. The most well-known were the establishment of Daeseong School in Pyeongyang, the establishment of Masan Boys Company, the organization of Youth Learning Society, and the operation of Taegeuk Press among others.

Daeseong School, which was founded in 1908, even before its first anniversary, had begun to exercise its influence on other regions. However, even before seeing the first graduation of Daeseong School, An Chang-ho had to go abroad. His impact on the young men during this short period of time could never be underestimated. The fact that Namgang Yi Seung-Hun came to build Osan School, Gyeongseong Middle School was established in the region of North Hamgyeong Province, Hyeopseong School was built in Gowon, and many other private schools were founded in the northwestern part of the country owing to a great deal to the impact of An

Chang-ho and Daeseong School.

To speak of the Young People's Learning Society, it was organized to unify young men, especially students, who had not been yet tainted by the old culture but retained great ambitions and passion, and used them as catalysts for the movement of inner discipline, in other words the movement of national enlightenment.

Its central values included military training, moving forward, loyalty, and courage with which to nurture one's character, putting effort into the training of group life, and developing professional learning or skills as well as the pursuit of being a person of healthy character through daily activities of developing the trio of virtue, physical strength, and knowledge.

His vision of regarding young people as the hope of the nation can be gleaned from his speeches to young people during the convocation ceremony of Pyeongyang Daeseong School and at the Young People's Learning Society.

Dear Joseon Students of Today,
as well as People Born in Joseon,
What Kind of Spirit Should You Live in?

San-ong (An old man in the mountains)

Society Begins with Action

By “today” I do not mean the past or the future, but the case that has become in the present, and by “Joseon student” I mean one born as a Joseon person.

In general, all students are those who are preparing to go into society and work. Since survival and prosperity are gained according to man’s activity, if there is activity we will live and if there is none we will die, and if there are many activities we will prosper, and if there is little we will prosper less. Therefore, the survival of human society depends on man’s activity, man’s activity depends on properly preparing weapons with which to act, and the one who prepares these weapons is the student. Therefore those who are the students of Joseon should not forget that they are the ones who will go forth from Joseon society to any other society in the world.

True Action is the Fulfillment of Duty

In activity, there are nominal activities and actual activities. We cannot say writing formal statements on prospectuses or mission statements or newspapers, or writing names is activity, but true activity is to actually fulfill one's duty. And in the case of a British student, it is to rely on Britain to prepare and act, and in the case of a United States and Chinese student, it is to rely on the United States and China to prepare and act. The students of Joseon should advance into Joseon society or the global society and act by relying on today's Joseon.

To fulfill a duty is to fulfill one's own duty, and to speak of duties, there are duties for oneself, one's family, one's people, one's nation, and the world. And in order for each to fulfill one's duty, one should first know well in what kind of situation one's family, brothers, society, and nation are.

Circumstances are Unlike the Circumstances of Others

Currently, regarding our people, our case is different from that of others. Our old culture is extremely decayed and the new culture is in a period of ferment. The old morality is broken and the absence of a new morality has resulted in confusion. The students of Britain and the United States, since their parents, relatives, or elders are in the ranks of the leaders, can receive their guidance, but the youth of Joseon today have no leaders. And these leaderless and pitiful students are trying to learn something by roaming around alone in Korea and overseas. Students of other countries have sufficient scholars that they learn whatever they want to, but our Joseon students are unable to do so. Although they do learn things like literature and theology, which cost comparatively little, they are not able to learn technical subjects, such as engineering. And we have a bad environment in which we are easily tempted or tainted. As a student of Joseon in such a pitiable situation today, the person's duty is great. We can correct our household or society with the hands of these students; otherwise we will be destroyed forever. Therefore today's Joseon students should not just unconsciously imitate others but should advance with clear judgment so that it would be a good thing for the students themselves and for the entire people.

A Devoted and Sacrificial Spirit

First, whether others know it or not, we should foster a devoted and sacrificial spirit toward the people of Joseon. As people who have the duty to revive the Joseon people, we must have this spirit. Sovereignty, independence, and equality are all intellectual pursuits that have the self as the principle. Even though one may make a commotion out of a momentary stimulation, when that emotion calms down, selfishness rises up again. It is truth and nature to have one's life as the principle. But is it not a contradiction to sacrifice one's body and life and save one's parents, brothers, or the nation? No. Only when one is devoted and sacrificial can one's parents and brothers be safe and the people and nation be maintained, and at the same time can one's body and life exist. But if one does not do it with this spirit, one's body, as well as society, cannot be preserved. For example, although commerce and industry are done for one's own life, even here there should be devotion and sacrifice.

Not only intellectually, as mentioned above, but even sentimentally, we cannot suppress our affection welling up toward our people so that we cannot help but carry out devoted and sacrificial activities. Today's Joseon students should not act as though they are trying to pass the government exam for their own good, but in order to fulfill their own duty toward our pitiable people.

A Compassionate Spirit

Second, we should foster the spirit of compassion. Students need this spirit more than other people do. After a student learns something, he becomes arrogant and looks down on his father and brothers, relatives and elders, eventually ignoring his people. As a result, he curses, dislikes, and tries to disregard them. We should not ignore people who are less than us, but it is right to have mercy on them, and when we see the faults of others, we should not curse them but have generosity. If one does not have the spirit of compassion, the motivation to devotedly and sacrificially work for one's people is not generated. Compared to elementary school or college days, the arrogant mind that disregards others is most prevalent during middle school. This is because at a time when students start to know some things, they each think they all know well.

And some readily blame the faults of their people. But if we

Joseon people all had the opportunity to learn or had been born in a good age, we would not have been the least inferior to others. Therefore we should not have complaints regarding our own people, but in unison should have a heart of compassion. If one has little compassion for one's own people, one also has little compassion toward other peoples.

A Spirit of Mutual Cooperation

Third, we should foster a common spirit of cooperation. It is to know that the matters of Joseon should be undertaken by we who are the people of Joseon, and at the same time to know that it is a joint effort shared with whoever is a Joseon person. Some have the thought that they will do some work all alone. So-called ambition is generated inside that person. The result is that what he tries to do is not accomplished but, rather, conflict arises. It is easy to despair when trying to do everything oneself. Since work done alone is not accomplished easily, one sees the absence of past success and the distance of the future and soon becomes pessimistic and despairs. The one who knows that others will join him, even if he does not succeed, believes that others will, and although he dies without achieving his goal in his generation, he believes his descendants will succeed with the project, and therefore there is no despair but only the doing of one's duty. A project given to the entire people is not done by one or two hands but by the power of the entire people. Therefore regarding what I realized, I should exert myself by doing my duty, and we should foster the spirit of cooperation among the entire people. There will be success on the day the thought that you and I and all are together becomes expedient. If a cooperative idea is generated, a consensus and shared plan will be established. Only if we practice doing things cooperatively under this spirit of cooperation in advance can we generate cooperative execution in a common and large project.

Professional Knowledge in at Least One Field

What I have written above speaks of the mental dimension. Now I want to talk about practical dimensions, and argue that we should have specialized knowledge in more than one field. If one cannot have a specialized knowledge, one should at least have more than one specialized skill. The world today is not a world lived through with empty words but a world lived through by truly creating work worth living for. In order to create such work in practice, one must have more than one specialized field of knowledge or skill with which to take on this duty. Only when we have this will the individual, family, and society be saved. Today, there are many who study for vanity with the attitude of those of old who studied in order to pass the government high official test. There are a few who study practical disciplines in order to go out into the actual society to take on actual jobs, but people go to law school in order to gain the title of a graduate of some school and they consider it a success to send a picture of themselves wearing a graduation cap. And once they graduate, they no longer study. There seem to be many among our students who pursue vain heroism instead of employment. If one does not learn practical disciplines and go into legitimate business but engages in nonsense and debauchery, it would rather be better for him not to have gone to school but to have stayed home, feed the cow and cut fodder to help his parents.

Initiate Your Own Moral Discipline

Today's Joseon students have already mentioned the absence of a leader. Now I want to talk about a way to solve that. That is, today's Joseon students should not be scattered around, but should unite, and with that united body, they should select a leader and those who are in that group should receive self-training. If they do so, their power would not be weak. Students of other developed countries who have leaders that provide good training and institutions of complete training adopt the way of self-training; then how much more would today's Joseon students who have nothing need this? It is a good tendency that in Korea and overseas today, training groups with such objectives are increasing. If those groups that rose up do not stay separate but unite in one, their power will become even greater. It is difficult to snuff out the light of a single candle. And I believe that this light will widely become a light for unfortunate peoples, and that there are many who will be saved by it.

Donggwang, December 1926

The Resoluteness and Perseverance of the Joseon Youth

San-ong

Wandering and Indecision are Great Enemies

Today, there is a great enemy facing the Joseon youth. Do you know what this is? And if you knew it, would you try to strike it down and overcome it? The great enemy that is blocking the Joseon youth today is, whether publically or privately, wandering and indecision. To think "should I do it or not," and to settle with "not" is to wander and to be indecisive. Here, there are both a public enemy and a private enemy. We are now in a situation in which the entire people are about to be annihilated. If we do not quickly tackle this situation, we will enter into an eternal abyss. Therefore it is a public enemy not to struggle forward but to wander around and be indecisive. And each person should do themselves the work by which they will live. But if one does not do the work by which he will live, his own existence will fall into an unspeakable state. Therefore it is a private enemy not to realize this but to wander around and be indecisive.

In general, people wander and are indecisive because they do not know whether what they are doing is right or wrong. For example, studying, farming, doing sales – they wander around and are indecisive, wondering whether these are appropriate for our revival. Some even slander and attack those who are doing these things, saying those who are doing those things are not involved in this movement. But to speak comparatively, would you call a person a fisherman if he only works in those material matters but not designate the same title to someone who makes fishnets and transports food in order to catch fish? And would you only call a person someone who fights in a war if he carries a gun and goes to war, but not call him someone who fights in a war if he makes flags and prepares provisions in the background? Whether it is the one who undertakes direct action at the front or the one who undertakes indirect action in the background, all participate in the movement. Therefore we should learn when we have the opportunity to learn, and earn money when we have the opportunity to earn money, and then it would be right for us to take action when there is something more urgent than that. Therefore we should not wander around and be indecisive, asking whether this is relevant to the movement.

The Result of Indecision is Despair

If you wander and are indecisive, asking whether something is right or wrong, there will be suffering. And eventually you will despair. Despair is the death of the youth, and if the youth dies, then people die. Something that will work out if we take action will not work out if we do not. And as a result of despair, we resent others and in extreme cases we may even kill others. How dangerous is this? That is why wandering and hesitation are our great enemies. And there are many who are among the indecisively dumb, asking themselves whether to devote their bodies to Joseon or to themselves. There is a need to clearly judge what is right for this matter also. One thing that is clear is that to play, wear, eat, travel around and wander around rather than to study, farm, or sell brings about no profit but only great harm. And it is a great wrong to say that I will take action when everything is learned and earned. It is enough to determine that, whether it be a person of learning or one who makes money, he will work for Joseon as long as he has the opportunity.

Be Resolute about What You have Realized

Whether others know or not, Joseon youths should study and consider what they can do for the people of Joseon, establish their positions on what they see as true, declare what they have established to others, and advance together. This is the way for Joseon to revive today. "If you think something is right, grab onto it. If you do not, you will miss a great chance." This is a saying we should always remember. If something is good and profitable when reflected on morally and intellectually, one should courageously resolve to carry that out. If one does not have this resoluteness, he will generally wander and hesitate.

And we should not only see what will not work right in front of our eyes but also realize what will work in the future and take the proper process. In general, an opportunity once missed is never gained again.

Nurture the Strength to Persevere to the End

The environment of Joseon today is, whether seen socially, morally, or economically, very difficult. In order to make it through in such a difficult environment, we need the power of perseverance. Therefore the youths of Joseon, who are in a state in which they can become pessimistic and despair, must especially foster perseverance. So we must first make a clear judgment on what we think is right, and second we must take what we have judged and promote it until the end. Then there will be success. Only when the wandering and the hesitation of the Joseon youths completely disappears, and when they promote something until the end can there be the beginning of a revival of the people of Joseon. Whatever it is, if you promote what you have thought is right in that particular situation, in the end you will get something better. But if you think of the current situation and opportunity as commonplace and do not seize it, your state will end in wandering. Lastly, I present to you a quote: "Live so if some spirit unexpectedly comes to you and suddenly asks you what you did, you can say without hesitation that you did everything.

Donggwang, January 1927

Unification and Separation

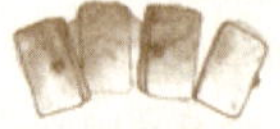

San-ong

Today, when people see Joseon, they say, "It should be unified. It should be in agreement as one. But why do people not come together but instead make factions?" The sound of people disputing with each other and reprimanding each other, asking, "Why is there only fighting?" fills the land and the sky of Joseon, and just by looking at this one may know that the Joseon people are not cooperative but divisive. And it seems the people of Joseon today eagerly wait for unification. If we unify, we will rise, if we divide, we will fall; we will live if we unify, and we will die if we divide. This consensus on unity can be seen in private meetings, public meetings, and in newspapers and magazines. So there is no need to state the idea that the people of Joseon must unify.

Then has each individual of our Joseon people indeed desperately realized the necessity of unification? This is the question. I believe if those people who resent and reprimand others for not unifying and for their divisiveness and infighting would get together and be unified themselves, then they would be at least several hundred in number. If this is so, it is strange such a group has still not been formed. Perhaps although they want unification, they only blame others for their lack of unity and seem not to have yet reached the point where each wants to work to clear the way to unification.

Our body consists of limbs and various body parts, but if the limbs and various body parts separate from each other, not only is the body unable to move, but its life is disconnected. Likewise, if the society of the people, which consists of individual parts of persons, separates and does not unify, at that moment that people is fundamentally dead. Hence if there is no unifying ability of each part, there is no room to speak about other things.

Long ago, when the people of the 13 colonies of America tried to work for their freedom and independence, there were many things that they needed to prepare, such as food and weapons. But what they had to first prepare was to instill the spirit of unity within the interior of each individual's mind. Because they deeply realized that they needed to prepare that first, each individual cried out, "United we stand, divided we fall." Hence we should take on the responsibility as owners regarding this unity, study methods for unity, and work to put into practice the action of unification.

To now speak about unification, there is much to say about the reason our society in the past almost historically was unable to unify, the current situation in which unification is unaccomplished, and the methods we should take in order to unify. But since it may be too long a story, I want to say only a few things that I believe are most necessary to the current situation.

First is about establishing a Joseon where everyone can have hope in and work towards. The unification we demand today is not unification borne out of nationalist sentiment, but unification born of nation-building projects undertaken by the people. There are even those who say that unification undertaken in nationalist sentiment gives rise to evil in human society, and they try to break and eradicate it. When I say that I demand unification centered on the project of the people and not on nationalistic emotion, this is not a claim that nationalism consisting of nationalist sentiment is right or wrong. In any people, when they shout, "our people, our people," unification already based on nationalist sentiment exists naturally and habitually, so there is no need to talk about whether or not we should unify, but what we should demand and work for is the unification for the sake of common life and enterprise.

But "unification for work" is justified after clarifying what that work is and with what method that work is to be done; so to indiscriminately and unconditionally say "let's unify, let's unify," no matter how loudly one shouts, is to fail not only to gain the effect of unification, but without the conditions for work, the rationale for unification is not generated. That the unification of a certain people is accomplished after a common framework has been established can be found in many historical examples of various nations and those of the present, but we can also make a good example out of what our people recently experienced.

Then what are the conditions for unification of our people? First is the purpose, and second is the policy and plan for the achievement of that purpose. But since the common and great purpose of our people has already been established, there is no need to discuss again whether or not we need to establish it. But the only thing left is the policy and the plan, and it is this that becomes the common condition and purpose for our unification.

Then what is the fundamental method by which these common conditions establish the policy and the plan? That consists in each individual Joseon person establishing a policy and a plan within his or her own mind. This statement is apparently contradictory. It is easy to question whether we would be more divided rather than unified if each person established his own policy and plan and each argued for his own opinion, but that is not so. As said above, since the society of people consists of persons making up the individual parts, it is an inevitable principle in human society that it is only when the policies and plans of each individual gather and become one effort toward policymaking and planning, that the goal of unification is generated.

Therefore each individual, relying on this principle, should study with a true mind, earnestly, and with all the wisdom he has for the present and future of his own people and society, and should present that result most sincerely and powerfully. If each opinion is presented in this way, relying on the principle of natural selection and survival of the fittest, this will eventually form a public opinion, which is the most complete and receives the most approval, and this public opinion is indeed the will, the sound, and the command of the people.

We are people of freedom, and we should never become slavish. The only thing that should be able to command us should be each person's conscience and reason, so we should never blindly submit to a certain individual or group. Since we are each the owner of Joseon, the problem of what should be done about my Joseon should be asked to my conscience and my reason. But since we are owners, there is no need for us to boast of our own deeds, like employees who work for a reward, but it is enough that the matters of Joseon, which are our matters, go well. Hence each individual should at once respect his own opinion and others' opinions, and even if a certain opinion, when seen from the perspective of private emotion, came from an individual that is in bad terms with me, if one thinks that that opinion is only beneficial to one's society, he would delight in discarding what he thought earlier, taking that opinion, and making it his own. In other words, since he is a person who, with true responsibility as an owner, actually had experience making policies and plans, he will take an opinion if it is good for him, regardless of whether it was his or another's.

Therefore, if we demand unification, we should first work to establish a condition sufficient to achieve unification, and in order to establish a condition sufficient to achieve unification, you and I should, with cool heads, start studying the establishment of policies and plans by adding intelligence upon intelligence, whether in a deep room, in the mountains, in the fields, or wherever – with the thought that I am the owner of Joseon.

I (although this may be a faulty expression), moreover, urge you who are in each level of our society not to be too indifferent about establishing true guidelines for the people or engage in abstract observation and abstract criticism, but earnestly pray that the day be realized soon when our entire people advance together under one flag, under the most harmonious plan derived by each studying the problems we will face in the future, making specific guidelines, presenting them to each other, and comparing them.

Donggwang, May 1926

Let Each Person Embrace Truthfulness in His Heart and Establish a Shared Trust

San-ong

The second is to establish a shared trust. I have said in the above that unification of the people is realized through the establishment of a common condition, but what should be accomplished prior to that is the credibility of individuals as the basic units of society. If there is no mutual trust, unification is not possible even when people share the same policy, and if there is no mutual trust, it would be impossible to establish a common purpose and method. So in order to establish a common policy and carry out a common program, that is, in order to achieve the reality of unification, we should first establish the trust of society, and in order to establish the credibility of society, we should first establish the credibility of each individual.

Even for a short trip, we do not want to travel together with a suspicious person. How unbearable it is to be of the same mind with someone we find to be suspicious, especially in doing great works for our nation.

The reason our society today is in a state of estrangement

without being unified is due to its inability to establish a shared trust among many things along with other factors, but the greatest reason is that a Korean cannot trust another Korean, and the reason for this mutual suspicion is that they deceive each other. If someone among us would now say something or write something, we would not hear that speech or see writing in a straightforward manner but try to find whether there is something hidden behind a black curtain. Even if someone were to earnestly ask another to join him by calling him a comrade or a friend, the one receiving the request does not answer honestly, doubting whether it is yet another fraud.

How sad! When looking back at our people's history, those peasants whose lives have been so-called "low" have actually lived in heavy labor and toil, but those so-called upper society, upper-middle class people have not exerted their full strength either in their living, farming, business, or handicrafts, and their only way of life was through fraud. Hence, lying was their only way to maintain their livelihoods. Thus, lying and deceiving have permeated their skin and bones; they mistreat people and engage in dishonest work without any remorse, and think first about ways of deception. This has spread to the youth of the next generation, and Joseon society has become full of lies.

Ah, it is sad and painful! Our people could not achieve unification because of this, and because we could not achieve unification, death has reigned. Knowing that death has reigned, we try to save ourselves, but since we still cannot trust each other, the people's unification movement cannot be realized. If you have the will to truly save the people of Joseon, do not look far for the way to save them, but first discard deception, our greatest enemy, and accept truthfulness and honesty in our individual hearts. On the day the people of Joseon are able to trust the words and writings of their fellow countrymen, they will welcome the sight of their countrymen and they will be happy to unify with their countrymen.

You who call yourselves the politicians of Joseon, do not sneer at my words by receiving them as if they are some religious sermon. If you do not have the will to save the people of Joseon, then I have nothing more to say, but if you truly have it, let us swear time and time again to discard the falseness that resides within our interiors, and to fill them instead with truthfulness.

Donggwang, June 1926

The Condition for Unification
– A Leader

San-ong

If we wish to trust each other, gather together, and advance collaboratively under a common guidance to a significant extent, something we cannot be without is a leader. In any worldly affair, each needs a good leader for one's own benefit as one conducts oneself privately, though it is not absolutely necessary. However, in collective life, whether it is to a small or large degree of cooperation, by having an effective leader who can lead the whole, the group can realize and reap the benefit of cooperation. In contrast, if there is no leader, people might cooperate but will not achieve the reality, and therefore will not reap the effect.

Let us think about the example of a small scale of music-making. It would be all right when doing a solo with a trumpet, piano, or a certain instrument, but when playing in unison with drums, trumpets, flute, and zither, there needs to be a leader. This is not to give someone the title "leader" but because the leader is necessary for producing cooperative music. Is this the only example?

When going sightseeing in a certain place, if it is done collaboratively as a group and not individually, the cooperative travel could be carried out only when there is a leader that leads that group, whatever the title may be. Is this the only example? In the numerous collaborative ventures of humanity, such as the military, police, business groups, education groups, political parties, and research groups, there is a designated leader. Therefore, in the cooperation of a people, there is a leader who represents the people. Brothers and sisters, do you not see? Whatever element or whatever ideology a people may be organized with, do they not have a leader over them? Those people who say they abolish nationalism and advocate cosmopolitanism have a leader of those people that work with that ideology.

Brothers and sisters! Have we established a leader as such or have we not? Among the brothers and sisters who read this, one might say, "Who doesn't know that?" They might say it is needless and childish. But when I look at the phenomenon of Joseon society, I greatly question whether there are many who truly know this. Modern youths, arguing for equality, seem to think that it is contradictory to have a leader for oneself for a lifetime. Although our people repeatedly say we should unify, it is still difficult to meet someone who recognizes the establishment of a leader as an important thing, and thinks and works for it.

Although it is needless to say that establishing a leader is necessary, the problem is whether there is a leader to put up there or not. What I hear a lot is that since there is not one who has the qualification to be a leader, trying to do so is virtually impossible and it cannot be done for the time being until we have a qualified leader to put there. Is that true? No. If there is no one qualified as a leader today, there will be no one to qualify as a leader even after a hundred and thousand years. If there is someone qualified to be a leader in the future, then that person is qualified as a leader today. Those who say there is no qualified leader today, I assume, seem not to know what kind of leader they need.

With what is the qualification of a leader judged? In whatever work of collaboration, the one who leads that project is the one who has the qualifications for leadership. In other words, the qualifications as a leader are formed comparatively, but this comparison is not between persons of different groups. Whatever work of collaboration it is, whoever leads the effort is recognized as the leader.

I talked about a band, but even if many bands use the same title "band," they can be classified into excellent bands and inferior bands of varying degrees. But in excellent bands there are excellent band leaders and in inferior bands there are inferior band leaders, so that one might say the leader of inferior music is less qualified compared to the leader of excellent music, but since he is advanced when compared to the musicians of the inferior band itself, it may be said that he is a complete leader for that band; is this true only for bands? In cooperative ventures where noble scholars gather, the one who is advanced compared to other scholars naturally becomes the leader of that group. In a gathering of ignorant laborers, the one who is advanced among those laborers becomes the leader of that group.

It does not matter if cooperation itself does not exist, but as long as cooperation itself exists, the leader necessarily exists, and in the selection of a leader they do not compare with figures from other cooperative ventures. But is it not the central point of human society's cooperation that we select leaders by comparing them to other candidates of the same group? So even if the level of our society today is somewhat low, there should be a qualified leader corresponding to that level. And if our level is high, then on that day there will be a leader corresponding to that level. Therefore there is never a time in which there is no qualified leader. To say that there is no qualified leader is to fail to realize the true meaning of cooperation and to fail to voluntarily establish a leader.

Brothers and sisters, think about it. Do you think that we Joseon people, whether in sincerity or ability, are all equal and have no one who is advanced or inferior? By no means! When I look at my fatherland, within it there are great people who have all the qualifications to be our leaders. I have seen them, loved them, respected them, and established them as our leaders in my mind. You probably would have seen them also. A great man is not someone special; but someone who does the work of a great person with the mind of a great person is the great person. Whether others know it or not, those who work for our people, giving up all their money, knowledge, time, and energy, are sufficiently qualified to be our leaders who do the work of great persons with the minds of great persons. Are there such people or not? There certainly are. If they can be seen in my eyes, they would naturally be seen in yours. As such, there are people who are advanced in sincerity and talent; then why do people say we do not have qualified leaders?

I am not sure whether I saw correctly, but it is out of the question that the reason our society today is not able to establish a leader is that we do not have a leader, and some might say there may be other numerous reasons, but the greatest reason is due to jealousy, which may be acknowledged as a great enemy of our people. It seems our people, in spite of exerting themselves to embrace leaders and support them, in fact fear that a leader might be established, and for this reason they try to sabotage potential candidates from becoming leaders. In our history, Yi Sun-sin is the most tragic and appropriate example. Although our ancestors were in a situation in which they had to place him as leader and support him, they envied and slandered him, eventually upsetting him. In modern times, people like Yu Gil-Jun were fit to be our leader, but our ancestors did not make him their leader but instead subjected him to oppression and disrespect, only holding a grand funeral when he finally ended his miserable life; the sight of this caused me to lament. Only when this trend changes can the people of Joseon enter into a proper movement for their people.

Brothers and sisters! In our society today, in regards to two very different types of people with the same amount of capital, we do not say anything to those who spend not a penny for

Joseon or who use it for causes that are harmful to our people. However, we slander and persecute those who spend money for our people. It seems there is less persecution for those who spend less, and much persecution for those who spend much. Between two persons who have the same level of western knowledge, there is not much word spoken to the one who does not use that knowledge or to the people who use it harmfully, but there is slander and persecution for the one who contributes that knowledge to our people. In this also, for the one who uses less there is less persecution, and much persecution for the one who uses much. In other words, the fact of the matter seems to be that there is no problem for the one who lacks character and sincerity, but people throw arrows and knives against persons of significance and sincerity. Whoever gains the trust of a crowd in a region, each region attacks and criticizes him, saying he is the boss of that regional party. Whoever gains the trust of a group or an institution, each field rises up, calls him the boss of his faction and attacks him. For whoever has a brain and receives the respect of several youths, people try to find the person's faults and undermine his credibility in any way possible.

Listen! It is a fact that the one who spends money for his people is an advanced person compared to the one who does not; the one who uses his knowledge and energy is an advanced person compared to the one who does not; the one who gains trust in a region or from a group is an advanced person compared to the one who does not; and the one who receives the admiration of many youths is an advanced person compared to the one who does not.

But as stated above, people waste precious time and energy in trying to bring down whoever the advanced person is, thereby preventing him from becoming a leader. Looking at the trends of people today, we can see how people regard having someone to serve or being subordinate to someone else as the greatest disgrace, the greatest of all shames. Though there are people who serve and regard others as their leaders out of their conscience, as Peter long ago denied his teacher Jesus, most people pretend not to serve those in society and are unable to say a word in defense of those whom they consider to be right and whom they respect against someone's criticism. That is why it seems that, in our society today, respectful words addressed to people have disappeared and instead insulting words and disregarding words prosper.

It seems our people today do not even want to talk or listen to a leader. That is why even those with the opinion that a leader needs to be established hesitate to speak to the public about the issue. The reason is they fear that even if they talked about such things, no effect will be gained, but, instead, they would only be accused of suggesting, "Make me your leader," and would then be excluded from the crowd. Ah, it is sad! My words may be exaggerated, but the condition of our society is such that there is an extreme degree of not wanting a leader. Some say, "If only the leaders do things correctly, would there be a reason not to establish a leader?" They say they do not establish leaders because those scoundrels only engage in fraud and fights. But this does not make sense. Only advanced people become leaders, but those who engage in fraud and fights are already inferior people, so the word "leader" does not apply to them. Then they ask whether there are leaders who do not engage in fraud and fights. There are. I do not know if there are many, but there indeed are those who honestly work for their people with their money, knowledge, and ability while not engaging in fraud.

On the outside, because they are criticized, attacked, and slandered by others, they look like the thugs that many are. But there are those who, even when receiving all the insults, attacks, and slander, do not show any act of resistance, but move toward the public with a peaceful heart. Although this is how I see it, even if contrary to my view that all leaders were found to be swindlers and gangsters, the one among them who engages in fraud and fights to a lesser degree is still qualified to be the leader. Why? Because he is advanced in comparison to others. If you abandon jealousy, search our people, and examine with sincerity and rationality, you will indeed see advanced people. Reaching the level of examining the society with a rational mind in order to find an advanced person can only be accomplished after putting aside worthless vanity and assuming responsibility as an owner who actually represents the nation-building enterprise.

In whatever household, the owner considers it glorious and joyful when a great figure emerges from the family and for this he has not even the least bit of jealousy. People even delight in a smart servant, not to mention an older or younger brother. That is because of the owner who only thinks about what is beneficial to his household. That is because the owner of the household wants it to be better than the other. He rejoices, loves, and protects the good person who emerged from his house. As such, because one wants his nation-building enterprise to be better than that of others, he earnestly expects a good person to come from his people, and when his wishes come true, he delights and rejoices in it, and does not hesitate to serve and support him.

Since my words are getting too lengthy, I will shorten what I want to say and provide a few guidelines that may be referred to in choosing a leader. Please refer to this, but if you should find a better way, focus on establishing leaders in that way.

(1) Do not certify a leader unconditionally or on the standard of false titles, but first investigate his ideology, tenets, and ability. If his ideology and tenets fit one's individual orientation, if his methods and abilities for his ideology are found to be more advanced than anothers, then acknowledge him as a leader. When examining this, do not rely on rumors, but on the person's actual history and actions.

(2) Once it is acknowledged that the person's main ideology and main tenets are right and that he has great sincerity, if he occasionally errs in words or actions, try to correct him and do not banish him lightly. To throw away his lifetime is work due to a minor fault or to give up his whole due to one or two faults is not right. In the past, "One error killed six correct answers," but today, "Six correct answers save one error."

(3) When choosing a leader, do not take into account his friend-

liness, distance, and affiliations, but use his understanding of the public as a guideline and do so with impartiality and honesty.

Donggwang, August 1926

Yu Gil-jun: A reform-minded progressive and the first Korean to study in Japan and the United States. He received training in classical studies in Korea and in modern Chinese literature from Bak Gyu-su. After studying and encountering Western culture in Japan and the United States, he sought to bring about a "modernization fitting for Korea." After his studies in Japan, he participated in the modern reforms and began the work of publishing the *Hanseong Sunbo* in 1883, the first newspaper in Korea. After his studies in the United States, he led the Gabo modern reform. However, amid the confrontation between Japan and Russia and the turbulent international and domestic circumstances, he was implicated and imprisoned for belonging to a reformist faction. When the pro-Japanese cabinet was dissolved within the royal court, he was exiled to Japan. While there, a warrant was placed on him and his life continued to be hard. During his seven years of imprisonment starting in 1895, he introduced modern Western culture to Korea and penned *Seoyu Gyeonmun,* which was his best-known book and called for the type of modernization that was appropriate for Korea. He called for national autonomy and reform through enlightenment amidst the fast-changing state of affairs in East Asia and in its relationship with the West. After his exile in Japan, he returned to Korea in 1907 and devoted himself to the work of education, projects of enlightenment, and nationalist efforts as the means to empower Korea to be able to stand up to and protect itself against Japan's forceful encroachment. Then in 1914, when it was the most difficult time in terms of efforts to recover national sovereignty, he ended his life at the age of fifty nine.

一八六四六

Poems and Interrogation Report

"Why is our society so cold?
Why isn't there any warmth?
With a heart of mutual love
We must create a world that smiles."

Leaving the Country

(A song written in 1910, before Dosan's exile)

I go, I go. Away from you, I go.
For a moment, I have a purpose. These misbehaving times
Have urged me on, making me leave you.
For many years ahead I will not see you,
But those years will be for you alone.
Do not grieve my leaving,
O peninsula, my love.

I go, I go. Away from you, I go.
Would that I might resist such times and scatter my hot blood,
Arousing my brothers who slumber in your bosom.
One such shot at this would bring relief.
But I think of the years ahead, and hold my rage, and leave.
My absence will not be forever,
O peninsula, my love.

I go, I go. Away from you, I go.
After I bid you farewell, there will be times
When I cross the Pacific and the Atlantic, when I traverse
Siberia and the Manchu plains. Wherever my body goes,
Like floating duckweed, I will think of you.

Think of me also,
O peninsula, my love.

I go, I go. Away from you, I go.
At this farewell I lift an empty fist,
But at our reunion, I will come with a flag.
This tearful separation will become a joyful meeting.
At such times, when sharp storms rage, may you stay well.
Let us meet again on a later day,
O peninsula, my love.

This song, also known as "Song of Leaving the Country," "Farewell to the Korean Peninsula," and "I go, I go," was composed by Dosan in April of 1910 prior to his exile. This song was first introduced on May 12, 1910 in the *Daehan Maeil Sinbo* and subsequently in the *Sinhan Minbo* under the title "My love, the Korean Peninsula" on June 15, 1910. The song, which consists of four stanzas, spread like a wildfire in Korea as well as among the Korean communities abroad, stirring up a spirit of nationalism. Japan designated this song as forbidden and prohibited people from singing it.

A Song of Praise and Love for the Nation

1. What I think of all day long,
   And deep into the night,
   It is our nation, our nation!
   Let us think of it forever, think of it forever.

2. Where I have eaten, drunk, and entrusted myself,
   Where all my kindred have lived,
   This is our nation, my life-long love.
   Let us love it forever, love it forever.

3. Where my parents and brothers live together
   Where the skulls of my ancestors lie buried,
   This is our nation that I can never forget.
   Never forget, never forget.

4. Though the mountains may change to seas,
And the country may become a field,
Shall this love for my nation ever change?
It will never change, never change.

5. I will love my nation;
Who else will?
Though this body might die, I will guard my nation,
Guard it forever, guard it forever.

6. When our nation develops
And its liberty becomes solid,
What brilliant glory! Our joy will be constant.
Glory to our nation, glory to our nation.

This song was listed in the February 1908 edition of *Taegeuk Hakbo*. Personally signed "Nation-Lover" by An Chang-ho, the words were set to the tune of the hymn "Nearer to God." In Manchuria, it was known as "Aeguk-ga."

A Song of Hope

by Nation-Lover

1. The good hope of independence makes me joyful.
   This long-lived land of four thousand years, newer all the time.
   Comrades, with devotion,
   let us hurry to nurture our nation's sovereignty!
   Our nation will, it truly will, be independent.

2. We may indeed hope for our nation's advancement.
   These fine descendants of Dangun, newer all the time.
   Comrades, with diligence, let us hurry to learn and grow!
   Our nation will, it truly will, be advanced.

3. This fertile land sufficient in produce, even the farmland is good.
   This good territory at the feet of handsome mountains,
   newer all the time.
   Comrades, with diligence, let us hurry to foster industry!
   Our nation will, it truly will, be prosperous.

4. We have no navy or army; we have neither weapons.
Citizens, our spirit of effort, newer all the time,
Comrades, with vigor let us propagate our spirit of boundlessness.
Our nation will, it truly will, be strong and heroic.

5. We have hope, so we are forever joyful.
Our spirit of progress, newer all the time.
Comrades, how happy! Let us sing a tune!
Our hopes will, they truly will, be fulfilled.

Taegeuk Hakbo, November 1908

The Jeomjin School Song

Step by step, step by step, with a joyful heart,
Step by step, step by step, with a joyful song,
Study your field and do not despair
May we say that we will indeed fulfill our duty.

An Chang-ho joined the Independence Association in 1897 and organized the Gwansu Branch of the All Peoples' Public Association. The following year, the beginning of his political career seems to have coincided with the commencement meeting of the All Peoples' Public Association in Kwejaejeong, Pyeongyang, where his reputation as a renowned speaker was forged. But the Independence Association was disbanded forcefully by the government on December 25, 1898 and its President Yun Chi-ho was demoted to the position of Wonsan superintendent. Following the disbandment of the Independence Association, An Chang-ho went down to his hometown and founded the Jeomjin School. The school was the first in the country to integrate boys and girls and was operated by An Chang-ho until his departure to America in 1902. Later, the words of "Song of the Long Sword," composed by An Chang Ho were put to the tune of this school song and used as the anthem of the pro-Independent Korean militias.

A Song of Single-Minded Devotion

Eo-ya ji-ya, let us make haste!
Braving every storm,
Let us hurry forth
Into the worlds of enlightenment and liberty.
You who have joined the party of destruction,
Do not sigh that the road is long.
Planting firm the flag of hope,
Raising high the sail of action,
Before the blowing winds slumber,
Eo-ya ji-ya, let us make haste!

This song was introduced on March 11, 1908 in the *Gongnip Sinbo* with the following introduction: "Mr. An Chang-ho, at the general meeting of the Daehan Association last Saturday, spoke about his thoughts on the future of our Korea for three hours and fifty minutes. All those present in the audience gave a standing ovation. After his speech, "A Song of Single-Minded Devotion" was sung, and all the fellow Koreans listened attentively."

The Sword Song

1. Ah, how good! We have pulled out our long sword!
This sword held in our hands today,
Is it not like that sword of King Dongmyeong
Who swept across Manchuria?

2. You brave, spirited men of this peninsula,
Who shall resist you?
Today, once again, that sword
Of Duke Eulji, who broke the troops at Cheongcheon River.

3. Where our sword flashes once,
The demon's head becomes a leaf in the autumn wind.
Today, once again, that sword
Of Duke Chungmu, who broke the enemy at Hansan Island.

4. With this sword held in our hands today,
For whom do we train?
After we split the seas and slice the mountains,
Let us beat the drum of victory, "Hooray for independence!"

(Refrain)
Flash, flash, like lightening flash!
Flash, flash, like lightening flash!
This good blade shines in our hands,
Proclaiming the might of our liberty.

This song was published under "The Sword Song" in the June 17, 1915 edition of *Sinhan Minbo*. It is stated that it was authored by Dosan. This song was reintroduced under "Dosan's Patriotic Songs" in Saebyeok in 1956. It was also listed under the first-line title of, "Ah, how good! We have pulled out our long sword!" and presently it is known as "Song of the Long Sword." It is said that the song was set to the tune of the Jeomjin School Song.

The Korean Peninsula

1. Emerging from the East Sea, my peninsula.
   Land of my ancestors,
   You are my only love,
   O peninsula.

2. Your blessing runs deep, my peninsula.
   My ancestors and all my people
   Have been nurtured by you,
   O peninsula.

3. Long in history, my peninsula.
   When I see traces of my ancestors,
   My love for you deepens,
   O peninsula.

4. Shining like the sun and moon, my peninsula.
When the round moon hangs bright in the sky,
My thoughts of you grow in ardor,
O peninsula.

5. Comely in your mountains and rivers, my peninsula,
Your waters bright and your mountains grand.
My loyalty to you deepens,
O peninsula.

6. Beautiful and precious, my peninsula.
You are my beloved ship.
I will scatter my blood to make you shine,
O peninsula.

This song was introduced as being authored by An Chang-ho on the August 6, 1931 edition of the *Sinhan Minbo*. It is known as "The Korean Peninsula" and "You, Korean Peninsula." It is said that this song was also listed in the songbook used in July of 1914 at Gwangseong Middle School in North Gando.

The Baseball Team Song

1. Bones of steel, muscles of stone, you,
   young men, show off your patriotism!
   It has arrived, it has arrived in our nation,
   the age for youths to take action!

2. To develop your bodies and nurture your spirit of competition,
   Go forth as if in flight to the fresh air
   and wide space of the playing field!

3. That blood, boiling with loyalty and devotion, it circulates well.
   The arms and legs of the independence fighters move
   with swiftness.
   Though faced with thunder and battle-axes, they have no fear!

4. Swung and then let loose, the white-wheeled enemy flag
   moves like lighting in a dark sky,
   This game of sending and striking back is as stirring as a
   downpour from a clear sky.

5. With all the thrill of sea and land battles in turn,
competing for the prize.
Where the triumphal arch opens out, beat the victory drums, *ba-boom, ba-boom, ba-boom*!

(Refrain)
Let us all practice the fight, setting up our future victory.
Is it not our goal to start the enterprise of developing mighty heroes?

Swiftness of throwing and hitting the white-red flag of the enemy is like that of a lightening
The excitement of throwing and batting of hand-foot sports is like a rainshower

When Yun Chi-ho was the vice president of the YMCA in 1905, he began introducing baseball. Dosan, who was a friend of Yun Chi-ho's, composed a song to assist him and encourage the baseball players. Dosan's handwritten copy of the song was found in the library of his oldest daughter An Susan. It was written in the Old Korean Style.

Going to Sea

1. I saw a boat of holy unity, with wholesome character for its material,
Loaded full with independence and freedom, off to sea for battle.

2. With loyalty and courage as our sail, and virtue, body, intellect as our steering wheel
Let us venture forth into the sea of envy and criticism.

3. Putting into full speed the driving machines of practical diligence,
Let us traverse with force the rough waters of despair and turning-back.

4. When the anchor of national prosperity and strength is let down among our rivers and mountains,
The one voice of three hundred thousand will make our history shine.

(Refrain)

Eo-ya di-ya, let us make haste! The waves are fierce,
Shall we fear? Let us look only ahead and make haste.

The Hyeolseong League

(*Sinhan Minbo* version)

1. How praiseworthy, youthful patriots,
   an ocean of blood boiling forth!
   You have risen like waters,
   forming the Hyeolseong League!
   Parent nation, do not worry.
   The Hyeolseong League with its boiling blood
   Has sworn to take hold of its ancestral land.

2. The national spirit of the Hyeolseong League is buried
   deep in its bones.
   Though a mountain may be pulled up, that spirit cannot
   be taken.
   Parent nation, do not worry. The Hyeolseong League has
   risen with one mind,
   And though it may die a hundred deaths, it will never stray

3. The loyalty and fidelity of the Hyeolseong League is strong,
   so strong!
   Though iron might be bent, that fidelity cannot.
   Parent nation, do not worry. The loyal Hyeolseong League
   Stands firm guard here to protect the nation home.

4. Fierce as a thunderbolt, moving like a streak of lightening
The strong spirit of the Hyeolseong League, who can match it?
Parent nation, do not fear. The dauntless Hyeolseong League
Moves fiercely to help the nation home.

5. Though cannons boom and swords block the way
The unrelenting Hyeolseong League goes forth fearlessly.
Parent nation, do not fear. When the courageous Hyeolseong League
Ventures forth to attack, the enemy surrenders.

6. The shed blood of the Hyeolseong League flows greater each day.
Let us stir the nation's strength and bright forth its glory.
Parent nation, do not worry, the Hyeolseong League is here.
How praiseworthy! Let us always sing of the Hyeolseong League and do our very best.

Under the title "The Hyeolseong League" the words of the song were introduced on May 11, 1916 in the *Sinhan Minbo*. The song was also listed in "Dosan's Patriotic Songs" in the September issue of Saebyuk. However, there was a discrepancy in the lyrics between the two versions.

The Hyeolseong League

(Saebyeok version)

1. Patriotic youth of a new Korea, their blood boiling hot,
   Have moved forth with one heart to form the Hyeolseong League,
   And pledged to take hold of their ancestor's nation.

2. Fear not, O fatherland, though the enemy's strength grows,
   The courageous and heroic young men of the Hyeolseong League
   Stand strong guard over the fatherland.

3. The Hyeolseong League's patriotism is imbedded in its bones;
   A mountain may be uprooted, but our spirit may not.
   How admirable, how strong, our youths, the Hyeolseong League!

4. Though cannons crash and swords block the way
   The adventurous Hyeolseong League charges again and again.
   How vigorous, the might of the undefeated Hyeolseong League!

The Student Song

1. Youths of Korea, dear students, let us love our compatriots and brothers
And vow independence with single-minded devotion.
How splendid, our mountains and rivers! How beloved, our compatriots!
Asleep or awake, let us never forget, and let us guard them forever.

2. Let us sweat and toil for progress and prosperity,
Let us shed our blood for liberty and independence.
When facing fear or meeting trouble,
Let our brave hearts remain steadfast.

3. If we brave every hardship and go without stopping,
What can we fail to do? Let us go forth with diligence!
If we are to protect forever our compatriots in this land,
Can we forget, even for a moment, our solemn task?

4. Let us not forget, let us not forget, let us not forget the spirit of patriotism!
Whether high or low, noble or humble, let us not forget the spirit of patriotism!
When at leisure, when in pleasure, let us not forget the spirit of patriotism!
Can we forget, even in death, our patriotism?

(Refrain)
Students, o students, our main intent
Is to learn virtue and expand knowledge.
This good land of rivers and mountains,
May it be guarded by our students.

This song was introduced in the September 16, 1915 edition of the *Sinhan Minbo*. At the end of the song was written, "It was authored by Mr. An Dosan." During the 1910's, "The Student Song" had a line, "Let us be liberated." After the liberation, it is said that the song was sung with the line changed to, "Let us preserve it."

Interrogation Report

The interrogation records of An Chang-ho are published in *Dosan An Chang-ho Volume 2* (1954). Preceding the interrogation record is an account in regards to the arrest of An Chang-ho.

'April 29, 1932, as the Yun Bong-gil incident broke out at Honggu Park in Shanghai, the police station of the Japanese consulate went crazy and started to arrest people involved in the incident and important figures among the Korean residents.

Teacher Dosan, who for a lifetime thought of loyalty as important as life, went to Yi Chun-San's place in order to keep a previously made promise with a boy, but unfortunately fell into the dragnet of the Japanese and French police, was arrested and taken over to the Japanese police, and was sent back to Korea by the request of the police department of the Japanese Government General of Korea. The teacher was strictly interrogated at the Gyeonggi Province police department, was sent to prosecution, forwarded to preliminaries, and was sentenced to four years after much questioning. The following interrogation report is a transcription of the interrogation of the preliminary judge during the teacher's imprisonment at Gyeongseong Seodaemun Prison for the alleged violation of crime prevention law. It is the 60 year history of Teacher An's activities, the history of Korea's independent movement.'

An Chang-ho & the Korean National Association

Q: For what purpose did you found the Public Association?

A: When I was first living in San Francisco, there were about twenty Koreans in that area, and I organized it as a social gathering to promote friendship. After I moved to Los Angeles, although there were many Korean workers in Hawaii, which was American territory, they had received almost no education and I even heard they were engaging in shameful conduct in various places. When these workers came to the states, I thought it would be a disgrace to us Koreans if they were not taught manners, so among the five to six Koreans living in Los Angeles, I was chosen to be responsible for general education. Leaving my wife alone in Los Angeles, I went back on my own to San Francisco, and as a result of discussions with Korean residents, I renamed the social gathering to Public Association and taught the workers.

Q: What is the purpose of the Public Association?

A: Its purpose is the guidance and education of Korean workers in California.

Q: Has the Public Association ever published written material?
A: Yes. We published a public newspaper.

…

Q: When was the Public Association renamed to Korean National Association?
A: Six years after being founded, it was renamed the Korean National Association.

Q: What was the reason for the renaming?
A: In the states there was already a group named the United Korean Protection Society, and in Hawaii there was the Gyojeong Group, and both had the same purpose as the Public Association. These groups were merged and renamed the Korean National Association. Its purpose was to promote education and commerce and improve the welfare of Koreans.

Q: What kind of work did you do?
A: I published the *Sinhan Minbo*, founded schools in each area to improve the education of Korean children, and promoted the welfare of Koreans who came to the United States for the first time.

Q: After the renaming, did you not take office as president?
A: I returned to Korea in the 39th year of Meiji (1906) and it

was renamed after that. I returned to the United States in the 44th year of Meiji (1911) and took office in the 45th year of Meiji (1912).

Interrogation report for An Chang-ho

September 5, Seventh Year of Showa (1932), Seodaemun Prison

An Chang-ho & the New People's Association

Q: Who organized the New People's Association? When? For what purpose?
A: After I returned to Korea, I organized it in Gyeongseong with Yi Gab, Yu Dong-yeol, Yi Dong-hwi, Jeon Deok-gi, Yi Dong-nyeong, and Yang Gi-tak in order to preserve the spirit of independence of the Korean people.

Q: Was the New People's Association organized around you?
A: No. It was organized around Yang Gi-tak.

Q: Who are the representatives of the New People's Association?
A: Yang Gi-tak was the supervisor in charge, Yi Dong-nyeong was the scribe, Jeon Deok-gi was treasurer, and I was the recruiter.

Q: What was the job of the recruiter?
A: It was to test the qualifications of people entering the association.

Q: Is there a branch of the New People's Association?
A: There are branches in each area.

Q: How many members are there?
A: When I left the United States there were about 300.

Q: Is not the New People's Association a secret organization?
A: Yes, it is a secret organization.

Q: What did you do in the New People's Association?
A: I founded the Daeseong School in Pyeongyang, ran book stores in Gyeongseong and Pyeongyang, founded and ran a ceramics company in Masan-dong, Pyeongyang, and lectured in areas where schools were already established, and in areas where schools had not been established, I travelled around to direct the establishing of schools.

Q: What is the standards of the Daeseong School?
A: It is a school of about mid-level standards, and there is an affiliated agricultural school.

Q: Have you ever been the representative for the principal of the Daeseong School?
A: Yes, I was the representative.

Q: Who was the principal of the Daeseong School?
A: It was Yun Chi-ho.

Q: Is Yun Chi-ho a member of the New People's Association?
A: No. He wasn't a member, but because he was the right

person, he became the principal.

Q: Why did you found the Daeseong School in Pyeongyang?
A: I couldn't get any funds in Gyeongseong, and although there were schools in other areas, in Pyeongyang there were no schools of this kind, and also because it was easier to get funds.

Q: What happened to the Daeseong School after that?
A: We managed it for six years after founding it, but it was eventually closed. Since I went to the United States, I was only involved for two to three years.

Q: Why was it closed?
A: After the annexation of Korea by Japan, the New People's Association was accused of conspiring to assassinate Governor Terauchi, so all the leaders of the New People's Association and the Daeseong School were arrested, so it was naturally dissolved.

Q: What was the purpose of founding and running a ceramics company in Masan-dong, Pyeongyang?
A: It was to promote commerce in order to improve the competence of the Joseon people, and the reason I chose Pyeongyang was that the area was rich with clay.

Q: What was the reason you ran a bookstore?

A: We were planning to run bookstores nationwide in order to distribute education and keep in contact regarding the projects of the New People's Association.

Q: How was the activity cost of these provided?
A: The cost for the Daeseong School, the agricultural school, and provincial campaigns were provided by fund-raising from community leaders, and the ceramics company was a stock company.

Q: Why was the New People's Association a secret organization?
A: At the time the level of the people was low so that if it were set forth as a visible group, it would have caused a social reaction and been hindered by this, and if we had accepted anyone who wanted to join, we could not know what kind of persons would be mixed in with us, and thus we could not achieve the true purpose of the New People's Association. Since, politically, the New People's Association's purpose is the independence of the Joseon people, we thought there should not be an incident in which the Governor commanded the dissolution of the New People's Association, so we kept it a secret organization until it grew into a considerable power.

Q: Was not the New People's Association organized to promote its purposes with violence once it grew its power by undertaking the previously mentioned activities?

A: In order to cultivate the basic competence, much time is needed, and we can plan things violently or politically only when we have that competence. It was not organized beforehand for the purposes that you mention.

September 5, 1932

An Chang-ho & the Young Korean Academy

Q: Did you organize the Young Korean Academy?

A: About 27 or 28 years ago I organized the Young Korean Academy in the United States, and during the spring of 1922 I organized the Young Korean Academy Wondong Committee.

Q: What is the cause and purpose of the Young Korean Academy?

A: The Young Korean Academy is what I organized as a cultivation group in the United States about 27 or 28 years ago. In other words, I tried to improve the people through cultivation. But it was not a simple improvement of the people. Its contents were organized into five categories such as population increase, increase of wealth, improvement of status, the independence of Joseon, and happiness and prosperity. But since 1919 the independence of Joseon became the only purpose of the group. Later, since we declared to the members of the Young Korean Academy in 1929 that the Young Korean Academy is a revolutionary group pursuing the restoration of Korea's sovereignty, the Young Korean Academy became a revolutionary group with the purpose of Joseon's independence.

…

Q: When you recruited members, how did you explain the second article of the Young Korean Academy's regulation: "We prepare the foundation of the great accomplishment of our people"?

A: I explained that what is meant by the phrase, "the great accomplishment of our people" is, as is explained in the declaration, the accomplishment of achieving independence, and "to prepare the foundation" is to prepare the foundation of Joseon's independence.

Q: Did you organize the Young Korean Academy and continue the movement thinking that Joseon's independence could be achieved through means and methods written in the Young Korean Academy regulation article 3?

A: Yes. I organized the Young Korean Academy and continued the movement thinking that strengthening the Young Korean Academy step by step was to approach Joseon's independence step by step, and I believed that eventually Joseon could be completely independent.

Interrogation report of June 27, 1937.

The Independence of Joseon

Q: Did you know that United States President Wilson proposed the 14 Points doctrine for peace to the Congress of his country around the end of the war in Europe on January 19, 1918?

A: I did.

Q: Did you know that there is a clause in Article 5 of that doctrine that argues for the so-called principle of self-determination, and which states "Requests regarding the colonies of each country should be equally controlled. In executing them, the interests of the colonial people should be respected"?

A: I did.

Q: As a result, how did you incite the Joseon people in the United States?

A: There was a great discussion among the Joseon people in the United States saying that since United States President Wilson had declared the self-determination of our country, we should not lose this opportunity to petition for the independence of Joseon.

Q: As a result, what method did you take?

A: The leaders of the Korean National Association Central Meeting and persons appointed by them gathered at San Francisco and held a committee. At the meeting we decided to send a petition to the peace negotiations based on my proposal (that it might be good to send a representative to the Paris Peace Meeting to petition for the independence of Joseon, but since it will cost a lot, we should rather submit a petition, which will lessen the burden of our brothers and which will not have much difference in effect), so we chose Rhee Syngman, Jeong Han-gyeong, and Min Chan-ho, sent them to Washington, and had them write a petition there to submit to the talks. As a result, in December of the same year, the above persons wrote a petition and submitted it to the peace meeting. The next year, on March 1, 1919, as the Joseon Independence Movement occurred in Joseon, Korean residents in the United States advertised the Joseon Independence Movement within the States and decided to select three representatives and send them to the Paris Peace Talks. Shanghai requested that a representative of Korean residents in the United States be sent to Shanghai since Koreans in Korea and overseas needed to be unified in order to pursue Joseon's independence. The National Association chose me as a representative, so I went to Shanghai accompanied by Jeong In-gwa and Hwang Jin-nam.

Q: Have you ever restrained the people of Joseon who were

getting involved with an empty cause, saying that it was not yet time for Joseon independence unless matters reached an appropriate time?

A: Yes. As the peace talks were scheduled to open in Paris, Korean residents in the United States rose up saying Joseon independence will be achieved. But in my opinion, although the World War was over, the victors had not yet recognized the need for the independence of Joseon, and when considering Joseon alone, since I thought the entire situation, including the economy, had not yet matured to become independent, I printed out an opposing view entitled "European Peace Talks and Us," and distributed it to Korean residents in the United States.

Q: What is the content?

A: It was a mistake at the time for Koreans overseas and Koreans in general to hope for independence and to rise up. Why? Seeing Joseon in a fair way, can we indeed exclude Japan and become completely independent with our own abilities? We would not achieve independence unless we receive international support. If we did borrow power from another country, what country would support us? It would first of all be the United States. What if the United States intervenes in Joseon's independence? Japan will necessarily draw its spear and block it. The United States will not support Joseon and thereby risking another war with Japan right after the World War, so it will naturally take its hands off issues relating to Joseon. If the United States takes its hands off, who will intervene? There would be none. The current unplanned excitement will only cause the loss of Koreans themselves, so we must be careful.

Q: Why did you think the United States would be the first nation to support Joseon?
A: That is because since the United States is always competing with Japan for the profits in the Pacific, it does not like the expansion of Japanese power. Therefore, if Joseon separates from Japan and becomes independent, it will support Joseon's independence in order to bring about the decrease of Japanese power.

From the interrogation report of September 5, 1932

Part 5

Anecdotes

"Love is the truth of the highest order to be followed in life. He, who places love before the family or the society, who believes in it, who cherishes it, and who carries it out, has his heart residing in extraordinary peace, and because of this, he shall receive infinite happiness that others cannot comprehend."

Encounter with Christianity

When An Chang-ho was born in 1878, not only Joseon but the entire Eastern Asia was in a time of ferment due to the expansion of Western imperialism. Having achieved a successful modernization through the Meiji Restoration and having put its internal affairs in order, Japan began to turn its eyes to expanding its influence externally. Korea, weakened by its isolationism and internal power struggles, provided a perfect base to Japan. Similarly, China continued to interfere with Korea's internal affairs and tightened its grip on Korea in order to insure its dominance in East Asian affairs. Consequently, Korea, squeezed between Japan and China in their fight for not only political but also economic superiority, was wasting away helplessly between the two powers.

Likewise, Pyeongyang in which An Chang-ho was born saw a whirlwind of change, including mass peasant revolts and the appearance of western fleets. The Confucian teachings he received had failed to provide any credible solution for opposing or accepting the situation. During these years, he met an enlightened young man named Pil Dae-eun, who was from Hwanghae Province. To An Chang-ho, Pil Dae-eun became a window through which he encountered what was going on around the world, the surging influence of the western powers on Korean soil, and the modern learning and civilization. He witnessed people suffering helplessly and the land of Korea withering away due to the Sino-Japanese War of 1894, he experienced the depth of the powerlessness and the inability of his country to achieve wealth and prosperity, and he beat his chest in distress. At the end of the year, he set off for Hanyang (Seoul) with the goal of pursuing study of modern sciences, under the guise of seeking asylum.

Though he arrived in Seoul with lofty intentions, he ran out of money after only a few days. He was spending days without even enrolling himself in a school because he had no money for tuition let alone embarking on his study of modern sciences.

One day he heard a voice in the street, calling:

"Believe in Christ! All you who wish to learn come to our school. We will give you food, a place to sleep, and learning as well."

It was F. S. Miller who was working in Seoul as a missionary at the time. Though An Chang-ho came to the city to learn modern science, he was not pleased with the prospect of having to believe Jesus who was called a "ghost of the west." On the other hand, he thought that, while learning the sciences of the west, he could continue to be faithful to the teachings of Confucius and Mencius. At the end of a long deliberation, he followed Missionary Miller to Guse Academy [later renamed Gyeongsin School] and enrolled in its normal educational program. In this way, the encounter between An Chang-ho and Christianity took place out of the simple need for learning and economic assistance.

Despite his determination to stick to the ways of Mencius and Confucius, as soon as he entered the school, An Chang-ho had to engage in a daily debate with Song Sun-myeong, the group leader, who acted as an instructor from the end of the classes until he had to go to sleep, about whether to believe in Jesus or not. At the end of the debate that spanned ten days, he could not help but accept Christianity, which was a requirement for admission to Guse Academy. To him, who wanted to develop strength through learning, this was a regrettable situation, and this became one of the factors that caused him to criticize foreign missionaries for brainwashing people for the sole purpose of propagating Christianity later in his life. His critical orientation at times caused conflicts with missionaries, and the following anecdote illustrates this.

It was when he was spending some time in leisure in Pyeongyang after attending the People's Public Meetings.*Manmin Gongdongheo*: A series of rallies held by Korean citizens in 1898 in a protest against foreign intervention. Rev. Samuel A. Moffett, who wished to bring growth to the church by working with An Chang-ho, encouraged him to take on the work of the church and promised him financial support. But An Chang-ho refused at once, saying,

"Why can't a person do church work on his own? Must I do it with you? Am I not doing it already in substance and practice? If it is my own to do God's work, from whom shall I receive any money for it?"

Because of his critical attitude toward Christianity in some ways, An Chang-ho was accused of being a non-Christian at times, but in fact, he was the one who introduced Christianity to Pil Dae-eun, the man who taught him the importance of modern learning. Furthermore, An Chang-ho also guided the family of his fiancée, Yi Hye-ryeon, to faith in Christianity. Upon returning to his hometown in 1899, he put his efforts into planting a church and preaching the gospel, and later, as he travelled around the world, he always carried a Bible with him. Though he did not involve himself actively in missionary work, he demonstrated Christianity through his life, his thought, and his practice, thus reflecting the spirit of several passages he quoted often: "Seek first the kingdom of God, and his righteousness"; "Blessed are those who hunger and thirst for righteousness"; and "When I was in prison you came to visit me, I was hungry and you gave me something to eat." As he sought out Koreans living in diaspora in various places such as the United States, China, and Russia, it was love, repentance, and sacrifice that he emphasized in his sermons and speeches; he taught only these exemplified the spirit that could build up their nation.

The Development of An Chang-ho, the Young Man

If it was Pil Dae-eun who guided An Chang-ho to the world of modern learning, then it was Seo Jae-pil[A famous Korean independence activist, known more under his anglicized name Philip Jaisohn] who instilled in him the specific strategies and practical orientation with which to save their nation.

"I was truly moved by the speeches given by Doctor Seo (Jae-pil). That is why I sought out Dr. Seo's speaking engagements whenever I could to the point of missing out on my meals. It is true that I have changed greatly from how I was in the past, and this is largely the result of being inspired greatly by Yu Giljun's book, *Seoyu Gyeonmun* [Observations Made on Travels in the West], and Dr. Seo's speeches." (*Sinhan Minbo*, September 3rd, 1925)

During those years, An Chang-ho was not personally acquainted with Seo Jae-pil, but he nevertheless joined the Independence Club, which Seo Jae-pil had founded, along with Pil Dae-eun and actively promoted the creation of its branch in Pyeongyang. As the Independence Club expanded from being an organization of a few leaders to that of the public, An Chang-ho likewise went beyond being a young man simply pursuing modern learning to acquainting himself with individuals of significant distinction in the likes of Yun Chi-ho, Rhee Syngman, and Yi Sang-jae, thereby finding his own place.

On July 25th, 1989, the Independence Movement organized the Manmin Gongdonghoe to celebrate Emperor Gojong's birthday. An Chang-ho, along with Pil Dae-eun, made this event a success, and the passionate speech that he gave during the event earned him fame as an orator who brings comfort and refreshing relief to his fellow countrymen.

"Since all the subjects congratulate the King's birthday, the king and his subjects share this bliss together. Since all the provincial officials and the citizens share in this joy, the officials and the citizens share this bliss together. Since men and women, the elderly and the young, alike are together, everyone shares this bliss. Indeed, these are three levels of comfort and relief. As if waiting for a cloud in the time of drought, the people look up to the sky and wonder how the newly appointed officials would take care of their needs in these difficult times. However, the officials that come to this place stay here only for a short while, and as soon as a better position opens up elsewhere, they try to buy their way out to other provinces. In the meantime, they squeeze money out of people by deliberately charging people with violations. Since they also indulge themselves in pleasure by cavorting with saloon women at Sun-Hwa-dang indiscriminately both day and night, what can this be if it is not the way of Byeon Hak-do, the magistrate of Nam-won, from the story of *Chunhyangjeon*? *Chunhyangjeon* [The Story of Chunhyang] a Korean ancient novel, in which Byeon Hak-do represents a bad official With such things, what kind of shape would our country be in?

Besides this celebration speech, when the Japanese sought to rein in the Independence Club and the Manmin Gongdonghoe, he spoke the following words at the podium.

"The Independence Club was created to govern the country well and support its people. Then, is it right for the government to meddle and turn it into a group of questionable characters? If we really had the courage and devotion to our country and the people, should we not be immovable even with a rifle or a sword pressed against our chest? Without such determination and with such a weak spirit, how can we expect to set right the affairs of the country?"

Immediately, An Chang-ho fashioned himself into a young patriotic activist. But as soon as he began dreaming about the founding of a free and modern nation through the will of the people, he experienced discouragement as the Independence Club was forced to disband due to the persecution of the Japanese and the movement of the Manmin Gongdonghoe disintegrated. In addition to his first political failure, An Chang-ho had to watch his comrade, Pil Dae-eun, die from tuberculosis. However, instead of quitting, he began putting into practice in Pyeongyang the things that he and Pil Dae-eun previously dreamt of doing. He first established Jeomjin School, which was the very first co-ed school in the region of Gwanseo [northern parts of Pyeongan and Hwanghae Provinces], pursued projects for enlightening people, and also built a church. All these foreshadowed what he would do in the future for the promotion of modern education and the progress of modern industry as well as the epitome of his Christian conviction. To actualize the reality of his mission, he boarded a ship and traveled first to Japan and then to the United States in 1902 at the age of 24. Born in Pyeongyang and educated in modern sciences in Seoul, he now made his first step beyond the shores of his native land, toward the world.

From Employment Agency to Public Association

An Chang-ho, who left his homeland on October 14, 1902,

arrived in the United States. While passing Hawaii on his way through the open sea, he chose a nom de plume for himself – Dosan. Dosan in Korean means "a rocky island." This is how he recalled it afterwards:

"On the boundless horizon, there was just the one little island. When I saw it, I could not have been more delighted and nostalgic. Seeing this lonely island in this wide-open, endless sea, I felt overwhelmed as if I met a certain pioneer of the ocean. This is why I chose "Dosan" for my epithet. It seems that the public conjures up the image of Korean peninsula or its land from hearing my epithet "Dosan." However, it is far from the truth. Because it was difficult for me to forget what I felt from that small island in the Pacific Ocean, I chose this name." (*Jogwang*, August, 1937)

Having been determined to learn about advanced civilizations and modern education by going overseas, what he saw with his eyes, however, was the difficult life of Koreans living in America.

"When I went out to the streets of San Francisco after spending a night there, I saw Koreans pulling each other's topknots, slapping each other's cheeks, and fighting. Don't tell me that they are fighting with each other after coming all the way here by traveling tens of thousands of miles! Isn't this inconceivable? So, when I intervened to stop the fighting and asked them of their reason, they said that they were ginseng vendors and were bound by the agreement that they conduct business away from each other. However, one person accused the other person of secretly selling ginseng in his territory and he said he was angered by it and confronted the other person. This is when I began carrying out the work of "Dosan." After using gentle words to explain, I encouraged them that, since all of us endure much hardship in this foreign land, we should help and comfort each other. For this reason, while putting off my need to get started with my studies, I organized the Public Association with the intention of supporting Koreans living abroad and used it to provide opportunities for their livelihood and to teach them about how to improve their living conditions and find harmony. Previously, Koreans had been given a bad reputation by ordinary Americans for their keeping their houses dirty. However, after this, they kept their houses in order and conducted themselves with decorum, thereby earning praise from their American neighbors." (*Jogwang*, August, 1937)

Dosan An Chang-ho, seeing that it was urgent to promote stability and improve the lives of Koreans living in America, decided to postpone his studies for a few years and began helping fellow Koreans. Even after moving from San Francisco to Riverside, L.A. in the following year, 1903, he embarked on galvanizing fellow Koreans for mutual cooperation and improving their living conditions. There were concrete reasons for much of the hardship that Korean immigrants faced. Besides the language and cultural barriers, in order to find work on farms, they had to go through employment agencies operated by Japanese and Chinese people whose immigration history was much longer. This meant that Koreans were given work only after Japanese and Chinese workers had already found theirs, and they often could not ask for off-days properly and receive meal money on time.

“Let us, fellow Koreans, not fight or cheat each other.” This was the very first appeal he made to his fellow Koreans. He advised that, whenever there was no work, each should clean up his living quarters. On Sundays, he rented a Chinese church to preach. Due to these efforts, the lifestyles of Korean immigrants began to transform gradually. Around this time, a certain American who had been watching this situation closely lent his money so as to allow Koreans to work freely of their accord and encouraged them. Dosan organized an employment agency along with Yi Gang whom he had met there. The employment agency, which started with eight persons, soon grew to eighteen and then to thirty five. On April 4, 1903, the Public Association was officially established. Through the association, not only were Korean workers able to find opportunities for labor, but they were also able to receive support in improving their life conditions as well as education through night classes and Christian education. Moreover, several guidelines and a system of policing themselves were instituted in order to insure order and discipline within the Korean community. Koreans were prohibited from walking around in their undergarments and using long smoking pipes. Furthermore, everyone was bound to send money to the impoverished homeland. Though Koreans were migrant workers, they were exhorted to keep their appearance and conduct in decorum. He published Gongnip Shinmun and used it as a medium through which both Korean domestic and foreign affairs as well as the need for independence were communicated.

When he was in Riverside, he always spoke the following words to his fellow Koreans working as laborers on orange farms.

"To pick each orange with care here in this American orchard is to do our country's work. This work of picking each orange with care makes us into people of diligent character and makes our race the most excellent race in the world."

The campaign of reforming values and improving life conditions, which was undertaken through the Public Association gradually made its impact within the local community. Once, an American church, which had been observing the diligence and hard work of Koreans, invited Dosan and Koreans. The occasion was a sort of celebratory meeting intended to praise and thank Koreans for their dedicated character. As the meeting began, the pastor of the church came out and spoke.

"I learned that you diligently dispatch your income, as soon as you earn it, to your country via the post office. Also, I know that you do not frequent saloons such as those in Chinatown. I also heard that you learn English in night classes and learn about the Bible in your Sunday school better than we Americans do."

When the pastor finished, the owner of the orange farm came out to speak.

"Thanks to Mr. Dosan's instructions to my Korean brothers to give their best in picking oranges with care, the farm business did really well. As a result, the number of oranges damaged or thrown out due to using scissors inappropriately decreased. This is all due to our Korean brothers."

The members of the American church handed out 40 copies of the Bible and hymnbooks to the Koreans. Korean people then finally understood the meaning of the teacher's saying, "To pick each orange is to do our country's work."

Thanks to Dosan's leadership, the Public Association became stabilized and reached beyond San Francisco and Riverside to establish branches in Hawaii and other places where Koreans settled. These experiences of coming over to the United States in 1902, encountering the life on American soil, and turning the Public Association into a reality on his own in 1907 provided the foundation for transforming Dosan into a national leader.

I go, I go. Away from You, I go.

While Dosan organized the Public Association and introduced stability into the lives of Koreans in America, the Korean domestic situation was spiraling into the vortex of Japan's imperialism. By entering into agreements with England, the United States of America, Russia, and other foreign powers, Japan had its right over Korea recognized and was in the process of realizing its ambitions. When the Eulsa Treaty was signed in 1905, Dosan decided to return home to Korea. From the speech he gave to Korean international students in Japan when he made a stopover there on his way to Korea, we can glean his anguish about as well as his hope for his country's situation.

"I consider it a great honor to meet with you and speak to you in person here in Tokyo for a little while on my return to the homeland after having spent eight years abroad. "In the Portsmouth Treaty, the mediator, President Theodore Roosevelt of the United States, ended up recognizing Japan's special rights to Korea and Manchuria, with Great Britain doing the same concurrently. Since Japan began to realize its long-held ambition over Korea more and more, which would open a passage to the continent, today Japan's strategy has been successfully implemented. But what is our government doing now? It is akin to the saying, "Before you can catch the dream of spring grasses by the pool, already there are sounds of autumn in the leaves below the steps."[3]

It is the age of rivalry among the nations of the world, and without an independent country, a nation cannot stand or an individual cannot exist. Unless its citizens, one by one, do not come to their senses and gather strength, they will not be able to preserve their country's independence; the way to exercise great strength lies in the self-cultivation of each individual citizen so as to become upright in moral values and character, become competent in knowledge and skills, and bring such in-

---

3. A fragment of a poem by Zhu Xi (the Song Dynasty): "Lines That Crossed My Mind," translated by Roderick Whitfield, personal communication, March 1st, 2011

dividuals together in unity for engendering a vision of the new millennium of the country. Though a certain person of radical orientation states that to speak of cultivating the collective and individual strengths is to wait indefinitely during the time when the existence or the collapse of the nation can change within a blink of an eye, I dare to say that a revolution without strength is impossible. I say this because of the movement of the Independence Party carried out by Kim Ok-gyun's group in the Gapsin coup d'état, the work of Seo Jae-pil, and the Independence Party activities of Rhee Syngman. Talking about "urgency" time and again, blaming unachievable expectations, and undertaking ad hoc measures took us 20 years! Had we waged a campaign of strengthening national power starting from the year Jeongyu, we would have achieved ten years worth of national treasure and might, ten year's worth of wisdom! Even if we start right this moment, why wouldn't we achieve and build within ten years the great might with which to sustain our nation? I put forth with absolute certainty that the preparation of this strength is the only way of achieving our goal of independence.

If we gain independence without the development of strength of each citizen and through the intervention of foreign powers, then it is like building a mansion on top of soft clay; we do not know when it will be destroyed by a storm. Because of this, if we were to build a house that would last one hundred years into the future, we must construct a brick house out of steel and concrete.

Gentlemen, look at the present-day Korea, with the so-called independence recognized by Japan and China in the Treaty of Simonoseki in 1897. Since our national stature in the world has been made weak and tenuous through the filling of its empty national treasure by bribery and selling of government positions, the competition of citizens in arrogance, deceitfulness, and vanity, and the prevalence of greedy officials in the government, unless twenty million people of our nation rise up in unity to fix what we must fix voluntarily and put forth our efforts, who would be there to avert the impending fall of the nation and its people? But there are still many things to praise about the grace of our people and the achievements of our forefathers. If we set our minds to it, we could surely build our nation on the top of the rocks of our mountains and achieve a country of great culture and riches."

Upon returning to his homeland in February of 1907, Dosan went on a tour all over the country and met many people in his effort to organize Shinminhoe, a secret organization. As he rose up to a position of national fame, as a ploy to sooth the angry public sentiment against the Japanese, Ito Hirobumi, who was the Governor-General at the time, sought to meet with him. Governor-General Ito spoke the following words to him.

"I have three goals in life. The first is to make Japan a modern country, able to compete with the international powers. The second is to make Korea that way, too. The third is to do the same with China. Though regarding Japan, the goal is almost achieved. However, with Japan alone, it is impossible to turn the tides of the Western powers flowing into Asia. For this reason, Korea and China must become mighty nations in the same stature as Japan and become good neighbors. This is why I am giving my all to rebuilding Korea; once this task is completed, I shall go on to China."

Dosan answered:

"I agree with you that friendship between the three states is a prerequisite to achieving peace in Asia. And I also greatly praise your work of reforming your country, Japan. Moreover, I am deeply moved by your benevolence in loving and helping Korea as you would do for Japan. However, do you know that there is the most excellent way for you to help Korea? Just as the Japanese are best at reforming their own country, let Koreans reform their own country. Namely if the Meiji Revolution was instituted by Americans, what would you think? I believe that the Meiji Revolution would surely have failed. It is a great loss that Japan has lost the public support of Koreans or the Chinese. This is Japan's misfortune and at the same time, it is the misfortune of all three countries. This will surely be an onus on you as you try so hard to resist the domination of the Western world. It is because Koreans, who are under the oppression of Japan, will surely seek help from Great Britain, the United States, or even Russia.

"The world powers, displeased with Japan's forceful expansion, will listen to the demands of Koreans. In this way, I am afraid that Japan would become the enemy of the world powers as well as that of Asian nations. If you have come to Seoul as a guest from a good neighbor, I would visit you daily and serve you as my senior and superior. Since you are a foreigner who has come to govern Korea, I shun from either visiting you or befriending you.

"When Japan guaranteed Korea's independence three, four times over, and when it claimed its victories from the Japan-China war and the Sino-Japanese war for the independence of Korea, how grateful and trusting Koreans were toward Japan! But after the victorious Japan took away Korea's independence, how reviled Koreans became toward Japan! As long as this trend continues, do not expect Koreans to cooperate with Japan. Again, though you speak of supporting China by making it stronger, do that after restoring the independence of Korea. The four-hundred-million strong Chinese citizenry, based on Japan's unilateral move of establishing a protectorate over Korea, would never trust Japan."

Contrary to the Governor-General's wish that he would cooperate with the colonial rule of Korea, Dosan did not veer off from his vision and put even greater effort into organizing Shinminhoe as per his plan that he brought from the United States.

The goals of the organization were as follows:

1) Instilling nationalism and the aspiration for independence in citizens
2) Building up the capability of the citizens' movement by fomenting a shared consciousness among people and unifying them with it
3) Improving the education of young people by establishing

educational organizations all everywhere.

4) Boosting the organization's finances and the economic power of citizens by establishing various commercial and industrial enterprises

Furthermore, as a secret organization, Shinminhoe placed regional representatives in each province and town representatives under him. The organization was such that the members were in touch with those above and below them but could not easily find out who their fellow members were. Despite being a secret organization, its businesses were publicly known. The most well-known were the establishment of Daeseong School in Pyeongyang, the establishment of Masan Boys Company, the organization of Youth Learning Society, and the operation of Taegeuk Press among others. Shinminhoe, which was organized by Dosan, grew to a large number, and it had six hundred of its members arrested due to the "105 incident."

For Dosan, educating youths for the development of a whole new generation of Koreans mobilized for independence was a crucial enterprise. As he preached, "Today, our young people are our greatest hope. Despair is youths' death; when young people die, then the whole nation dies. To make oneself a person of good character is to make our race a good race," he also worked hard to imbue in young people a spirit of selflessness. He installed a bible study group in school, and after classes on every Wednesday, he brought in well-known preachers and missionaries to educate them. He invited Rev. Jeon Deok-gi, missionary James S. Gale, and others to emphasize the importance of the

Christian spirit and encourage the students to attend church. At times, he would gather those student, who did not attend church, preached to them, and attended church with them.

In this way, he was achieving the things he dreamt about one by one such as modern education, modern industry, and autonomous progress. However, due to the increasingly strict surveillance by the Japanese and the difficulties arising out of the colonial government's policies in regards to educational and industrial enterprises, and, much more importantly, the imprisonment as a conspirator to An Jung-gun in his assassination of Ito Hirobumi, An Chang-ho's activities within Korea became severely restricted. Ultimately, he had to leave his homeland again and take refuge abroad.

I go, I go. Away from you, I go.
For a moment, I have a purpose. These misbehaving times
Have urged me on, making me leave you.
For many years ahead I will not see you,
But those years will be for you alone.
Do not grieve my leaving,
O peninsula, my love.

By bidding *Geoguk-ga* to his homeland to which he did not know when he would return again, he boarded a ship on his way to China. It was April of 1910, and he was 32 years old at the time; it was merely four months before Korea was to completely lose it sovereignty to Japan.

Again to the United States

Dosan departed from Korea in 1910 and arrived in the United States in September of 1911. For a year and a half, he had to hear about the demise of his country in the foreign land. He cried out against the demise of his country in the following:

"You, thieves, the people of Japan! It is the greatest evil in your history that you annexed Korea. We share the same blood and the same roots as the yellow race. We have passed culture over to you as your teacher. Though being a neighbor, you have committed the evil of taking the approach of a modern nation treating a primitive people. According to the way of the heaven, Japan has the fate of being punished for its evil in the not so distant future. But Japan, blinded by its ambitions and unable to see the way of the heaven for what it is, tried to reap and digest the profit of its evil that was already committed with even greater evil.

Oh, Japan, the annexation of the Korea is your own suicidal act.

First, you have become the Korean people's object of hatred; second, you have become the detested enemy of four hundred million Korean people.

The independence of our country, since it has been ratified 15 years earlier in the Shimonoseki Treaty, since Korea has been called The Empire of Daehan (greater Korea) for only 13 years, and since Japan has invaded Korea through the Japan-Korea Treaty of Eulsa five years earlier, has been embarrassingly dissolved.

However, the so-called the Annexation Treaty is a piece of paper written under the threat of force. It did not have the seal of approval from the conscience of our people. Like the words of Yi Dong-hwi spoken to an interrogator when he was arrested by the police inspector, “Though being fellow Asians, since you commit such injustice and wrongdoing in Korea, I shall see with my own eyes Japan digging maggots out of the wounds inflicted by the whip of the Westerners!” harmony shall show that, through the example of Japan, the principle of cause and effect does not ever go awry.

Therefore, it is not right to only look at the deeds of others and close our eyes to what we are doing ourselves. We should not forget that all of our misdeeds during the past five hundred years of the Yi Dynasty such as jealousy, envy, trading of government positions, greedy governments, patriarchy, and obstinate adherence to the prominence of thought over practice based on Confucianism have made today’s state of affairs the way they are.

What I want to say is that each citizen should bear responsibility for our country’s ruin. The fall of our nation is not the sole responsibility of Yi Wan-yong but undoubtedly also yours and mine.

We shift the blame for our nation’s demise to the *yangban* class, the Confucians, and nationalists. And we speak as if we are the only ones exempt from this responsibility. However, if each one of us was a citizen of power, how could Japan threaten us and how could Yi Wan-yong stamp his seal on the treaty of treason? Therefore, with the same charge for which Yi Wan-yong is blamed, we must hold ourselves accountable.

When all of our people recognize themselves as the bearers of the nation in ruin as well as the bearers of the recovery of the nation, that shall be the point in time in which the new life of independence would flow throughout our nation.

Therefore, let us, those in exile, invigorate the enterprises of our fellow Koreans living in the northwestern Jiandao, Russia, and America and provide education to them as we wait upon that opportunity, thereby undertaking the work of preparation for unleashing great power. Opportunities would surely come to those who prepare.

We do not have the materials with which to build houses. The building materials can be bought and brought from abroad. However, in the work of building up a nation, there is no way to bring people in from abroad. Though it takes much time and effort, there is no other way than to develop people domestically. Though a school is a nursery for growing talented individuals for the nation, this is still a nursery. To be or not to be a person of value truly depends on each person. Therefore, there is only one way to develop many talented people. Each person should decide on his or her own to become a person of great value and pursue studies to achieve it. Each person should strive to model himself after sages and cultivate a great character. At minimum, each citizen should develop virtue, physical strength, and intellect. There is no other way. Since our nation lags behind the world powers in everything and is a poor nation in the world, we cannot but consider all avenues for achieving quick results. Hardly can our nation become respected, be treated fairly, or achieve competence as a member of the world community, if its respectability thermometer, which has fallen below the freezing point, does not rise to the boiling point.

When he left his homeland for America with the goal of studying abroad, Dosan went by way of Japan. However, in his second journey to America, by making stops in China, Russia, Germany, and England as he made his way to New York, he basically went on a tour of the powerful nations in the world by circling around the globe once. In the meantime, the Public Association that Dosan founded had grown into the Korean Association, a representative organization for Korean immigrants. Dosan merged the Korean Association with other regional organizations of Koreans to make it a self-governing organization, of which he became the first president. He also went on a tour to Mexico and Hawaii to unify fellow Koreans and promote their cooperation, working for the improvement in their living conditions, instilling fervor for independence, and functioning as the guarantor for those students without passports. In this way, he carried out his national mission.

While unifying Korean nationals around the Korean Association, he founded Heungsadan, an independent organization aimed at developing young people, which to him was a life-long pursuit and a foundational enterprise necessary for fomenting a self-sufficient and modern nation and people. In his speech to Heungsadan on May 12, 1913, he spoke the following words:

"I believe our Heungsadan's campaign of developing character, unity, and moral discipline is a unique movement of independence and thus the epitome of all political movements. Complete independence could only be achieved after our people have become morally honest and without deceit to the extent that they are deemed credible among themselves as well as by other races in the world and many individuals with intellectual competence to lead in the areas of politics, economy, business, education, and arts among others have been developed. Not only that, complete independence would happen only when these influential individuals come together in a godly manner to achieve unity in the center of the nation. Such independence can eternally stand on the solid rock that no storm can shake. Heungsadan is the place where the building materials needed for constructing and maintaining the nation are being prepared. Here, we have neither an owner nor any central figure. Here, every member is the owner and the central figure. A certain person among them can be made a central figure by popular opinion, but this is done only through leadership and not by authority. The governance of Heungsadan is carried out by its bylaws and officers duly elected."

Furthermore, he established the North American Industrial Company (*Bukmi Sileopju Hoesa*). This constituted an extension of the entrepreneurial creativity that produced Pyeongyang Daeseong School and Masan Company, the fruits of his past, in the wake of his return to Pyeongyang upon the dissolution of the Independence Club as well as the Youth Learning Society and Taegeuk Press, which he operated upon his return home. On wherever he put his feet and stood were the education for the subsequent generation, the business ventures designed to facilitate it, and the campaign of fomenting autonomous independence being undertaken.

Compared to his first go-around in America, Dosan's organizational and entrepreneurial ventures were bigger in scale. Moreover, besides Dosan, there were many leaders who sought independence and dictated the direction of the movement in their own places. In this process, internal divisions arising out of the friction between Rhee Syngman and Park Yong-man, who were of different schools of thought regarding the strategies of independence, the changing circumstances of the pro-independence movement inside Korea due to the resolution of the WWI in 1918, the unstable state of world affairs, and the tenuous fate of his homeland akin to that of a flickering lamp facing wind forced him to step out of America once again.

Reforming Nation and Perpetual Unity

Upon arriving in Shanghai in 1919, Dosan joined the interim government as its secretary of interior, thereby strengthening the pro-independence movement. He instilled in people the principles of the pro-independence movement that he had been practicing.

"Authentic patriotism, what I need to say, before I speak about my principles, is that we should not forget the authentic patriotism that moved us to chant, 'Independence for Korea, Hooray!' during the March 1st Movement. If we have this authentic patriotism, there is no arguing, fighting, or worry. Hereafter, there is no other principle but independence. Let us become unified, conduct diplomacy, and move militarily. This was the principle that we proclaimed on March 1st". (From a speech given in June 25th, 1919)

His pro-independence activism that he waged in America through articulating his principles of independence and organizing the branches of Heungsadan was being realized all over again in Shanghai, China. After a short stint in America from 1925 to 1927, he came back to China and carried out political and pro-independence activism until his arrest in 1932. However, at the same time, the vision of independence, which he preached to be obtainable only through unity, seemed to be waning due to the division and the ideological differences among the leaders of the pro-independence movement, the fracturing of the movement into regional entities, and the appearance of forces that opposed the interim government. Though he promoted the work of the Citizen Representatives Committee organized by the representatives from different regions and groups, it did not yield much result.

"The fundamental problem that relates to the life and death of the Korean race is the lack of love in Korean society. Let us transform it into that which is filled with love and let us rebuild

Korea with love, which was felled by the lack of love." This was the principle of love-righteousness that he put forth as the solution in the discussion of his nation's fate.

"Love-righteousness is the unity of affection and compassion. To cultivate it is to make it greater, numerous, and thicker. In other words, I mean that we should strive to make our affection and compassion work through studying and practicing them. ... Our Korean society lacks love. Though there are other societies that lack love, our Korean society is the most pitiable one of them all. The lack of love in our society brought our country to ruin. For several hundred years now, people in this Korean society have lived so as to barely avoid dying. Since we have lived without knowing the taste of a society that is full of love, we have developed this resilience that endures apathy. In this sense, I think, if anyone who has been living in a society full of love ever comes to live in a heartless society such as ours, he or she would not last even one day before dying. Even facing the life and death of the nation, our people remain cold. There should be much love-righteousness among those who work for this movement. Only when there is love-righteousness, unity and the prosperity of our nation can come about...

Likewise, there is a difference between how a heartless society treats its patriots and how a society full of love treats its own. In our heartless society, we point out the shortcomings of patriots, and when they fall into crisis or hardship, we do not come to their rescue. However, it is not so in a love-filled society. Again, when a certain person who used to give money to a public cause no longer gives money, instead of being grateful for that person's past monetary contributions, people badmouth him or her. Furthermore, when lower classmen look up to a certain upper classman and follow him or her around, others ridicule them for doing so. Where else can a heartless society exist?

In a love-filled society, a very old gentleman or a woman, upon encountering someone in need in the street, moves to rescue him or her without taking into account the risk of losing face or the cost of doing so. Regarding this matter, there is no distinction between the precious and the insignificant. People, even by ripping their fine clothes, wrap the wound of the injured and care for him or her. The pain of our people who do not have this love-righteousness indeed exceeds that of hell. The society of Koreans is indeed a field of thorns. There is no pleasure. Let us live in joy and brightness. In other words, there should be love-righteousness in order for zest for life to exist. When there is zest for life, there can be fun. When there is fun, then there can be success. This gives us the motivation for wanting to carry out whatever business or duty that is asked of us. Wherever we go, let us live by this principle of cultivating love-righteousness. (*Donggwang*, June, 1926)

Dosan always dreamed of young people equipped with such love-righteousness emerging and being developed in his country. He believed that the enterprise of educating and developing talented individuals needed to be carried out through building schools and organizing young people. He thought that this world inhabited by such young people was as important a foundation stone as that of achieving independence urgently in terms of building up the country. Though this was criticized for not having enough practical applicability in some quarters, young people themselves were deeply moved by Dosan's thoughts and character.

I am a Sinner of My People

On April 29, 1932, implicated in the bomb attack at Hongkou Park in Shanghai that was carried out by Yun Bong-gil, An Chang-ho was arrested and transported to his homeland by the Japanese police. The young man An Chang-ho, who chose to live in exile abroad due to Japanese pressure and surveillance starting in 1910, was 54 years old at the time of setting foot on soil of his homeland. For the Japanese, it was the arrest of the highest ranking leader among pro-Independence activists at the time, and, as such, it garnered not only the attention of the colonial government but also that of domestic media outlets. At the end of deposition and interrogation, he was given the sentence of four years in prison on December 29. Later, his sentence was reduced and he finished his life in prison three years later at Daejeon Prison. Even after his release, surveillance by the Japanese over him continued to be intense; all visitors and acquaintances were watched carefully and any meeting with more than 20 people in attendance, including meal gatherings, were prohibited. Therefore, people came in groups of less than 20 in order to visit the now freed Dosan, and people did this on a daily basis.

Yi Gwang-su, Chang Ri-ok, Baek Nak-jun and other important writers, religious leaders, businessmen came in search for him. Though he yearned to work again so as to complete the unfinished work of empowering his people as well as promoting education, economy, and new consciousness, his body, now worn out by imprisonment and the system of governance of the Japanese which had become increasingly forceful, could not keep up with his mind.

Once, he went down to Jeongju to pay a visit to the grave of Namgang Yi Seung-hun. As it had already gotten dark, he had to stay for the night in Rev. Baek Yeong-yeop's house. To prepare a bed for him, the pastor borrowed a screen and silk bed sheets from the newlyweds next door.

With his eyes welled up with tears, he said,

"What did I ever do for my fellow countrymen to receive such respect?"

With his clothes straightened, he knelt and prayed with Rev. Baek.

"I am a sinner of my people. The people of this nation do all this for me, but I have not done anything for my people. I am a sinner."

Having made the confession of being a sinner who had not done anything for his people, Dosan, despite the illness he contracted during his imprisonment at Daejeon Prison and his weakened body, once again gathered young people around him and organized "*Dongwuhoe.*" At Songtae Mount Retreat, which he had been preparing ever since his release from prison, he convened with young people and others and provided a place of contemplative training. As he visited Songtae Mount Retreat and other parts of the country, he spoke the following words to young people.

"In Zhou Young, it is written that earnestness is the way of heavens; the way of earnestness should be the way of men; without earnestness, there would be nothing. Earnestness means truth. Since heaven and earth are balanced by truth, when truth is shattered, heaven and earth become instantaneously broken. When all the stars veer off their orbiting routes and go off tangent, thereby causing what resembles spring to turn into winter, then it means heaven and earth become destroyed and thrown into chaos. It is the same for nations. As long as all the officials and people maintain truth, they shall never be ruined. However, in the inverse fashion, if one of them forsakes truth and follows the way of deceitfulness, then that country has already come into disrepair.

"To be truthful is to be without falsehood. Then, the cause of the demise of our people lies in falsehood and gossiping. Though the Chinese have become rather corrupt and pretentious most recently, they maintain credibility in business at least. This led to their domination in commerce from the southern islands all the way to North America. However, our people have lost credibility even in the business community. How can we, without credibility, improve our commerce and industry? How can we overcome our poverty and achieve strength without the improvement of our commerce and industry? Then, how can we, without mutual credibility amongst ourselves, receive international credibility and maintain the self-respect of our country? Where is a nation with many citizens mired in falsehood that does not come to ruin? Where is a successful nation with much falsehood? Surely I say to you, the day our people shed falsehood is the day we shed ourselves the sad fate of despair. The day foreigners say that Koreans are trustworthy and give us credibility accordingly is the day of fast growth of our nation.

"The second problem uncovered from the corruption of our national character has to do with our "mouths." It refers to empty words and empty conversations. It refers to criticism. It refers to speaking loudly in empty words and lacking in application and practice. Without doing anything personally, it is making a habit out of criticizing others. In the old times, our people used to say, "First, learn to govern yourself, then govern your household, and then you will be able to govern the country." But hypocritically, we did not devote ourselves to education, industry, the maintenance of our natural resources, or national defense. Rather, we wasted time on debating irrelevant issues; analogously, we talked endlessly about what to feed cows, while letting cows die of hunger.

Therefore, there has been one thing that I have been preaching through the Young People's Learning Society since three years ago in Korea and through Heungsadan since thirty years ago in America. Namely, it is healthy character. Without a healthy character, no nation can succeed. Without it, we cannot become the people of strength both individually or collectively. Without this power, we can never achieve what we expect or wish to achieve. If all of us become people of healthy character, then we could overcome any enemy anywhere and there would be nothing that we could not do. However, since it takes much effort for a long period of time to achieve this, from our impatient perspective, it does feel like an eternity without anything happening. If one person brings another person as a comrade into this effort, then the number of individuals engaged in this cultivation of healthy character would increase exponentially."

Dosan himself, as in his words, lived a life of cultivating character, and he put into practice in his life this vision of building a healthy nation with the young people of *Dongwuhoe* and others. However, the Japanese arrested him along with the officers of Dongwuhoe at Songtae Mount Retreat in an effort to scuttle his work even at this late stage of his life. This ultimately became his last activity. Though he was released on bail due to illness and transferred to a hospital, he breathed his last breath on March 10, 1938, succumbing to the burden of his sickened body.